Ralf Sotscheck

Paddy's andere Insel

Ungekürzte
Wahrheiten
über England

Mit Zeichnungen
von © TOM
und einem Vorwort
von Karl Wegmann

Frankfurt am Main 1997

IMPRESSUM
ISBN 3-931037-32-0
© 1997 by Erin Edition, Frankfurt am Main

Erin Edition
in der Verlagsgesellschaft
Heimler & Bramann, Frankfurt am Main
Zeichnungen: © TOM
Umschlaggestaltung: Fuhr & Partner, Frankfurt
Herstellung: Robert Block, Reichelsheim/Wetterau
Druck und Buchbinderei: DAN, Ljubljana

Grundschrift: Garamond 10,5/12°
Papier: Aura 90 gr/m^2
Einband: PPR-1 250 gr/m^2

Inhalt

Vorwort

Gerade kam Post von Ralf Sotscheck: „Gruß aus dem Baskenland. Waren drei Tage in Bayonne und Biarritz, sind jetzt in Jean-de-Luz. Ich mag Separatisten, wenn sie kochen können und guten Wein servieren." Dann erinnerte er mich daran, daß ich endlich dieses Vorwort basteln soll. „Schreib einfach auf, wie alles anfing mit der Seite und mit den Kolumnen." Nun denn!

Als wir in der *taz* „Die Wahrheit" installierten, die bei anderen Zeitungen „Vermischtes" oder „Neues aus aller Welt" heißt, wollten wir unbedingt unsere Auslandskorrespondenten einspannen. Das war jedoch nicht so einfach wie der Laie vielleicht denkt. Zunächst einmal war die „bunte Seite" erst nach jahrelangem Kampf möglich geworden. Die meisten *taz*ler hielten eine leichte, lustige Seite schlicht für Papierverschwendung. Witze sollten andere machen, sie wollten Platz für weitere 500 Zeilen – noch 'ne Bleiwüste eben. Doch eine Handvoll mit Humor gesegneter Zeitungsmacher ließ nicht locker und setzte sich schließlich durch. Die erste Hürde war genommen, aber die zweite wartete schon. Noch bevor wir unsere Korrespondenten kontaktieren konnten, wurde von der Berliner Auslandsredaktion ein Rundruf gestartet. „Schreibt nicht für diese neue Quatsch-Seite, die wird sowieso wieder abgeschafft." Unsere Rekrutierungsversuche für die täglich erscheinende Kolumne unten links auf der Seite waren dann auch ein gigantischer Flop. Ausreden von allen Seiten: „Arbeitsüberlastung" hieß es oder „unmöglich, hier gibt's nichts Lustiges". Nur einer, ein einziger, fiel aus dem Rahmen der allgemeinen Ablehnung: Irland- und England-Korrespondent Ralf Sotscheck.

Überredung war überhaupt nicht notwendig. Ralf war sofort Feuer und Flamme. „Tolle Idee", freute er sich, „hier passieren soviele verrückte Sachen, die brauch' ich einfach nur aufzuschreiben". Und dann kamen sie, diese „verrückten Sachen". Jeden Sonntagmittag schickte er uns auf der Datenautobahn eine dieser herrlichen, absurden, schrulligen Geschichten. Redigieren war fast nie nötig. Die Stories waren aus einem Guß. Nur manchmal waren sie zu lang und wir mußten schweren Herzens, da die Kolumne eine feste Länge hatte, kürzen. Natürlich hatten wir Respekt, trauten uns nicht, diese Kleinode zu beschädigen und riefen den Meister in Dublin an.

So fing es also an, damals im Sommer 1991. Ralf Sotscheck schaffte sich aus dem Stand heraus eine ständig wachsende Fangemeinde. Das war natürlich wunderbar so lange sich die Anhänger aufs Leserbriefschreiben beschränkten. Es kam jedoch auch vor, daß es in Dublin an einer ganz bestimmten Tür klingelte, und wenn der Hausherr dann öffnete, wurde er von einem Rucksack-Pärchen mit den Worten empfangen: „Hey, bist du Ralf Sotscheck? Wir haben ein *taz*-Abo und lieben deine Geschichten. Können wir ein paar Tage bei dir übernachten?"

Was ist das Geheimnis seines Erfolges? Nun, ich glaube es ist ganz einfach: Ralf Sotscheck ist zum einen ein ausgezeichneter Beobachter, zum anderen hat er die seltene Gabe, auch in einem noch so furchtbaren Unglück eine humorvolle Seite zu entdecken. Sie können sicher sein, wenn irgendwo ein Gag 'drinsteckt, Ralf Sotscheck findet ihn prompt. Der Mann ist ein Humor-Magnet. Er kann Witze riechen, schmecken, fühlen. Wo andere nur einen mißgelaunten Kellner sehen, der in einem indischen Restaurant in Belfast ein Chicken Biryani serviert, hat Ralf ein Universum von einhundert Zeilen vor Augen, nach deren Genuß Sie sich garantiert einen Ast lachen. Dabei ist er nie oberflächlich oder böse. Ihm ist einfach nur der Spaß wichtig und das, so scheint er uns sagen zu wollen, „sollte er euch – verdammt noch mal – auch sein".

Für einen wie mich, der die Geburt von Ralf Sotschecks Montagskolumnen miterlebt hat, ist es selbstverständlich ein echtes Vergnügen, die gesammelten Geschichten als Buch präsentiert zu bekommen. Und jetzt schon das zweite! Nach dem wundervollen *Ungekürzte Wahrheiten über Irland* nun die England-Kolumnen. Die sind etwas ganz Besonderes, wie auch anders, wenn ein deutscher Irland-Liebhaber, der in Dublin lebt, seinen kritischen Blick auf Britannien wirft. Der Titel *Paddy's andere Insel* lehnt sich bewußt an George Bernard Shaws *John Bull's andere Insel* an, jener Komödie, die der zweite irische Literaturnobelpreisträger im Jahr 1907 geschrieben hat. Ähnlich wie Shaw einst seinen Blick von seinem selbstgewählten englischen Exil zurück nach Irland schweifen ließ, betrachtet Ralf Sotscheck von seinem irischen Standort – um nicht zu sagen Standpunkt – aus die großen und kleinen Geschehnisse auf der Nachbarinsel der „Paddies". Dieser Spitzname für die Iren leitet sich übrigens vom heiligen Patrick ab, der um 400 den christlichen Glauben auf die Insel gebracht haben soll.

Daß Thomas Körner einige Karikaturen zu *Paddy's anderer Insel* beigesteuert hat, ist ein Extra-Bonbon, denn TOMs Stern begann ungefähr zur gleichen Zeit wie der von Ralf in der *taz* zu strahlen. Heute ist das Blatt ohne seinen täglichen Kurz-Cartoon undenkbar und seine eigenen Buchveröffentlichungen belegen, wie beliebt seine Zeichenkunst mittlerweile geworden ist.

Lesen Sie also vom „Golfkrieg im Sherwood Forest", vom „Kampf um die Unterhosen des Premierministers" oder über den „Sexualkundeunterricht an britischen Schulen" und darüber, wie man sich in England „Sechslinge auf Krankenschein" besorgen kann. Ja und dann ist da noch die königliche Familie. Sie wurde und wird von Ralf Sotscheck besonders liebevoll beobachtet. Einst hat er gar, als es besonders schlimm für die Royals aussah, ein „Windsor-Solidaritäts-Komitee" gegründet und um Spenden gebeten. Das neue Buch ist natürlich nicht das Ende. Die Seite „Die Wahrheit" ist längst eine der beliebtesten der *taz*. Ralfs Kolumne erscheint immer noch jeden Montag. Stoff für eine dritte Sammlung, die es zweifellos bald geben wird.

Karl Wegmann im August 1997

Exzentrischer Alltag

Ein königliches Begräbnis für eine Ladendiebin

Die Ansammlung von Trauergästen auf dem Lambeth-Friedhof in Süd-London war für jeden ehrlichen Polizisten ein Alptraum: Hinter den dunklen Anzügen und schwarzen Kostümen verbargen sich Großbritanniens gerissenste LadendiebInnen, ein genialer Zugräuber und andere Mitglieder der Unterwelt. Sie gaben einer der ihren das letzte Geleit: Shirley Pitts, Königin der Ladendiebe, war vor kurzem im Alter von 57 Jahren an Krebs gestorben.

Und wie eine Königin wurde sie beerdigt. Der Trauerzug von ihrem Haus in Essex zum 30 Kilometer entfernten Friedhof bestand aus 15 schwarzen Limousinen. Ein Gitarrist und ein Trompeter spielten Irving Berlins *Ich bin im Himmel*. Die Polizei bestreitet das wahrscheinlich. Die Beamten, die sie zeit ihres Lebens gefoppt hatte, mußten ein letztes Mal eine Demütigung einstecken und die Straßen in Lambeth für den Leichenzug sperren. Um das Modellkleid, das die Tote trug, hat sie vermutlich sogar die echte britische Königin beneidet. Die blaue Designer-Kreation – „ehrlich bezahlt", wie einer der zwielichtigen Gäste beteuerte – hat schlappe 5000 Pfund gekostet. Shirley Pitts, die in Lambeth geboren, im Krieg jedoch nach Yorkshire evakuiert wurde, begann ihre Karriere im zarten Alter von sieben Jahren. Mit 20 galt sie bereits als eine der besten ihres Fachs. Sie hatte eine Reihe von Angestellten, die mit ihr durch das Land zogen und exklusive Läden um ihre exklusive Ware erleichterten.

Sie war auch eine der ersten, die den europäischen Gedanken verwirklichten. Lange bevor die Politiker auf die Idee des freien Verkehrs von Waren und Dienstleistungen verfielen, arbeitete sie mit ihrem Team in Paris und Genf. „Ihr Lieblingsgeschäft blieb jedoch immer Harrods", versicherte ihr aus der Art geschlagener Sohn Christopher (er ist ein grundanständiger Architekt). Das größte Kaufhaus Europas honorierte diese Treue zwar nicht durch einen Kranz, doch einer der Gäste legte ihr eine grüne Harrods-Einkaufstüte und einen Strauß Lilien im Harrods-Papier aufs Grab. Ihre Einkaufstouren gingen allerdings nicht immer gut.

Dreimal mußte sie ins Gefängnis. Ihr erster Knastaufenthalt währte freilich nicht allzu lange: Auf dem Weg vom Halloway-Gefängnis zur Berufungsverhandlung sprang die Hochschwangere aus dem Transporter, damit ihr Kind – eins von sieben – nicht im Gefängnis geboren würde. Der Pfarrer bat seinen obersten Vor-gesetzten, bei seinem Urteil beide Augen zuzudrücken. Für die Trauergemeinde war es jedoch keine Frage, daß Shirley Pitts in den Himmel kommen würde. Schließlich habe sie niemals einen Kollegen oder eine Kollegin verraten, erklärte einer von ihnen. Viele dieser KollegInnen hatten Blumen und Kränze geschickt, da sie wegen Urlaubs auf Staatskosten nicht persönlich erscheinen konnten. Dazu gehörte auch ihr Bruder Charlie, der zu 15 Jahren Gefängnis verurteilt wurde, weil er eine Frau entführt und gefoltert hatte. Shirley Pitts, die Gewalt strikt ablehnte, hatte deshalb den Kontakt zu ihrem Bruder abgebrochen. Ihr anderer Bruder Henry, ein Bankräuber, war im Alter von 29 Jahren bei einem Autounfall gestorben und ist ebenfalls in Lambeth begraben. „Sie war noch von der alten Schule", sagte ein Freund. „Eine gute Frau, die sich immer um diejenigen kümmerte, die für sie zählten." Ein 60 cm großes Blumengebinde formte zwei Worte, die ihr Leben zusammenfaßten: „Bin einkaufen."

8. April 1992

Der heilige Koloß der Freßsucht

Manche Bürgerinitiativen haben merkwürdige Anliegen: Die 150 Leute, die vorgestern im katholischen Zentrum in London zusammengekommen sind, kämpfen für die Heiligsprechung des englischen Schriftstellers und Journalisten Gilbert Keith Chesterton: der heilige Gilbert, Schutzpatron für sündige JournalistInnen. Die Bewegung kam Anfang des Jahres ins Rollen, als der ehemalige argentinische Botschafter in Thailand, Miguel Espeche Gil, den englischen Kardinal Basil Hume darüber informierte, daß Chesterton „die katholische Vorstellungskraft und Empfindsamkeit in England neu entfacht" habe.

Was Hume darauf geantwortet hat, ist nicht bekannt. Am Samstag sprach jedenfalls der kanadische Pfarrer Joseph Pilsner, der mit diesem Namen viel eher für die Heiligsprechung geeignet scheint, über den theologischen Beitrag, den Chesterton geleistet hat. Danach sprach man über die Bedeutung seiner sozio-ökonomischen Theorie, den Distributismus, und verschiedene Konferenzteilnehmer lasen aus den Werken des 1936 verstorbenen Schriftstellers, bevor der Journalist William Oddie die Argumente für die Heiligsprechung zusammenfaßte: „Er war ein heiliger Mann, ein Quell der Mildtätigkeit und besaß einen Instinkt für die Wahrheit."

Das mag stimmen – aber Chesterton war noch mehr: ein Freßsack. Er vertilgte unglaubliche Mengen an erlesenen Speisen und Alkoholika, so daß er zumindest äußerlich nichts mit dem genügsamen Diener Gottes gemein hatte, als den ihn seine Fans vom ‚Club des toten Dichters' jetzt hinstellen wollen. Außerdem ist da noch die Kleinigkeit mit dem Wunder: „Heroische Tugend, ein heiliges Leben und strikte Befolgung der römischen Lehre" reichen allein nicht aus, der Kandidat muß darüber hinaus ein Wunder vollbracht haben. Martin Wroe vom *Guardian* meint gehässig, die einzige übernatürliche Tat, die der Gourmand vollbracht habe, sei das Auffangen eines belegten Brötchens mit dem Mund auf einem Kindergeburtstag. Nun könnte man argumentieren, daß die Vielschreiberei – Chestertons gesammelte Werke umfassen 45 Bände – durchaus wundersam war. George Bernard Shaw und H. G. Wells, die des öfteren über Chestertons Ergüsse hergefallen sind, bescheinigten dem dicken Schriftsteller angesichts ihrer Verbalattacken die „Geduld eines Heiligen". Ob das dem Papst, der in theologischen Fragen bisher eher konservativ war, aber ausreicht?

Kevin Grant, der die Konferenz am Samstag organisiert hat, läßt sich durch Lappalien aber nicht beirren: „Was ist schon ein Wunder? Dieser bescheidene Koloß war von leuchtender Güte, und einige der Sachen, die er geschrieben hat, haben bestimmt das Leben einiger Menschen verändert. Ist das vielleicht kein Wunder?"

William Oddie geht pragmatischer an die Sache heran. Für die ersten beiden Schritte zur Heiligsprechung, der Ernennung zum „Diener Gottes" und zum „Ehrwürdigen", ist kein Wunder vonnöten. „Kommt der Kult erstmal in Schwung und die Leute beten zu Chesterton, geschieht vielleicht etwas Übernatürliches mit ihnen", sagt Oddie. „Dann können sie das auf Chesterton schieben, und alles geht wie von selbst."

15. Mai 1992

Exzentrischer Alltag

Ein Champagner-Sozialist als Witwenschreck

Wer angesichts des ehemaligen britischen Labour-Chefs Neil Kinnock und seines um einige Stufen graueren Nachfolgers John Smith glaubt, bei der Labour Party seien die schillernden Persönlichkeiten ausgestorben, liegt völlig schief: John Ryman ist das beste Beispiel dafür. Als Parteichef kommt er freilich nicht mehr in Frage.

Rymans Stern ging sehr langsam auf. Es dauerte fast 20 Jahre, bis er endlich den Abgeordnetensitz ergattert hatte, hinter dem er seit Abschluß seines Jurastudiums 1956 her war. Er brachte sogleich Farbe ins Parlament – meist in Form von roten Köpfen bei seinen Gegnern. Margaret Thatcher bezeichnete er als „Hohepriesterin der Tory-Ursünde", den Vizechef der Kohlenbehörde als „nadelgestreiften Flachkopf" und Kanzler Helmut Schmidt als „gönnerhaften Hunnen".

Bei seiner politischen Richtung war man vor Überraschungen ebenfalls nie sicher: Er kleidete sich wie ein Tory, bezeichnete sich als Linksradikaler, kämpfte gegen die „linke Infiltration der Labour Party" und trat aus diesem Grund 1987 aus der Partei aus. 1979 forderte er die Wiedereinführung der Todesstrafe und stimmte vier Jahre später dagegen. Ryman lebte in einer Wohnung in Chelsea, die 1200 Mark pro Woche kostete, fuhr einen Jaguar und feierte regelmäßig Parties im Savoy Hotel. Dafür hätte nicht mal das Salär des Premierministers ausgereicht. Zwar hatte er in seinem Beruf als Rechtsanwalt alle Hände voll zu tun, doch war er selber sein bester Kunde. Freund und Feind überzogen ihn mit Beleidigungsklagen, mehrmals stand er wegen Betruges vor Gericht. Um seinen aufwendigen Lebensstil nicht einschränken zu müssen, verfiel Ryman schließlich auf eine glänzende Idee: Mit seinem berüchtigten englischen Charme baggerte er reiche Witwen an, heiratete sie und machte ihnen weis, daß ihr Geld in einer Schweizer Bank am besten aufgehoben sei – auf seinem Konto, versteht sich. Er brachte gar das Kunststück fertig, sich von einer der Witwen das Geld für die Flitterwochen mit einem neuen Opfer zu leihen. Eine Freundin verklagte er auf Zahlung eines Urlaubs in Südfrankreich. Vor kurzem hatte Ryman seinen vorerst letzten Auftritt im Gerichtssaal – wiederrum in eigener Sache. Er war angeklagt, zwei Witwen um ihre gesamten Ersparnisse in Höhe von 130.000 Pfund betrogen zu haben. Der Richter verurteilte ihn zu zweieinhalb Jahren Knast.

Wen wundert es da, daß Rymans Freunde rar geworden sind? Lediglich Peter Mortakis, sein früherer Wahlhelfer, hält noch zu ihm. Der leidet jedoch an allzu blühender Phantasie. Hinter Rymans Unglück stecken „üble und mächtige Kräfte", behauptet Mortakis – mit anderen Worten: der Geheimdienst MI-5. Die Schnüffler hätten die Gerichtsprozesse gegen Ryman gesteuert und den linken Labour-Flügel finanziert, um Rymans Austritt aus der Partei zu forcieren. Auch der Einwand, daß der MI-5 – dem zwar sämtliche Schlechtigkeiten zuzutrauen sind – Ryman wohl kaum die nichtsahnenden Witwen in die Arme getrieben habe, beeindruckte Mortakis nicht. Da der Spitzeldienst seinen Kumpanen finanziell ruiniert habe, blieb ihm gar nichts anderes übrig: „Wenn man einem Mann seine Krücke wegnimmt, fällt er auf die Fresse." Eine der mindestens sechs Witwen, die Ryman um Haus und Hof gebracht hat, vertritt eine andere Theorie: „Ryman ist einfach ein widerlicher Scheißer."

24. August 1992

Eierpieker, Abtreibung und ein blinder Taxifahrer

„Von Sheffield nach Grimethorpe sind es höchstens zehn Meilen", behauptet der Taxifahrer. „In einer Viertelstunde sind wir da." Da es mit öffentlichen Verkehrsmitteln eine Tagesreise wäre, steige ich in sein Black Hack, ein ziemlich betagtes Exemplar der bekannten englischen Großtaxis. Der Fahrer ist gesprächig. Er heißt Tom, ist Ire, etwa Mitte 50 und vor 20 Jahren nach Sheffield ausgewandert. Da sein zerbeultes Arbeitsgerät einen Höllenlärm macht, muß ich jedesmal meinen Kopf durch die Trennscheibe zur Fahrerkabine stecken, wenn er etwas sagt.

Tom greift zu seinem Funksprechgerät und erkundigt sich bei der Zentrale nach dem Weg. Das hätte mich mißtrauisch machen müssen. „Die Zentrale behauptet, es sind mindestens 20 Meilen bis Grimethorpe", sagt Tom bedauernd. „Die Gegend westlich, östlich und südlich von Barnsley kenne ich wie meine Westentasche", entschuldigt er sich. „Aber nördlich davon war ich noch nie." Genau dort liegt aber das Bergarbeiterdorf unglücklicherweise. Kaum haben wir Barnsley hinter uns gelassen, da hat sich Tom auch schon verirrt. Er hat zielstrebig eine Sackgasse angesteuert. Weder der Milchmann noch der Briefträger haben je von Grimethorpe gehört. Tom fährt offenbar ziellos durch die Gegend, bis er mich fragt: „Hast du eine Ahnung, wo wir sind?" Nein, habe ich nicht, aber ich erkenne die Kirche am Straßenrand: Zehn Minuten zuvor standen wir an derselben Stelle. Tom sagt anerkennend: „Du hast ein ausgezeichnetes Gedächtnis." Sein Taxameter leider auch. Nachdem uns auch die Ladenbesitzerin, der Jogger, ein älteres Ehepaar mit Hund, drei Jugendliche und vier US-amerikanische Touristinnen nicht weiterhelfen können, kramt Tom eine verblichene Landkarte aus dem Handschuhfach. „Wir sind hier", behauptet er und zeigt auf eine dünne Linie, die laut Glossar „eine Straße minderer Qualität" darstellt. Könnte stimmen. Wir sind inzwischen auf einem Feldweg. „Wir wollen auf die B976", sagt Tom und hält mir die Landkarte hin. „Hier steht aber B6273", wende ich ein. Tom bestreitet das. Erst als er sich die Karte eine Handbreit vor die Nase hält, gibt er mir recht. Er ist fast blind. Das erklärt die vielen Beulen in seinem Taxi. Entweder ist es ein Alptraum, oder ich spiele unfreiwillig bei *Vorsicht, Kamera* mit.

Tom ändert die Taktik und fragt: „Was willst du überhaupt in diesem Grimethorpe?" Ich erkläre, daß ich für eine deutsche Zeitung über die Stillegung des Bergwerks berichten will. „Ich war mal vor 25 Jahren in Deutschland", versucht Tom von der Tatsache abzulenken, daß er soeben den Abzweig auf die B6273 verpaßt hat. „Dort gibt es Eierpieker." Eierpieker? „Ja, kleine Plastikdinger mit einer Nadel im Boden." Und wie kocht er Eier? „In Irland legt man sie vorsichtig ins Wasser. Wenn sie platzen, hat man Pech gehabt. Es ist wie mit der Abtreibung: Auf indirekte Art, zum Beispiel durch Bestrahlung bei Krebs, ist das okay. Aber vorsätzliche Abtreibung ist verboten. Deshalb darf man auch Eier nicht anpieken." Klingt irgendwie logisch.

Wider Erwarten kennt bereits der dritte Bauer, den Tom fragt, die Straße nach Grimethorpe. Nach insgesamt anderthalb Stunden Fahrzeit sind wir schließlich am Ziel. Auf der Einfahrt zum Bergwerk übersieht Tom die riesige Bodenwelle aus Beton, die Autos theoretisch zum Langsamfahren zwingen sollen. Während der Pförtner wie ein geölter Blitz aus seinem Häuschen schießt, bohrt sich mein Kopf in das Dach des Taxis.

2. November 1992

Der Plapperlord des Flachsinns

Ein Unglück kommt selten allein: Die Bevölkerung der schottischen Shetland-Inseln muß sich nicht nur mit der größten Umweltkatastrophe ihrer Geschichte abfinden, sondern darüber hinaus mit der verbalen Umweltverschmutzung drittklassiger Politiker aus London – allen voran Lord Caithness, Staatssekretär für Schiffahrt. Auf dem Flug von Edinburgh nach Sumburgh an der Südspitze der Shetland-Hauptinsel Mainland saß der Lord des Flachsinns ausgerechnet hinter mir, was den Horrortrip in der zweimotorigen Propellermaschine bei Windstärke zehn erheblich verschärfte. Caithness, der verblüffende Ähnlichkeit mit einer Marionette aus der beliebten Satiresendung *Spitting Images* hat, griff sich schließlich das Bordmikrofon und las den wehrlosen Passagieren seinen Terminkalender für die nächsten 48 Stunden vor. Die Stewardeß machte dem grausamen Spiel erst beim Lande-Anflug ein Ende: Sie führte den Lord auf seinen Platz zurück und schnallte ihn an. Allerdings weigerte sie sich, ihn auch zu knebeln, wie der Kollege Martin Jehnichen aus Leipzig vorgeschlagen hatte.

Den Passagieren aus Aberdeen war es freilich noch schlechter ergangen. Das Flugzeug wäre wegen defekter Motoren fast ins Meer neben der Landebahn gefallen, doch der Pilot konnte die Maschine im letzten Augenblick wieder hochziehen. Vor dem zweiten Versuch erschien die Stewardeß in der Tür der Pilotenkabine und machte in Richtung ihrer Kollegin am anderen Ende des Flugzeugs mit dem Zeigefinger eine Geste, die eine durchschnittene Kehle andeutete. Das trug keineswegs zur Vertrauensbildung bei den Passagieren bei. Die vor Angst gelähmten Fluggäste mußten sich die Schuhe ausziehen, den Kopf zwischen die Knie stecken und die Hände hinter dem Kopf falten. Der Pilot brachte die Maschine wie eine Daunenfeder auf den Boden.

Wer übrigens geglaubt hatte, daß die Vollendung des Europäischen Binnenmarktes die Reiseformalitäten vereinfachen würde, sah sich getäuscht. Beim Rückflug nach Edinburgh gab es in Aberdeen eine Zwischenlandung, die Passagiere mußten aussteigen. Der Wiedereinstieg fünf Minuten später erwies sich als weitaus schwieriger. Zunächst mußte man sich eine Transitkarte an einem gut getarnten Schalter in der Haupthalle besorgen. Die beeindruckte den Polizeibeamten hinter der Sperre jedoch nicht im Geringsten: „Was haben Sie in Aberdeen gemacht?" Gepinkelt. „Wollen Sie mich veralbern?" Meine Beteuerungen, daß nichts mir ferner läge, sondern daß ich die reine Wahrheit gesagt hätte, blieben fruchtlos: Taschenkontrolle. In Edinburgh wiederholte sich das Theater, doch diesmal wählte ich meine Worte sorgfältiger. Wenn der „freie Personenverkehr" nicht mal innerhalb Schottlands klappt, sehe ich auf EG-Ebene schwarz.

Der Shetland-Bevölkerung bleibt inzwischen nichts erspart: Heute trifft Prinz Charles auf der Insel ein. Und Caithness ist immer noch da. Dem Plapperlord gefällt es offenbar ausgezeichnet, daß er auf den Shetlands ungefragt seinen Unfug vor der Presse verbreiten darf. Dabei hat er lediglich einen Standardsatz auf Lager: „Mir wäre es lieber, wenn das Unglück nicht passiert wäre, aber die Natur wird das Problem schließlich aus der Welt schaffen." Die Gewißheit, daß die Natur schließlich auch ihn aus der Welt schaffen wird, ist beruhigend.

11. Januar 1993

Englands berühmteste Peitsche macht Urlaub

Kaum hatte Kollege Philippe von der „Wahrheit"-Redaktion nach Neuigkeiten von „Miss Whiplash" gefragt, war die Telefonleitung tot. Das machte mich umgehend mißtrauisch: Reicht der lange Arm des britischen Geheimdienstes bis nach Dublin? Schließlich war „Fräulein Peitschenhieb" vor neun Tagen verschwunden, nachdem sie angekündigt hatte, die Namen – nebst zugehörigen Videofilmen – von über 200 Abgeordneten, Lords, Richtern und Geheimdienstlern zu veröffentlichen, die ihre SM-Dienste in Anspruch genommen hatten. Ihr Auto hatte man auf den Klippen von Beachy Head in Sussex gefunden, einem bei SelbstmörderInnen überaus beliebten Ort.

Ein Anruf bei der Störungsstelle vom Nachbartelefon aus brachte Überraschendes zutage. „Das weiß ich doch längst", behauptete der Telecom-Angestellte. War er Hellseher? „Sie haben doch selbst hier gestern angerufen und die Störung gemeldet." Hatte ich nicht. Warum auch, hatte das Telefon doch bis zwei Minuten zuvor tadellos funktioniert. Aber der Herr über die Verbindungen zur Außenwelt ließ sich nicht beirren: „Natürlich haben Sie angerufen", beharrte er. „Deshalb haben wir einen Techniker zu Ihnen geschickt, der die

Leitung zur Zeit repariert." Der Mann muß unsichtbar sein, wandte ich ein, da weder im Haus noch auf der Straße eine Menschenseele zu sehen war. „Ach was, wir beschäftigen keine Unsichtbaren", behauptete der Telecom-Mensch kategorisch. „Unser Techniker schaufelt im Augenblick die Leitung vor dem Haus frei." Er mußte einen Tunnel von der Innenstadt gegraben haben, denn an der Oberfläche war alles ruhig. Fünf Minuten später klingelte das vermeintlich tote Gerät. Am anderen Ende war die Zeitansage. Täuschte ich mich, oder klang die Stimme vom Band tatsächlich hämisch? „Beim nächsten Ton ist es genau acht Uhr." In Wirklichkeit war es genau 11 Uhr 30. Wenigstens hat Telecom Sinn für Humor.

Der Recherche nach Lindi St. Clair alias Miss Whiplash stand nun jedenfalls nichts mehr im Weg. „Wir wissen, wo sie ist", sagte der Pressesprecher von Scotland Yard. „Sie sonnt sich in Florida." Die 38jährige hatte ihren eigenen Tod lediglich geschickt inszeniert. Sie hinterließ im Auto eine leere Sektflasche und einen schlammigen, hochhackigen Schuh. Erst eine Stunde vor Abbruch der Suchaktion kam ihr die Polizei auf die Spur. In ihrem Haus fand man nämlich einen Zettel, auf dem sie detailliert die Kosten für einen Trip nach Fort Lauderdale ausgerechnet hatte. Obwohl sie mit falschem Paß und unter falschem Namen reiste, erkannten die Angestellten des Reisebüros sie auch ohne Arbeitskleidung wieder.

St. Clair war am Donnerstag offenbar an Bord der *Canberra* aufgetaucht, die heute auf 90-tägige Kreuzfahrt geht. Am Freitag verschwand sie jedoch auch dort wieder. „Ich habe mir solche Sorgen gemacht", sagte ihre 64jährige Mutter Iris Akin. „Sie kann so ein Luder sein. Wenn sie nicht so dick und unhandlich wäre, würde ich sie übers Knie legen." Die Polizei vermutet, daß Miss Whiplash sich wegen Steuerforderungen in Höhe von 112.000 Pfund aus Großbritannien absetzen wollte. Inzwischen dürfte die Rechnung noch höher sein. „Wir werden zwar keinen Auslieferungsantrag stellen", gab Scotland Yard bekannt. „Aber wir würden gerne mit ihr über die 100.000 Pfund reden, die die Suchaktion gekostet hat."

25. Januar 1993

Exzentrischer Alltag

Der aristokratische Hooligan und sein Castle

Täglich wünschen die Mitglieder des britischen Oberhauses dem Herzog von Marlborough aus tiefstem Herzen beste Gesundheit und ein langes Leben. Beißt der Alte nämlich ins Gras, erbt sein 37jähriger Sohn Charles James Spencer-Churchill – alias Lord Blandford – nicht nur das Familienschloß samt Ländereien im Wert von mindestens hundert Millionen Pfund, sondern darüber hinaus den Herzogtitel, der ihm einen Sitz im House of Lords garantiert. Dieser Gedanke läßt den Lords und Ladies das blaue Blut in den Adern gefrieren, denn „Jamie" – wie Freunde und Drogenhändler ihn nennen – ist ein aristokratischer Hooligan. Seit Dienstag wohnt er wieder im Pentonville-Gefängnis, weil er seiner Ex-Frau Becky umgerechnet 25.000 Mark Alimente für den gemeinsamen Sohn, den knapp einjährigen Grafen George, schuldet.

Die Polizei wollte Jamie bereits fünf Tage zuvor verhaften, doch er hielt sie zum Narren. Nachdem die Beamten stundenlang vor dem Haus gelauert hatten, tauchte seine Lordschaft auf dem Fahrrad auf, verschwand in seiner Wohnung im zweiten Stock und ignorierte die Polizisten, die an seiner Wohnungstür klingelten. Damit hatten die Ordnungshüter offenbar nicht gerechnet. Sie forderten vom Kensington-Revier Verstärkung an, die eine halbe Stunde später mit Vorschlaghammer, Drahtschere und einem Schäferhund namens Gendarme eintraf. Es dauerte jedoch eine weitere halbe Stunde, bis die uniformierten Trottel die Tür aufgebrochen hatten. Lord Jamie war freilich längst über alle Berge: Er hatte sich an der Regenrinne entlanggehangelt und war am Abflußrohr hinabgeklettert. Der Polizist, der hinterm Haus Wache schob, hatte nichts bemerkt.

Ein paar Tage später blamierte sich die gefoppte Ordnungsmacht erneut. Nach einem anonymen Hinweis umzingelte ein größeres Aufgebot ein Haus in Earl's Court und verhaftete dort einen grauhaarigen, bärtigen Mann, der nicht die geringste Ähnlichkeit mit Lord Blandford hatte. Erst auf dem Revier stellte man fest, daß der Verhaftete ein gewisser Timothy Gosselin war, der dank der filmreifen polizeilichen Schlappe das Abendessen bei seiner Mutter verpaßt hatte. „Ich weiß gar nicht, wie ich ihr das erklären soll", jammerte er. „Das ganze war eine Farce. Die Polizisten lesen offenbar keine Zeitungen, sonst hätten sie mich nicht mit dem Lord verwechselt." Zehn Stunden später ging der echte Lord dann endlich in die Falle.

Leicht machte er es den genervten Polizisten jedoch nicht. Er kratzte, biß und schlug wild um sich, bis es acht Beamten gelang, ihn ins Polizeiauto zu zerren. Im Pentonville-Knast erhielt der Lord seine alte Zelle, in der er 1986 wegen Drogenbesitzes bereits drei Monate verbracht hatte. Ein Jahr zuvor war er noch mit einer Geldstrafe davongekommen, nachdem er in eine Apotheke eingebrochen war, um Drogen zu klauen. Auch für die Tracht Prügel, die er einem Polizisten verabreichte, mußte er nur hundert Pfund berappen. Sein jüngster Aufenthalt in Pentonville liegt erst zwei Jahre zurück: Damals mußte er nach seinem zwölften Verkehrsdelikt für zwei Monate einsitzen. Seitdem fährt Jamie Rad, denn mit den Taxifahrern hat er es sich auch verdorben: Er schuldet vier von ihnen noch den Fahrpreis. Das stattliche Erbe ist ihm dennoch sicher, denn Königin Anne hatte seinem Ahnen John Churchill im Jahre 1702 Schloß, Ländereien und erblichen Herzogtitel aus Dank für dessen Dienste als Feldherr vermacht. Jamie findet das „einfach wunderbar".

14. Juni 1993

Panzerschutz für den Fisch auf dem Dach

Engländer gelten im allgemeinen als exzentrisch. Die Marotte des 43jährigen John Gladden aus Croydon bei London stößt jedoch selbst bei seinen Landsleuten auf Verwunderung. Die Nachbarn haben inzwischen Klage gegen ihren skurrilen Landsmann eingereicht, weil sie um den Marktwert ihrer Häuser fürchten.

Alles hatte damit angefangen, daß Gladden, wohlhabender Besitzer mehrerer Maschinenbaufirmen, im vergangenen Sommer auf Hawaii einen 700 Pfund schweren blauen Marlin aus dem Wasser gefischt hatte. Damit sein Fang in der Heimat nicht als Anglerlatein abgetan würde, ließ Gladden den Fisch zum Konservieren nach Florida schicken. Eingegossen in Glasfiber trat das Riesentier dann die Reise nach Croydon an. Dort stellte sein Besitzer jedoch entsetzt fest, daß seine Beute nicht wie geplant ins Wohnzimmer paßte. Also ließ der stolze Angler den Marlin auf das Hausdach montieren. Die Nachbarn hatten dafür jedoch nicht das geringste Verständnis. In Sorge darüber, daß sie mit dem angelnden Spinner möglicherweise in einen Topf geworfen werden könnten, beschwerten sie sich bei der Bezirksverwaltung – ohne zu ahnen, was sie damit auslösen würden.

Die Verwaltung legte Gladden nahe, sich um eine Baugenehmigung zu bemühen, weil es sich bei der Dachmontage des Fisches um eine erhebliche bauliche Veränderung handelte. Gladden traute der Behörde jedoch nicht über den Weg und ergriff einige Maßnahmen, um seinen Fang vor dem Zugriff der Beamten zu schützen. Er plazierte in seinem Vorgarten das Modell einer Scud Missile, einen echten Panzer und eine vier Meter große, aufblasbare Statue von Winston Churchill. Die Anwohner, die ihren Augen kaum zu trauen glaubten, rannten der Bezirksverwaltung empört das Haus ein. Gladden lenkte daraufhin scheinbar ein und stellte einen Antrag auf Baugenehmigung für den Dachfisch, ohne allerdings den Kriegspremier und seine Militärmaschinerie abzurüsten.

Vor zehn Tagen bestätigte sich Gladdens Verdacht: Der Antrag wurde abgelehnt. Der Hobby-Angler fuhr daher weitere Geschütze auf. Über Nacht baute er auf dem Dachfirst über dem Glasfibertier ein Spitfire-Kampfflugzeug auf. „Das Flugzeug bleibt solange dort stehen, bis ich die Schlacht gegen die Verwaltung gewonnen habe", erklärte Gladden. Er hat erstmal Widerspruch gegen die Ablehnung seiner Baugenehmigung eingelegt. Eine Untersuchung des Falles, die das Umweltministerium eingeleitet hat, wird erst im August ihre Arbeit aufnehmen. Ursprünglich habe man lediglich eine Baugenehmigung für den toten Fisch verlangt, sagte eine Sprecherin der Bezirksverwaltung, doch dann seien all diese anderen Objekte aufgetaucht. „Er behauptet, er müsse den Fisch vor uns schützen", sagte sie entnervt. „Wer weiß, was er noch alles aufstellt." Vielleicht ein Atom-U-Boot oder gar eine eiserne Margaret-Thatcher-Attrappe?

Die fassungslosen Nachbarn haben jedenfalls die Schnauze voll. Zu allem Überfluß zieht es Menschen aus dem ganzen Land nach Croydon, um die Angler-Festung mit eigenen Augen zu begutachten. Vor allem an Wochenenden kommt es in der kleinen Straße regelmäßig zum Verkehrschaos. Der Ratsvorsitzende Peter Bowness hat den Anwohnern inzwischen sein Beileid ausgesprochen. Er sagte mit typisch englischem Understatement: „Herrn Gladdens Benehmen wird zunehmend störend."

24. Juni 1993

Wer schwenkt denn da ein totes Huhn?

Auf welchen Namen taufte Susan Day aus der englischen Grafschaft Hertfordshire ihren Sohn, nachdem der Priester moniert hatte, *Sunny Day* klänge zu albern? Sie nannte ihn *Zipperdedoodah*. Wer das weiß, hat gute Chancen beim *Trivial Pursuit*, jenem Brettspiel, bei dem es um die Anhäufung von Trivialwissen geht. Zwar ist es nicht mehr der große Verkaufsschlager, der es mit mehr als einer Million verkauften Exemplaren im Jahr anfangs war, aber die jeden Herbst aktualisierte Fassung geht noch immer 150.000 Mal über den Ladentisch.

In der vergangenen Woche wurde die britische Neuausgabe im Londoner Palladium vorgestellt, und die Prominenz des Banalen, die auf den kleinen Plastikkärtchen verewigt worden ist, war in Scharen gekommen. Zum Beispiel der Schauspieler Rick Mayall, der über den Ausstieg seines Kollegen Stephen Fry aus dem gemeinsamen Theaterstück so erbost war, daß er mit einer Spielzeugpistole im Covent Garden herumballerte. Er wurde verhaftet und zeigte Einsicht: „Die Polizei hat völlig richtig gehandelt, ich hätte ja ein Wahnsinniger mit einer echten Pistole sein können", meinte er reuevoll. „Dabei war ich nur ein Wahnsinniger mit einer Spielzeugpistole."

Jonathan Hartmann wäre auch gerne Schauspieler geworden. Um seinen Traum wenigstens nach seinem Tod zu verwirklichen, hat er seinen Schädel der Königlichen Shakespeare-Gesellschaft testamentarisch vermacht, damit er als Yorick im *Hamlet* dabeisein kann. Nicht gerade eine Oscar-verdächtige Rolle.

Und dann war da noch Neil Rilet, dem gerichtlich untersagt wurde, ein totes Huhn im Stadion an der Maine Road jedes Mal durch die Luft zu schwenken, wenn sein Fußballverein Manchester City ein Tor geschossen hatte. Das hühnerfreundliche Urteil war übrigens völlig unnötig, da Manchester City in den letzten fünf Spielen kein Tor gelungen ist und die Mannschaft abgeschlagen am Tabellenende steht.

Die Queen, so heißt es, spiele immer wieder gerne *Trivial Pursuit*. Das Spiel sei in Großbritannien, wo Fernsehquizsendungen hohe Einschaltquoten erzielen, auf die „weißen Yuppies der gehobenen Mittelschicht" zugeschnitten, meint Jak Bebeula, ein schwarzer Sozialarbeiter und Popsänger aus London. Er hat deshalb vor einem Jahr eine „schwarze Version" des Spiels auf den Markt gebracht – beziehungsweise eine „nubische Version", wie Bebeula es nennt. Das Spiel heißt denn auch *Nubian Jak.* In Brixton, einem überwiegend schwarzen Londoner Stadtteil, hat das Spiel den weißen Konkurrenten in diesem Jahr weit hinter sich gelassen, es wurden bisher rund 10.000 Stück verkauft.

Bebeula hält sein Brettspiel für ein „erzieherisches, unpolitisches Medium, das Vorurteile abbauen" könne: „Schwarze Kultur ist eben mehr als Bob Marley und Pele." Wer hätte zum Beispiel gewußt, daß die Freiheitsstatue im Hafen von New York ursprünglich eine schwarze Frau darstellen sollte? Nie werde er dank *Trivial Pursuit* vergessen, sagt Bebeula, daß Hampstead den tiefsten U-Bahnhof in Großbritannien hat. „Wer Nubian Jak spielt, wird sich hoffentlich für den Rest des Lebens merken", sagt er, „daß Stonehenge von einem afrikanischen Stamm gebaut wurde und Beethoven maurischer Abstammung war."

23. Oktober 1995

Eine Leiche im Bücherregal

Eins muß man den Briten lassen: Sie sind konsequent. Erst demontieren sie ihr Gesundheitssystem und machen reihenweise Krankenhäuser dicht, und danach sorgen sie sich um die Bürgerrechte der Leichen. Die normale britische Beerdigung sei eine glatte Enttäuschung, meint Lord Young of Dartington, der Gründer des britischen Verbraucherverbandes. „Die Trauergäste werden wie Viehherden durch die Krematoriumskapelle gehetzt", sagt er, „und die meisten Angehörigen sind in keinerlei Verfassung, um den aggressiven Bestattungsunternehmern Widerstand zu leisten."

Deshalb hat Young jetzt eine „Tote-Bürger-Charta" vorgelegt. Sie umfaßt 24 Punkte. Ganz oben steht die Übersichtlichkeit der Preisgestaltung. Ein „Bestattungswächter" soll aufpassen, daß der Leiche und ihren Angehörigen nicht das Fell über die Ohren gezogen wird. Young wendet sich gegen die geplante Privatisierung der 167 englischen Staatskrematorien, obwohl gerade in diesem Bereich vieles zu wünschen übrig lasse: Weil die Gemeinden sich selbst finanzieren sollen, müssen sie die Särge in den Krematorien schnell nachlegen, wenn sich die Sache rentieren soll. Nach 20 Minuten im Schnitt hat es sich für die Angehörigen ausgetrauert – dann sind die nächsten dran. An Wochenenden und an Feiertagen bleiben die Öfen kalt, weil sonst Lohnzuschläge fällig wären.

Dabei ist keine andere Nation in Europa so scharf darauf, eingeäschert zu werden, wie die Briten. 70 Prozent kommen in die Urne. Soviel waren es nur in der Ex-DDR, in Westdeutschland ist es dagegen nicht mal ein Drittel aller Leichen. Der Soziologe Tony Walter von der Universität Reading wendet sich gegen die „Fließbandabfertigung" und will den Verblichenen das Recht auf ein breites Produktangebot verschaffen. „Hotels, Schlösser und Landgüter dürfen Hochzeitszeremonien ausrichten", meint Walter, „warum soll man eine Beerdigungsfeier nicht im Wirtshaus abhalten?" Der Fußballfan Mike Hoyland stimmt ihm zu. Er hat testamentarisch festgelegt, daß der Pfaffe bei seiner Totenfeier im Trikot des FC Liverpool auftreten muß, während auf der Orgel die Titelmelodie der BBC-Sportschau gespielt wird. Danach darf sich die Trauergemeinde, ebenfalls im Dress des FC Liverpool, auf Holroyds Kosten in seiner Stammkneipe betrinken. Wer dabei allerdings heult, muß eine Lokalrunde kaufen. Sollte sich Walter mit seiner Forderung durchsetzen, könnte die ganze Feier im Pub stattfinden, und der Priester müßte seinen Altar mit dem Tresen vertauschen.

Im Windschatten der Totenbewegung ist eine neue Zeitschrift auf den Markt gekommen: *Mortality* liege „voll im Trend der sich wandelnden Bedeutung des Todes in der modernen Gesellschaft", meinen die Herausgeber. Ob sie mit einer starken Fluktuation bei den Abonnenten der „Sterblichkeit" rechnen, verraten sie nicht. An Abo-Prämien und Geschenk-Abos denke man zur Zeit aber nicht.

Seit 1. Februar gibt es in London auch einen Begräbnis-Supermarkt. Der Laden hat buntes Neonlicht, die Angestellten dürfen alles tragen – außer schwarz. Vom Grabstein bis zur Gießkanne ist die Ware ausgepreist, und wer möchte, kann den Sarg auf dem Dachgepäckträger gleich mit nach Hause nehmen. Für 134 Pfund bekommt man ein Kombiteil: Bis zum Ableben dient es als Bücherregal.

12. Februar 1996

Die Drei von der Grabstelle

Na endlich. Frauen haben eine weitere Männerdomäne in Großbritannien erobert: Beerdigungen. Im südwalisischen Newport haben drei Frauen ein Begräbnisinstitut aufgemacht – „Martha's Funerals", benannt nach der Frau von Lazarus, der von Jesus angeblich wieder zum Leben erweckt wurde. Eigentlich kein vertrauenswürdiger Name: Er legt die Vermutung nahe, daß die von Martha Begrabenen nicht lange unter der Erde bleiben werden. Und auch die Reklame ist recht ungewöhnlich, denn die drei Frauen gucken blairgrinsend durch ein Fenster aus einem Sarg heraus.

Der Markt ist lukrativ. Jedes Jahr setzt die Branche umgerechnet fast drei Milliarden Mark um. Suzanne Nutt vom Begräbnistrio bringt die besten Voraussetzungen für den Job mit. „Es ekelt mich nicht, neben einem Sarg zu stehen", sagt sie. „Ich rede mit den Leichen. Ich finde es wichtig zu begreifen, daß die Verstorbenen ihren Verwandten eine Menge bedeutet haben."

Ihr Ehemann Steve Nutt, der in der Grafschaft Somerset Öko-Beerdigungen anbietet, findet die Idee seiner Frau prima. In der freien Marktwirtschaft sei alles eine Frage von Angebot und Nachfrage. „Wenn eine Frau ihr ganzes Leben lang zu einer Ärztin gegangen ist", meint er, „dann wird sie es wahrscheinlich auch vorziehen, von Frauen unter die Erde gebracht zu werden." Die Zielgruppe sind aber nicht nur Witwen, sondern vor allem Witwer. „Ein Ehepaar war lange verheiratet, und dann stirbt die Frau", erläutert Lyn Teague, eine der drei Trauerprofis. „Sie ist niemals von einem anderen Mann berührt worden, und der Witwer will, daß das so bleibt. Wir sorgen dafür."

Die Frauen holen die Leiche ab, machen sie für die Beerdigung zurecht, fahren den Leichenwagen und arrangieren die Totenfeier. Da sie die schweren Särge nicht in die Kirche tragen können, haben sie dafür einen Rollwagen angeschafft. An eins haben sie allerdings nicht gedacht: die Bewachung des Grabes. Und das ist in Britannien offenbar nötig.

Vorige Woche ist auf einem Friedhof von Tottenham in London ein Mann erwischt worden, als er einen Grabstein mit einer Schubkarre abtransportierte. Als die Polizei seine Zwei-Zimmer-Wohnung durchsuchte, fand sie 277 weitere Exemplare. Die Dinger lagen überall: in der Küche, in den Schränken, unter dem Fernseher, im Flur. Einige waren zu regelrechten Schreinen aufgeschichtet, andere dekorierten die Wände. Man habe sich in der Wohnung vor lauter Grabsteinen kaum bewegen können, sagte ein Polizist.

Der Bewohner der Gruft ist behördlich bekannt: Vor drei Jahren hat man ihm wegen Erregung öffentlichen Ärgernisses Friedhofsverbot erteilt. Seitdem verschwanden regelmäßig Grabsteine. Er nahm aber nur die schönsten Exemplare aus Granit oder Marmor, der Wert der schweren Beute belief sich auf fast 60.000 Mark. Außerdem fand man in der Wohnung Urnen voller Asche und eine umfangreiche Knochensammlung.

Ein 19jähriger Nachbar des Grabräubers wartete nicht erst, bis die Leute tot waren, um sie zu bestehlen. Die Polizei von Tottenham fand – ebenfalls in der vergangenen Woche – rund hundert Gehhilfen in seinem Haus und Garten. Alle waren aus dem Bartholomäus-Krankenhaus im Zentrum Londons geklaut worden. Wenn die Sache mit Jesus, Martha, Lazarus und dem Lahmen stimmt, dann haben der Grabräuber und der Gehhilfendieb nichts zu lachen.

16. Juni 1997

BBC und Tabloids –
englische Institutionen

Humorvoller IRA-Anschlag dezimiert britische Fernsehserie

Der Tagesablauf der britischen Durchschnittsfamilie wird von Fernsehserien bestimmt. Täglich um halb zwei laufen *Neighbours* und *Home and Away*, zwei flachsinnige australische Sendungen, die für gelegentliche Zuschauer kaum voneinander zu unterscheiden sind. Hartgesottene können sich beide Serien antun: Sie werden täglich um 18.30 Uhr wiederholt. Wer mit australischer Verwandtschaft gesegnet ist, hat eindeutig einen Vorteil. Da die Serien dort mindestens ein Jahr Vorsprung haben, kann man mit Hilfe der ausgewanderten Großtante in die Zukunft blicken und dann beim Kaffeekränzchen oder im Pub auftrumpfen.

Noch erfolgreicher als der Australo-Schwachsinn sind die ebenso dümmlichen einheimischen Serien. *Coronation Street*, welche in Manchester spielt, läuft bereits seit 30 Jahren. Von der Originalbesetzung ist allerdings nur noch Ken Barlow übrig. Eine Boulevardzeitung bezeichnete ihn im vergangenen Sommer völlig zu Recht als „langweilig und unbeliebt". Dennoch klagte Barlow und gewann den Prozeß. Offenbar war der Richter Coronation-Street-Fan der ersten Stunde. Vor zehn Jahren bekam die Erfolgsserie Konkurrenz: *Eastenders* spielt im rauhen Osten Londons. Hauptdarsteller sind die Besitzer der Marktstände, die zufällig allesamt am Albert Square wohnen. Um die Einschaltquoten zu erhöhen, brachen die Produzenten mit vielen Tabus, die anderen Serien heilig sind: Bei *Eastenders* gibt es Abtreibung, Aids-Infizierte, Vergewaltigung, schwangere Jugendliche und einen Kleinkriminellen, der zur Strafe von der Mafia erschossen wird. Eine Zeitlang liefen die *Eastenders* den allzu harmlosen Kollegen aus Manchester den Rang ab. Inzwischen hat sich das Blatt jedoch gewendet. Den BBC-Chefs wurden die Eastenders deshalb zu teuer, und man wollte die seitenlange Besetzungsliste etwas ausdünnen. Mit der Exekution wurde der Schriftsteller David Yallop beauftragt.

Es gibt viele Möglichkeiten, Serienhelden loszuwerden. Als Kylie Minogue und Jason Donovan bei *Neighbours* aussteigen wollten, ließ man sie einfach heiraten und in eine fremde Stadt ziehen. Eine saubere Lösung. Yallop hatte jedoch anderes im Sinn. Er schrieb die Besetzungsliste auf eine Tafel und markierte erstaunlich viele Namen mit einem Sternchen. Das war das Todesurteil. Statt die Betroffenen jedoch nach und nach durch Autounfälle, Lungenkrebs oder Leberzirrhose aus dem Serienleben scheiden zu lassen, entschied sich Yallop für die Radikallösung. Er plazierte per Manuskript eine IRA-Bombe im Keller des Gemeindezentrums, die ausgerechnet am Tag der Unterhauswahlen hochging und die Eastenders-Besetzung auf ein Minimum dezimierte. Übrig blieben lediglich ein paar Hauptdarsteller und eine Handvoll Querschnittsgelähmter. Produzent Mike Gibbon war begeistert: „Das Manuskript hat sehr viel Humor und einen Schuß Tragik. Genauso habe ich es mir gewünscht."

BBC-Boß Peter Cregeen fand das Manuskript weniger amüsant. Zwar hielt auch er die meisten Bombenopfer für entbehrlich, doch es zeuge von schlechtem Geschmack, die IRA als Killerkommando anzuheuern. Gibbon wurde wegen seines perversen Humors zum Produktionsassistenten degradiert, Yallop wurde fristlos gefeuert. Sein Prozeß gegen die BBC auf Zahlung des vereinbarten Kopfgeldes in Höhe von 78.000 Pfund begann in der vergangenen Woche. Und wenn sie nicht gestorben sind, dann leben die Eastenders-Stars noch heute.

12. Oktober 1992

Luxusvillen und saure Nierchen

Es ist immer wieder lustig, das Elend anderer Leute mit anzusehen. Warum soll man damit nicht auch die FernsehzuschauerInnen erfreuen? Der unabhängige britische Fernsehsender Channel 4 kam jetzt auf die Idee, eine Unterhaltungsshow zu veranstalten, bei der Obdachlose gegeneinander antreten. Der glückliche Gewinner des Spiels bekommt ein Luxushaus. Die Verlierer müssen wieder zurück in ihre Pappkartons unter Waterloo Bridge.

Freilich geht es den Produzenten nicht um einen billigen Gag, sondern um die soziale Verantwortung. „Wir appellieren an das Gewissen der Menschen", heuchelte ein Angestellter des Senders. Dieser Bär war dem Programmdirektor John Willis und dem Produzenten Stephen Garrett dann wohl doch zu groß, um ihn der Öffentlichkeit aufzubinden. Sie verweigerten vorsichtshalber jede Stellungnahme. In der Pressemitteilung heißt es, daß als KandidatInnen keineswegs nur „elende Alkoholiker, die in Hauseingängen schlafen", in Frage kämen, sondern auch bankrotte Unternehmer, deren Villen gepfändet wurden. Der Produzent sucht jedenfalls noch geeignete

TeilnehmerInnen für seine Show, die den zynischen Titel *Come on down and out* tragen soll. Den ersten Preis, das Luxushaus, habe man jedoch noch nicht gekauft. – Das könnte allerdings ein Problem werden: Es ist eine Sache, sich über die versoffenen Obdachlosen im Fernsehen zu amüsieren, jedoch eine andere, wenn man sie plötzlich zu Nachbarn hat. Schließlich könnten sich die KandidatInnen ja vorher absprechen und den Hauptgewinn im vornehmen Londoner Westend in eine Wohngemeinschaft umfunktionieren. Die Grundstückspreise würden rapide verfallen, und der Ruf des weltberühmten Kaufhauses Harrods wäre ruiniert, kauften die Suffköppe dort ihre Tagesrationen.

Die Obdachlosen-Organisationen sind von der Show-Idee überhaupt nicht begeistert. „Das ist ziemlich lächerlich und geschmacklos", sagte Joanne Mallabar, die stellvertretende Chefredakteurin der Obdachlosen-Zeitschrift *Big Issue*. „Damit werden die Obdachlosen zu Witzfiguren gemacht." Nick Hardwick von Centrepoint, einem Verein für jugendliche Obdachlose, verlangt von Channel 4 das Geld für die „triviale Unterhaltungssendung" einzusparen und es stattdessen Wohlfahrtsverbänden zu spenden. „Obdachlosigkeit ist nichts zum Lachen", behauptet er.

Vielleicht kann die Fernsehanstalt ihren ZuschauerInnen aber auch mit anderen Programmideen Freude machen. Wie wäre es mit einem Fernsehquiz für Nierenkranke? Wer alle Fragen richtig beantwortet, gewinnt eine Nierentransplantation. Dabei käme es natürlich darauf an, möglichst schnell zu antworten, bevor das Nierchen sauer wird. Oder ein sportlicher Wettlauf zwischen Drogensüchtigen? Der Hauptgewinn: eine vierwöchige Therapie. Der Phantasie sind keine Grenzen gesetzt. So könnte Premierminister Major aus der Not eine Tugend machen: Nachdem die Zahl der Arbeitslosen die Drei-Millionen-Grenze überschritten hat, könnte er zum Beispiel ein Bridge-Turnier oder ein zünftiges Fingerhakeln für Arbeitslose veranstalten. Der Gewinner wird Programmdirektor bei Channel 4. Oder Premierminister.

1. März 1993

BBC-Saubermann als Steuerhinterzieher

Der Staatsfunk BBC ist der Inbegriff aller britischen Tugenden. Ihr Generaldirektor ist es nicht. Kaum hatte John Birt Ende Februar sein neues Amt angetreten, da wurde er auch schon als Steuerhinterzieher entlarvt. Der Trick, mit dem er den Fiskus jahrelang gefoppt hatte, war denkbar einfach: Während alle glaubten, daß er seit 1987 als stellvertretender Generaldirektor bei der BBC angestellt war, arbeitete er in Wirklichkeit nur als „freier Berater" für die staatliche Anstalt. Sein Brutto-Honorar, das auf 150.000 Pfund im Jahr geschätzt wird, ließ er an die Beratungsfirma überweisen, die ihn an die BBC ausgeliehen hatte: John Birt Productions GmbH, deren einzige Einnahme Birts BBC-Honorar war.

Wie es der Zufall so will, war Birt Chef der Firma und konnte in dieser Funktion hohe Kosten von der Steuer absetzen – für Kleidung, ein Auto, Büromöbel, Flugreisen, eine Stereoanlage, eine Kamera und was der Mensch sonst noch braucht. Selbst eine Satellitenschüssel setzte er ab. War ihm das BBC-Programm nicht gut genug? Und eine Sekretärin sowie eine Managerin mußten auch noch bezahlt werden. Beide Posten wurden von Birts Frau Jane ausgefüllt, die dafür zu Recht fürstlich bezahlt wurde, da sie ja für zwei schuftete. Kein Wunder, daß das Privatunternehmen bei den hohen Ausgaben ständig rote Zahlen schrieb. Der Firmenchef mußte deshalb nur auf sein relativ bescheidenes Salär, das ihm John Birt Productions zubilligte, Steuern zahlen.

Die Nachricht von den trüben Geschäften ihres Chefs löste bei den BBC-Angestellten verblüffende Reaktionen aus. „Die Menschen fielen sich lachend in die Arme, schlugen sich vor Vergnügen auf die Schenkel und quiekten vor Freude", erzählte ein Beobachter. Nein, Birt ist bei seinen Leuten nicht beliebt. Er war 1987 als Saubermann mit dem Versprechen angetreten, die BBC „aus den Klauen der Gewerkschaften zu befreien" und sie transparenter, kundenfreundlicher und effizienter zu machen. Zu diesem Zweck warf er zunächst 5000 Angestellte hinaus. ReporterInnen erhalten nur noch Verträge, die nicht mehr als sechs Monate gültig sind. Seine neueste Idee ist die Einführung thatcheristischer Prinzipien bei Fernsehproduktionen: Ab 1. April müssen die BBC-Produzenten außerhalb der Anstalt Dumpingangebote für den technischen Bereich einholen und ihre eigenen Leute zum Sozialamt schicken.

Möglicherweise ist das jedoch Birts letzter Streich. Zwar hat er die BBC inzwischen gebeten, das Arbeitsverhältnis zu legalisieren, doch 64 Unterhaus-Abgeordnete verlangten am Freitag seine Entlassung, weil er die Glaubwürdigkeit des Staatsfunks untergraben habe. Die Medien haben bereits Nachrufe verfaßt. Birt führte zu seiner Verteidigung an, daß sein kleines finanzielles Arrangement in der Branche durchaus üblich sei. Erstaunlich ist, daß es dem Finanzamt nie aufgefallen ist, daß der Generaldirektor auf keiner Gehaltsliste auftauchte. Birt beteuerte, daß er mit Hilfe seiner Privatfirma lediglich 810 Pfund Steuern im Jahr gespart habe. Wenn es stimmt, daß er den ganzen Aufwand betrieben hat, um lumpige 2000 Mark zu hinterziehen, gehört er wegen erwiesener Dummheit in die BBC-Kantine zum Kartoffelschälen. Küchenmesser und Schürze könnte er ja von der Steuer absetzen.

15. März 1993

Sechslinge auf Krankenschein erschlichen

Wer Sechslinge bekommt, hat ausgesorgt – jedenfalls meistens. Die 29jährige Jean Vince aus dem englischen Grimsby hatte zunächst Glück: Die fünf Mädchen und ihr Bruder kamen Mitte Mai zwar elf Wochen zu früh zur Welt und wogen nur zwischen ein und zwei Pfund, haben inzwischen aber eine Überlebenschance von 80 Prozent. Während die gesamte britische Presse vor Freude und Rührung aus dem Häuschen geriet, nahm der stolze Vater Jan, 36, sofort die Vermarktung in die Hand. Sechslinge können nämlich auch relativ wohlhabende Familien in den Ruin treiben, wenn die Sponsoren fehlen. Schließlich kann man weder Kleidung noch Spielzeug mehrfach verwenden, von den Schulgebühren ganz zu schweigen. Doch zum Glück gibt es Philip Ettinger, dessen Werbeagentur sich auf Sechslinge spezialisiert hat – kein Wunder, ist der Markt zwar klein, aber ungemein lukrativ. Ettinger ist schon seit Jahrzehnten im Geschäft und hat 1983 die Coleman-Sechslinge und drei Jahre später die sechs Waltons höchst erfolgreich gemanagt. Im Handumdrehen hatte Ettinger auch für Jean und Jan Werbeverträge mit zahlreichen Babynahrungs- und Bekleidungskonzernen im Wert von ca. zwei Millionen Mark ausgehandelt. Die Zukunft der fünf Mädchen und des Knaben schien gesichert. Dann schlug jedoch die Boulevardpresse

BBC und Tabloids – englische Institutionen

zu, die die Sechslinge schon bis zum Erbrechen abgemolken hatte und nach einem Dreh suchte, um die Story noch ein wenig am Leben zu erhalten. Und womit klappt das besser, als mit einem zünftigen Rufmord?

So schlugen vier Sonntagszeitungen gleichzeitig zu. Die erste enthüllte, daß Jean und Jan gar nicht verheiratet sind. Das zweite Blatt verbreitete, daß die beiden gar getrennt leben. Die dritte Zeitung hatte herausgefunden, daß Jan bereits vier Kinder hat – eins von Jean und drei von seiner geschiedenen Frau, die den Ehemann zur Freude des Reporters – oder hat er etwa dafür bezahlt? – als Schwein abstempelte. Die drei Kinder hauten in die gleiche Kerbe: „Papa ist ein Arschloch." Das vierte Sonntagsblatt setzte dem freilich die Krone auf. Die Zeitung behauptete, daß Jeans ehemaliger Schwiegervater seine Frau mit Pfeil und Bogen ins Jenseits befördert habe. Das war den potentiellen Sponsoren denn doch zuviel: Sie ließen die Verträge platzen. Wer will schon seine Produkte von Kindern anpreisen lassen, in deren Familie offensichtlich nicht nur Ehebruch die Norm ist, sondern darüber hinaus ein bizarrer Mörder vorkommt?

Die sogenannten Qualitätszeitungen gingen die Geschichte etwas subtiler an. Sie kamen zu dem Ergebnis, daß Jean gar nicht berechtigt war, Sechslinge zu bekommen. Die Fruchtbarkeitsbehandlung auf Krankenschein, die nicht selten zu Mehrlingsgeburten führt, unterliegt nämlich strengen Kriterien. Berechtigt sind normalerweise nur verheiratete, kinderlose Frauen. So haben verschiedene Politiker und Kirchenvertreter bereits gegen die Nachlässigkeit in Jean Vinces Fall protestiert – mit Erfolg: Gesundheitsministerin Virginia Bottomley hat angekündigt, die Richtlinien zu verschärfen, damit sich in Zukunft niemand mehr Sechslinge auf Krankenschein erschleichen könne.

5. Juli 1993

Eine tote Ratte in der Backentasche

In England heißen sie „Agony Aunts": die Briefkastentanten der Illustrierten, die ihren LeserInnen bei der Bewältigung der Alltagsprobleme mit idiotischen Ratschlägen zur Seite stehen. Zu den berüchtigsten Exemplaren dieser Gattung gehört Mary Killen, die Woche für Woche im *Spectator* eine Lösung für jedes Problem weiß. Der gesammelte Unfug erscheint bei Harper-Collins in Buchform.

Was macht zum Beispiel eine Katholikin, wenn bei der Sonntagsmesse in der Reihe vor ihr eine kleine, weißhaarige Frau vom Schlag getroffen und dahingerafft wird? Die anonyme Katholikin versuchte wild gestikulierend, die Aufmerksamkeit der Chorknaben zu erregen, was jedoch mißlang. „Es war mir sehr peinlich, denn ich wollte nicht wie ein Dummkopf vor Lady Antonia Fraser dastehen, weil ich eine ihrer Schwestern kenne", erklärte die Katholikin. Dann wetzte sie den Gang entlang, tippte einem „geistesgestörten Mann, den ich kenne", auf die Schulter und flüsterte ihm ins Ohr, daß da vorne gerade eine Frau sterbe. „Er – ein Konvertit! – handelte prompt und rief einen Krankenwagen." Die brennende Frage, die der Katholikin den Schlaf raubt: „Was wäre die korrekte Prozedur in diesem Fall gewesen? Hätte ich laut schreien und die Messe unterbrechen sollen? Meine Cousine sagt, daß der Pfarrer an verrückte alte Schachteln, die in Kirchen brüllen, gewöhnt ist und er mich ignoriert hätte. Und meine Tante meint, es gibt gar keinen besseren Ort zum Sterben als eine Kirche." Marys Antwort ist kurz und bündig: Die Katholikin soll sich erkundigen, wo das nächste Telefon steht.

Die bereits erwähnte Lady Antonia Fraser – wer immer sie sein mag – scheint auch anderen *Spectator*-Leserinnen tiefen Respekt einzuflößen. E. S. aus London ist gerade einem exklusiven Sportverein beigetreten und hat seitdem panische Angst, Lady Fraser nackt im Umkleideraum zu begegnen. Auch hier weiß Mary Rat: Sollte der gefürchtete Fall eintreten, könnte die Leserin nach ihren Klamotten tasten und dabei murmeln: „Ha! Ich kann überhaupt nichts sehen." Oder sie könnte die Adlige ansprechen und dabei so dicht mit ihrem Kopf an den der Lady herangehen, daß keine von beiden den Körper der anderen sehen kann.

Eine gute Idee, solange man nicht aus dem Maul stinkt, als ob man eine tote Ratte in der Backentasche transportiere. Dieses Problem hat eine Kollegin von P. W. aus London. Wie aber bringt man ihr das taktvoll bei? Mary meint, ein wenig Schauspielerei sei angebracht, um die Gefühle des Stinkers nicht zu verletzen: „Begrüßen Sie ihre Kollegin wie immer, aber springen dann entsetzt zurück und ziehen eine Grimasse, die liebevollen Ekel ausdrückt. ‚Gütiger Gott‘, rufen Sie dann. ‚Was hast du gegessen? So ein widerlicher Gestank ist mir ja noch nie begegnet!‘ " Taktvoll?

Selbst in Kenia schätzen die Leute Marys Ratschläge. R. W. aus Nairobi fragt, wie man Citroën-Besitzer am besten verabschiedet.

„Normalerweise winke ich meinen Gästen zu, wenn sie abfahren. Citroën-Besitzer müssen jedoch eine Ewigkeit warten, bis ein Aufblasmechanismus den Wagen langsam vom Boden hebt. Was soll ich in der Zeit bloß tun?" Ganz einfach. Mary schlägt den Wink mit dem Zaunpfahl vor: „Installieren Sie eine Gepäckwaage vor der Tür. Mit Hilfe einer kleinen Veränderung an der hydraulischen Federung werden Sie ständig auf und ab wippen, während Sie auf die Abfahrt Ihrer Gäste warten." Oder Sie werfen ihnen Marys Buch durch das Seitenfenster.

29. November 1993

Oraler Sex mit Sicherheitsgurt

John Major kann vorübergehend aufatmen: Vor dem Londoner Old Bailey wird zur Zeit ein Fall verhandelt, gegen den die Skandale und Affairchen der Torys als geradezu verschnarcht erscheinen. Dabei geht es natürlich um Sex – ein schier unerschöpfliches Thema, das die Phantasie der britischen Nation beflügelt. Freilich ist in diesem Fall nicht allzuviel Phantasie vonnöten.

Die Geschichte begann im Juni 1992 beim berühmten Pferderennen in Ascot. Die 38jährige Schauspielerin Gillian Taylforth, die in der vorabendlichen Familienserie *Eastenders* eine Hauptrolle spielt, und ihr 39jähriger Verlobter Geoffrey Knights hatten sich mit ein paar Flaschen Champagner amüsiert und waren auf dem Nachhauseweg, als sie ihren Wagen auf einer Zufahrt zur stark befahrenen A1 bei Borehamwood anhielten. Der Polizist Terence Talbot, der kurz darauf vorbeikam, wollte seine Hilfe anbieten, weil er glaubte, das Auto sei kaputt. Was er dann durch die Scheibe sah, verschlug ihm nach eigenen Angaben die Sprache: Ein blonder Frauenkopf „bewegte sich über einem erigierten Penis langsam auf und ab". Stellvertretend für die „in ihrem Anstandsgefühl gröblich beleidigte Öffentlichkeit" riß Talbot die Autotür auf, wofür ihm von Knights Prügel angedroht wurde. Der beamtete Wächter der Moral verhaftete die beiden vorsichtshalber. Auf dem Revier beruhigte sich Knights und akzeptierte eine Verwarnung, worauf die Sache zunächst erledigt war. Irgendwie bekam jedoch das Boulevardblatt *Sun* Wind von der Sache. Von den Polizeibeamten will es aber niemand gewesen sein. Jedenfalls berichtete die Zeitung ausführlich über das Treiben an der

A1. Das brachte ihr eine Schadensersatzklage wegen Rufschädigung ein, die seit zwei Wochen vor dem überfüllten Gerichtssaal verhandelt wird.

Taylforth behauptet, ihr Verlobter hatte sich an dem fraglichen Abend mit dem vielen Champagner den Magen verdorben. Sie hatte angehalten, damit er sich übergeben konnte. Danach öffnete sie ihm die Hose und rieb seinen Bauch, um die Schmerzen zu lindern. Um zu beweisen, daß „orale Masturbation" in einem Range Rover ohnehin unmöglich sei, mußten zwei Journalisten auf dem Parkplatz des Gerichtsgebäudes die Situation zum Vergnügen der Geschworenen nachspielen – mit Sicherheitsgurt. Ist das die britische Version von Safer Sex? „Die Szene ist natürlich etwas ungenau", wandte *Sun*-Staranwalt George Carman ein, „weil die entscheidende Komponente fehlt: der erigierte Penis." Außerdem fehlte auch das Erbrochene, obwohl die Polizei die Stelle absuchte, wo sich Knights angeblich „entleert" hatte, wie Carman es ausdrückte.

Und er hatte einen weiteren Trumpf im Ärmel: In der vergangenen Woche führte er dem Gericht ein Amateurvideo vor, das 1988 auf einer Party aufgenommen wurde. Dabei ist Gillian Taylforth zu sehen, wie sie zunächst Analverkehr mit einer Weinflasche, und dann oralen Sex mit einer „deutschen Bockwurst" simuliert. Dabei erklärte sie den Partygästen lautstark, daß sie Expertin für „blow jobs" sei. „Ein ekelhaftes Verhalten auf offener Straße", bescheinigte Carman ihr. Das sei die wahre Gillian Taylforth, und nicht „die gesetzte Dame hier im Gerichtssaal". Stimmt nicht, verteidigte sich Taylforth: Sie sei voll wie eine Haubitze gewesen. Die Geschworenen sprechen heute das Urteil. Vielleicht ging es ja auch nur darum, die Einschaltquoten für die schlappe Familienserie zu erhöhen. Major und seine Torys müssen sich anstrengen, wenn sie in den Klatschspalten wieder die Oberhand gewinnen wollen.

24. Januar 1994

Ein ohrenkratzender Toter-Briefkasten-Onkel auf der Parkbank

Kaum ein Volk ist so besessen von Geheimhaltung und Verrat wie die Engländer. Die berühmtesten Doppelagenten und die gemeinsten Spioninnen kamen aus England – und die dümmsten Politiker, die reihenweise über sie stürzten. Um das Leben der Spione ranken sich viele Legenden. Viele davon sind offenbar wahr: Bei einem Spionageprozeß vor dem Londoner Old Bailey legte der Verteidiger vor kurzem das Kinderbuch *The KnowHow Book of Spycraft* vor, um zu beweisen, daß nicht nur sein Mandant, sondern heutzutage auch Zehnjährige mit Geheimkommunikation und Signaltechnik vertraut sind. Das Buch enthält Informationen darüber, wie man einen toten Briefkasten anlegt, wie man Nachrichten kodiert und auf Parkbänken versteckt, wie man sich verkleidet und mit Handsignalen kommuniziert. Wenn man sich am Ohr kratzt, bedeutet das zum Beispiel, daß man seine Kontaktperson anrufen werde. Der KGB habe alles genauso gemacht, wie im Kinderbuch beschrieben, bestätigte Oleg Gordiewsky im Old Bailey. Er war ein KGB-Spion höchsten Ranges, als er 1985 zum britischen Geheimdienst überlief.

James Bond – auch nur ein ohrenkratzender Toter-Briefkasten-Onkel auf einer Parkbank? Nein. Agent 007 ist kein „aufgedunsener englischer Vorstädter oder kinnloser Aristokrat", sondern ein Kelte, wie eine irische Sonntagszeitung triumphierend feststellte: sein Vater war Schotte, die Mutter Schweizerin. Deshalb auch sein „unwiderstehlicher Charme und sein attraktives Aussehen". Die Engländer brauchen einen Ausländer, um ihr Land zu verteidigen, hänselte das irische Blatt, denn ein englischer Gentleman sei höchstens dazu fähig, Kleintiere und Fische zu töten. Bond dagegen tötet starke Männer, raucht türkische Zigaretten und ißt französische Eier. Obendrein haßt er Tee, das englischte aller Getränke, das für ihn den Untergang des britischen Weltreichs symbolisiert.

007 tat nach seiner Geburt in den mageren fünfziger Jahren all das, was englische Männer auch gerne getan hätten: teure Kleidung tragen, gut essen, flirten. Und wenn er auch kein Engländer war, so war Bond doch immer Patriot – sozusagen das Gegengift zu all den Burgess und McLean, deren Enttarnung als Doppelagenten damals den Glauben an das Gute im Spion erschütterte.

Daher mußte die englische Nation schwer schlucken, als der neue Bond-Darsteller bekanntgegeben wurde: Pierce Brosnan, ausgerechnet ein Ire. „Ist das eine weise Entscheidung", fragte die Londoner *Times*, „wenn man die Iren zu Helden macht? In dieser zahmen neuen Welt, in der die alten Feindbilder wegbrechen, braucht man die Iren vielleicht noch, um das Reich des Bösen zu spielen." Bond als Kämpfer gegen ein Imperium von dudelsackspielenden Guinness-

Trinkern? Warum nicht, die Zeiten ändern sich schließlich: Brosnans 007-Vorgänger Timothy Dalton steht in Irland gerade als Rhett Butler in der Fortsetzung von *Vom Winde verweht* vor der Kamera, und der britische Geheimdienst MI-5 hat mit Stella Rimington zum ersten Mal eine Frau als Chefin und beschäftigt sich mangels anderer Feinde hauptsächlich mit der IRA. Vielleicht hätte man Margaret Thatcher die Rolle als Bond geben sollen – mit geladener Handtasche.

15. August 1994

Ein Goldesel hackt dem anderen kein Auge aus

Die Geschichte klingt wie ein schlechter Roman – doch genau das ist schließlich das Metier der Hauptperson: Jeffrey Archer, ein Schriftsteller und Tory-Politiker von erbärmlicher Mittelmäßigkeit, mit der er freilich höchst erfolgreich ist. Als Steigbügelhalter der ehemaligen Premierministerin Margaret Thatcher und Miterfinder des Thatcherismus beförderten ihn die Torys ins House of Lords. Und mit seiner Schreiberei hat er es längst zum Millionär gebracht, so daß einige seiner Kollegen aus der Politik – wie Außenminister Douglas Hurd – nun selbst zur Feder greifen. Warum Lord Archer sich obendrein als zwielichtiger Börsenspekulant betätigt, ist auf den ersten Blick unverständlich.

Doch der Reihe nach. Anfang des Jahres kaufte der Romancier innerhalb von 24 Stunden zwei Pakete von je 25.000 Aktien der maroden Fernsehgesellschaft Anglia Television. Wie durch ein Wunder wurde der Sender vier Tage später vor dem Bankrott gerettet, weil das Großunternehmen MAI den Laden für 292 Millionen Pfund (rund eine dreiviertel Milliarde Mark) aufkaufte. Der Wert der Anglia-Aktien schnellte über Nacht in die Höhe, Archers Päckchen war plötzlich 200.000 Mark mehr wert als beim Kauf. Das feine Geschäftsnäschen, das man ihm neidlos attestierte, stellte sich jedoch schon bald als ziemlich grober Zinken heraus: Lord Archers Ehefrau Mary, die vom Neuadel ihres Mannes profitierte und seitdem Lady Archer heißt, ist Direktorin bei Anglia Television und hatte just an dem Tag von der MAI-Übernahme erfahren, an dem ihr Gatte die Aktien kaufte. Der Verdacht lag auf der Hand: Insider Dealing – ein Verbrechen, daß bei Börsianern gleich nach Kindesmord rangiert. Das Ministerium für Handel und Industrie nahm die Ermittlungen auf.

Doch nicht umsonst ist Archer Spezialist für unglaubliche Wendungen: Er habe die Aktien nicht für sich selbst, sondern für seinen irakischen Geschäftsfreund Broosk Saib gekauft, in dessen Namen sie auch registriert wurden. Warum Archer diese Transaktion nicht über seinen üblichen Börsenmakler abwickelte, warum Saib die Aktien nicht selbst kaufte, und warum der Scheck über den Profit von umgerechnet 200.000 Mark an Archer gesandt wurde, bleibt ein Geheimnis. Doch dem Handelsminister, Archers wohlhabendem Parteifreund Michael Heseltine, war das egal. Er stellte die Untersuchung im vergangenen Monat ein. Ein Goldesel hackt dem anderen eben kein Auge aus.

Doch kaum war Gras über die Sache gewachsen, da meldete sich Jeffrey Archer Ende vergangener Woche wieder zu Wort: Er bedauere zutiefst die „unnötige Verlegenheit", in die er seine Frau gebracht habe, so ließ er durch seinen Anwalt verkünden. Der Aktienkauf sei ein „schwerer Fehler" gewesen – aber keineswegs illegal. Das habe der Handelsminister ja schließlich bestätigt. Darüber hinaus sei auch Anglia Television davon überzeugt, daß alles seine Ordnung habe: Lady Archer habe sich nämlich dafür verbürgt. So schließt sich der Kreis. Warum aber der schlagzeilenträchtige Auftritt Archers letzte Woche, mit dem er die schlafenden Hunde wieder aufweckte? Könnte es damit zusammenhängen, daß sich Archer zur Zeit auf Promotionstournee für sein neues mittelmäßiges Buch befindet?

29. August 1994

Die Gärtnerei ist schwer im Kommen

Es ist jedes Jahr dasselbe. Eine Woche vor Silvester setzt in den Zeitungen die Flut von Bilanzen ein: Jedes läppische Ereignis des zu Ende gehenden Jahres wird wiederaufbereitet und mit einem altbekannten Foto versehen, als wären die LeserInnen von einer kollektiven Amnesie befallen. Kaum hat man Neujahr den gebündelten Unfug zum Altpapier gegeben, da geht es mit den Prognosen für die nächsten zwölf Monate los. Den Redakteuren seien die ungestörte Weihnachtsvöllerei und der hemmungslose Silvesterrausch ja gegönnt, aber dann sollen sie den Laden lieber für zwei Wochen dichtmachen, statt verschnarchte Rückblicke und flachsinnige Weissagungen vorzuproduzieren.

Die britischen und irischen Blätter haben es diesmal besonders ungeniert getrieben. Der Wirtschaftsteil des *Independent on Sunday* hat den „Industriellen des Jahres" gewählt: Sir David Simon von BP, weil sich der BP-Aktienpreis 1995 mehr als verdoppelt hat. Prima, Sir David, aber ein zweistöckiges Katzenklo haben Sie nicht erfunden. Für den *Independent* war das die „Erfindung des Jahres". Das *irland journal* hat Bono, den Leadsänger der Dubliner Kapelle U2, in geheimer Abstimmung zum „Arschloch des Jahres" gewählt, weil er sich von Pavarotti mit „Gott" anreden läßt und bei seinen Konzerten dauernd von der Bühne aus mit einem Handy im kriegsgebeutelten Sarajewo angerufen hat. Bloß hat's dort keiner gemerkt. Die Leute waren wohl anderweitig beschäftigt. Und die irische *Sunday Tribune* schließlich hat eine Hitliste der „Verstorbenen des Jahres" aufgestellt. Musiker Rory Gallagher und Ex-Außenminister Brian Lenihan waren die Topleichen 1995.

Außerdem hat das Dumpfblatt die „sozialen Absteiger des Jahres" ermittelt: Barbie, die eine kleine Schwester bekommen hat, Cannabis, die langweiligste Droge der Welt, und die nigerianische Regierung, weil sie „Ken Saro-Wiwa und acht andere ermordet" hat. Der *Guardian* hat Saro-Wiwa den Buchstaben ‚K' im ABC des Jahres 1995 gewidmet. ‚F' stand für Fischer, Joschka: „Der deutsche Grünenführer erlebte 1995 einen kontinuierlichen Anstieg des Stimmanteils seiner Partei." Glückwunsch! Wer wäre nicht gerne das ‚F' des Jahres?

Und was pasiert im Neuen Jahr? Ein paar Kolumnisten haben sich ihre Gedanken gemacht. Montagu Don prophezeit, daß die Gärtnerei als paneuropäisches Hobby schwer im Kommen ist; Paul Wilson glaubt, daß noch mehr Fußball im englischen Fernsehen laufen wird (Ach was. Findet nicht die Europameisterschaft im Juni in England statt?); Andrew Rawnsley sieht John Major „wash and go"; Charlotte O'Sullivan glaubt, daß alle Kinohits dieses Jahres in schwarz-weiß oder in schmutzigem braun-grau gedreht sein werden; Euan Ferguson schließlich ist davon überzeugt, daß Prinz Charles endlich einen Hut tragen wird. Damit hätte er zwei seiner Probleme auf einen Schlag gelöst: seine Ohren und seine fortschreitende Glatzköpfigkeit. Diana wird vor Wut kochen.

Und die *Irish Times* rät ihren LeserInnen, umgehend mit dem Sparen für das nächste Weihnachtsfest anzufangen, damit man zum Neujahr 1997 nicht schon wieder den Vorsatz fassen muß, den Gürtel für eine Weile enger zu schnallen. Mein guter Vorsatz steht jetzt

BBC und Tabloids – englische Institutionen

schon fest: Zwischen dem 25. Dezember und 10. Januar kommt mir keine Zeitung ins Haus.

15. Januar 1996

Dann läßt jemand eine Bratpfanne fallen

Alles muß man selber machen. Nachdem selbst die konservative Presse die Tories in die Pfanne haut, hat der britische Premierminister John Major seine eigene Zeitung gegründet: *Look!* In dem 16-seitigen Boulevardblatt ist die britische Welt noch in Ordnung: Da sinkt die Verbrechensrate unaufhörlich, und Großbritannien führt die Welt ins nächste Jahrtausend, da gibt es Kneipen für die ganze Familie und Lotteriegewinner allüberall. Sogar auf der Sportseite ist von Major die Rede: Dank der Regierungspolitik geht es nun auch mit dem britischen Fußball aufwärts.

Weil man den Unfug natürlich nicht öffentlich verkaufen kann, hat die Parteizentrale 100.000 Exemplare kostenlos an Sympathisanten abgegeben. Die sollen die Botschaft des Premierministers unters Volk bringen: „Es gab eine Zeit, da wurde Großbritannien mit Verachtung von seinen Nachbarn gesehen", fängt Majors Artikelchen an. „Nun: all das hat sich geändert." Heute spotten die Nachbarn vor allem über den Premierminister.

Ob eine zweite Ausgabe des gutgelaunten Blattes erscheinen wird, ist zweifelhaft. Offenbar hat man sich bei der ersten Nummer schon so verausgabt, daß man auf den letzten Seiten bei den guten Nachrichten ein wenig nachhelfen mußte. Der Parteivorsitzende Brian Mawhinney verkündet dort freudestrahlend, daß die Firma Boxes and Packaging aus dem südwestenglischen Swindon typisch für all die kleinen Firmen sei, die dank der unternehmerfreundlichen Tory-Politik aufgeblüht seien. Der Boß der Firma, Shearer Sellars, wird als „vehementer Gegner der Labour-Partei" zitiert, die es „Politikern und Gewerkschaften gestattet, sich in die Firmenleitung einzumischen". Aus Sellars' Mund klingt das anders: „Ich könnte den Konservativen niemals meine Stimme geben", bedauerte er in einem Fernseh-Interview, „das verdienen die gar nicht."

Das finden auch die ehemaligen Tory-Blätter. Die *Times* meint, Major müsse sich „dringend eine feste Meinung zu irgendetwas bilden". Und der *Telegraph*, bisher das Leib-und-Magen-Blatt aller konservativen BritInnen, monierte: „Obwohl er eine ehrliche Haut ist, steht Herr Major heutzutage für gar nichts mehr." Sogar Lord McAlpine, ehemaliger Schatzmeister der Tories, vergleicht seine Partei mit einer Tierart, bei der seit geraumer Zeit – ungefähr seit Amtsantritt der Tory-Regierung – der Wahnsinn grassiert. „Es ist wie bei einem Wildwestfilm", sagte der Lord. „Da gibt es diese Rinderherden, und dann blitzt und donnert es. Die Rinder werden unruhig, dann läßt jemand eine Bratpfanne fallen, und die Herde jagt in tausend verschiedene Richtungen davon." Nur der Leitbulle merkt nichts vom Torywahn.

Aber zum Glück gibt es ja noch den Fußball. Sollte England die Europameisterschaft im Juni vor heimischem Publikum gewinnen, verdankt das die Mannschaft dem Premierminister, wenn man dem kleinformatigen Tory-Witzblatt glauben darf. Wahrscheinlicher ist jedoch, daß Major und Englands Trainer Terry Venables etwas ganz anderes gemein haben: Venables ist seinen Job nach den Europameisterschaften los, weil er wegen Betrugsvorwürfen vor Gericht muß; Major hat auch nicht viel länger Zeit, bis ihn das verschaukelte Wahlvolk an der Urne richtet. Don't Look!

13. Mai 1996

Rücksicht auf die putzigen Frauenhirnchen

Nach den Neuerscheinungen auf dem Zeitschriftenmarkt zu urteilen, hält so mancher Verleger die BritInnen für Klotzköpfe. Vorige Woche sind zwei neue Heftchen erschienen – eins für Männer und eins für Frauen. *Eat Soup* ist ein Magazin über Essen, Trinken und Reisen für wiedergeborene Halbstarke. Auf den ersten Blick scheint das so, als versuche eine Heavy-Metal-Postille, ihren Lesern die Rosenzucht nahezubringen. Auf den zweiten Blick ist alles noch viel schlimmer.

In den sechziger Jahren gab es ein paar Zeitschriften, die mit einer Mischung aus Pin-Ups und Pasta-Rezepten recht erfolgreich waren. Bei *Eat Soup* kommen pubertäre Phantasie und Gossenjargon hinzu. Die Reportage über James Bond in Frankreich enthält die interessante Information: „Ich fand, daß die Franzosen allesamt Arschlöcher sind und fuhr fortan auf der linken Straßenseite."

Ein Artikel über steigende Verkaufszahlen von Champagner ist mit dem Foto einer Blondine dekoriert, die zwei Champagnergläser auf ihren Brüsten balanciert – oder auf ihren Titten, um in der Sprache der Zeitschrift zu bleiben. Ein paar Seiten weiter ist eine Geschichte über Kannibalismus mit einer nackten Frau garniert, deren Körper wie ein Schlachtrind zerlegt ist. Das ist brüllend komisch, wenn man – wie der Schreiber – von eher schlichtem Gemüt ist.

Leider ist die neue Frauenzeitschrift *Minx* keinen Deut besser. Das Blatt wende sich an Frauen, die „noch am Leben sind" und nicht gleich in Ohnmacht fallen, wenn sie das Wörtchen „Fuck" lesen, heißt es. Wenn man umblättert, findet man dann doch die altbewährte Mischung aus Horoskopen, Mode, Schicksalsgedöns, Schminktips und dussligen Interviews mit dussligen Menschen. Und natürlich Sex: die Stellung des Monats, ein Artikel über weibliche Ejakulation, über den Spaß an obszöner Sprache... schnarch!

Bei der Illustrierten *Here!*, die von Gruner & Jahr im Juni auf den britischen Markt gebracht wurde, verzichtet man konsequenterweise ganz auf Inhalte. Die Zielgruppe sind Frauen zwischen zwanzig und vierzig. Dem Blatt geht es darum, Prominente möglichst unvorteilhaft abzubilden: eine fette Shirley MacLaine, ein verschrumpelter Jack Nicholson, Prinzessin Diana auf der vergeblichen Flucht vor Paparazzis und Oasis-Star Noel Gallagher voll wie eine Natter. Da man – abgesehen vom betrunkenen Gallagher – solche Aufnahmen nur mit ellenlangem Teleobjektiv machen kann, sind die Fotos meist unscharf und grobkörnig.

„Jetzt geht es den Prominenten an den Kragen", freut sich die Dame von der Fotoagentur, die sich auf Pirschjägerfotos spezialisiert hat. Richard Barber, Chefredakteur des Konkurrenzblattes *OK!*, gibt *Here!* aber keine Chance. „Es ist weder Fisch noch Fleisch", sagt er. „Ich glaube, Frauen lesen lieber gute Nachrichten in einer Zeitschrift – zum Beispiel eine schöne Geschichte über Pamela Anderson und ihr neues Baby." Er hat recht. Man muß Rücksicht auf die putzigen Frauenhirnchen nehmen. Barber sollte sein Insider-Wissen *Eat Soup* zur Verfügung stellen und dort über Blondinen schreiben.

16. September 1996

Mit einer Pflanze im Mund um die ganze Welt

Hochland-Schotten scheinen merkwürdige Urlaubsgewohnheiten zu haben. Jedenfalls ist in sämtlichen Buchläden von Inverness das Überlebens-Handbuch der britischen Elitetruppe SAS bis zur Decke gestapelt. Für drei Pfund kann man die fiesen Tricks der Soldaten erlernen. In einem Kapitel verraten sie die „Richtlinien für Auslandsreisen". Die wichtigste Regel: niemals Fremden in die Augen sehen, niemanden auf Armlänge herankommen lassen und sofort die Straßenseite wechseln, wenn einem jemand entgegenkommt. Das könnte ein prima Urlaub werden. Grönland vielleicht? Damit keiner die Elitesoldaten für Feiglinge hält, erklärt der Autor, daß SAS-Soldaten normalerweise scharf auf jede Art von Rauferei seien. Wenn sie allerdings im Geheimauftrag unterwegs seien, werde der Feind schon mal geschont.

Das wichtigste für Reisende ist das äußere Erscheinungsbild: Hippies und andere Freaks bleiben besser zu Hause, wer adrett und wohlhabend aussehe, habe es bei ausländischen Behörden leichter. Sieht man jedoch zu wohlhabend aus, kann man in Asien und Afrika gleich die Löffel abgeben: Dort lauern Spitzbuben und Diebsgesindel auf das sauer Ersparte. In Vietnam seien „kleine Ausländer, vor allem Frauen", besonders gefährdet. Und vor einem Lateinamerika-Urlaub sollte man sich nicht gerade mit ausrangierten Armee-Klamotten eindecken, denn Soldaten seien dort recht unbeliebt. Sogar der SAS. In manchen Ländern ist nicht mal den Kollegen zu trauen: Über Namibia heißt es, die Soldaten „schießen erst und fragen später" – eigentlich ganz wie der SAS, der dafür bekannt ist, niemals Gefangene zu machen. Siehe Lima. Oder Nordirland.

Die SAS-Ratschläge über die Nahrungsaufnahme sind für Schotten besonders wichtig, denn auf diesem Gebiet schrecken die Nord-Briten offenbar vor nichts zurück. Ihr Nationalgericht, der Haggis, besteht aus gehackten Lamminnereien, die mit Hafermehl, Zwiebeln und Gewürzen vermischt und im Schafsmagen gekocht werden. Trotz dieser Abhärtung rät der SAS zur Vorsicht, wenn es um unbekannte Pflanzen geht. Trifft man im Ausland hungrig auf ein solches Gewächs, schreite man zu einem einfachen Test, raten die Elitesoldaten: Man darf acht Stunden nichts essen, sondern klemme sich einen Teil der Pflanze unter den Arm. Fällt er während dieser Zeit nicht ab oder zeigt Fäulniserscheinungen, kann man sich einen

BBC und Tabloids – englische Institutionen

Teil der Pflanze getrost auf die Lippen und nach drei Minuten sogar auf die Zunge legen. Dort muß die Pflanze aber eine Viertelstunde verharren. Sodann kaue man das Teilchen sorgfältig und behalte es eine weitere Viertelstunde im Mund, sofern man noch dazu in der Lage ist. Dann erst schlucke man es herunter.

Nun müssen wieder acht Stunden vergehen, in denen der Körper sorgfältig beobachet wird. Muß man sich ständig erbrechen, vergesse man die Pflanze und gehe zu McDonalds. Andernfalls kann man sich ein halbes Täßchen des unbekannten Gewächses zu Gemüte führen, sollte danach aber erneut acht Stunden warten. Erst dann kann man sicher sein, daß die Pflanze okay ist. Nach 24 Stunden und 48 Minuten darf man sich also endlich den Magen mit dem Segen des SAS vollschlagen.

Wenn Sie also bei ihrem nächsten Italien-Urlaub an einem sizilianischen Gemüsestand auf eine Gruppe blasser Menschen treffen, die regungslos mit einem Blatt Radicchio im Mund ausharren, können Sie sicher sein, daß es sich dabei um Pauschaltouristen aus Inverness handelt.

12. Mai 1997

Der Engländer ist tierlieb

Parfümierte Hunde bellen nicht

Hunde die bellen, beißen nicht. Aber wie bringt man einen Vierbeiner zum Schweigen? Französische Tierärzte haben darauf eine Antwort gefunden: Parfüme. Das Duftwasser mit Zitronenaroma wird in einem Kästchen untergebracht und am Halsband befestigt. Ein eingebautes Mikrofon meldet ruhestörendes Bellen an ein Mikrochip, das daraufhin eine Düse betätigt und dem Hund den betörenden Duftstoff in die Nase bläst. Die Empfindlichkeit des Mikrofons ist einstellbar – von leisem Knurren bis zu wildem Gekläffe.

Der englische Tier-Verhaltensforscher Roger Mugford wollte die Anti-Bellvorrichtung am Mittwoch auf der Nationalen Hundeausstellung in Birmingham vorführen. Das war jedoch nicht so einfach, wie er erwartet hatte, obwohl knapp 20.000 Hunde aller Rassen anwesend waren. Sie erwiesen sich jedoch als wohlerzogen und weigerten sich, auf Kommando zu bellen. Der verzweifelte Mugford griff zu einem ungewöhnlichen Mittel, um die Journalistenschar von der Wirksamkeit der Erfindung zu überzeugen: Er bellte selbst – mit Erfolg. Das Kästchen nebelte ihn auf der Stelle mit einer Zitronenduftwolke ein. Schließlich erbarmte sich ein Collie in der Nachbarhalle zu einem müden Kläffen und wurde von Mugford sofort zum Demonstrationsobjekt auserkoren. Fortan gab das parfümierte Tier keinen Ton mehr von sich.

Das Gerät kostet im Handel 80 Pfund. Die Erfolgsquote liege bei 91 Prozent, sagte Mugford. Die Versager, die trotz Parfüme nicht verstummten, seien „nicht besonders intelligent", behauptete der Verhaltensforscher. Freilich ist die Erfindung nicht für alle Rassen geeignet. Vor allem bei kurzbeinigen Exemplaren, wie zum Beispiel beim Dackel, schleift das Gerät am Boden und wird dadurch beschädigt.

In Frankreich haben bereits 40.000 Hundebesitzer ihre Lieblinge auf diese Art zum Schweigen gebracht. „Ich habe gehört, daß es in Frankreich jetzt viel ruhiger sein soll", sagte Mugford. Die Organisatoren der Hundeausstellung hoffen, die französische Erfindung möge dazu beitragen, das schwer angeschlagene Image der Hunde zu verbessern. Zahlreiche Attacken von Killerkötern haben im vergangenen Jahr starke Zweifel daran aufkommen lassen, ob der Hund tatsächlich des Menschen bester Freund sei. Dank des Geräts am Halsband werden die Vierbeiner in Zukunft womöglich schweigend zubeißen.

Der Engländer ist tierlieb

Roger Mugford dementierte Gerüchte, wonach er an einer Weiterentwicklung des Gerätes arbeiten soll, um ungebührliche Zwischenrufe im britischen Unterhaus zu unterbinden.

11. Januar 1992

Staatlich verordneter Mord im Hühnerstall

Die britische Regierung schreckt vor nichts zurück – nicht mal vor Hühnermord. 5000 dieser eierlegenden Nutztiere, die dem Nonnenkloster „Our Lady of the Passion" in Daventry in der englischen Grafschaft Northamptonshire gehörten, wurden auf Anweisung des Landwirtschaftsministeriums geschlachtet, weil sie angeblich mit Salmonellen verseucht waren. Inzwischen stellte sich jedoch heraus, daß der offizielle Untersuchungsbericht gefälscht war: Forensische Tests ergaben, daß wichtige Passagen und Schlüsselworte nachträglich hinzugefügt worden waren. „Totaler Fake", sagt selbst der Veterinärmediziner des Landwirtschaftsministeriums, Richard Cawthorne. In politischen Prozessen gegen vermeintliche IRA-Mitglieder ist man das ja gewohnt, aber der Fall der gefälschten Hühner-Atteste löst doch Verblüffung aus: Nach den ‚Birmingham Six' und ‚Guildford Four' nun also die ‚Daventry Fivethousand'. Nach einem langwierigen Prozeß mußte der Staat den Nonnen 3329 Pfund (ca. 9600 Mark) Entschädigung zahlen – knapp zwei Mark pro Batterie-Henne. Die Klosterfrauen legten Einspruch ein. Im vergangenen Monat entschied der unabhängige Schlichter Roger Stone, daß das Ministerium fast das Dreifache hinblättern muß, nämlich 12.292 Pfund. Landwirtschaftsminister John Gummer akzeptierte diese Summe jedoch nicht und zog erneut vor Gericht.

Der Fall begann im Oktober 1989. Damals schlossen sich die Nonnen unter Führung der 82jährigen Äbtissin, Mutter Catherine, in den Hühnerstall ein, um ihr Federvieh vor der Zwangsschlachtung zu retten. Doch vergeblich – der lange Arm des Landwirtschaftsministeriums kannte keine Gnade. Die staatlichen Hühnerdiebe machten den Eierlieferanten den Garaus und die Nonnen dadurch brotlos. Die verlegten sich zwar auf die Herstellung belgischer Schokolade, doch das erwies sich als Flop. Das Kloster blieb auf Bergen von Süßigkeiten sitzen. Die EngländerInnen mißtrauen offenbar belgischer Schokolade, wenn sie aus Northamptonshire kommt. So steht das Kloster nun vor dem Bankrott und kann nicht mal das Geld für die weiteren gerichtlichen Auseinandersetzungen aufbringen. Sympathisanten der Nonnen behaupten, daß Minister Gummer die frommen Frauen mit seinem Haß verfolge, weil sie durch ihre Hühnerstallaktion vor drei Jahren das Ministerium blamiert hätten. Der Berater der Nonnen, Lebensmittelexperte Richard North, sagt, daß die Nonnen zwar durch das Urteil des Schlichters rehabilitiert seien, aber sie hätten nichts mehr davon, weil sie die Kosten für die nächste Instanz nicht aufbringen können. Für die rehabilitierten, aber toten Hühner kommt der Schlichterspruch freilich ohnehin zu spät. „Die Nonnen sind der Meinung, daß der Staat seine ganze Macht einsetzt, um sie um die ihnen zustehende Kompensation zu betrügen", sagte North.

Das Ministerium bestreitet das. Ein Sprecher behauptete, man habe Einspruch eingelegt, weil der begründete Verdacht vorliege, daß ein „unkorrekter Ansatz für die Wertermittlung der Hühner benutzt" worden sei. Die Nonnen selbst verweigern jede Auskunft. Die neue Äbtissin, Schwester Regina, sagte, das Medieninteresse habe sich als „schwerer Eingriff in unser Leben" herausgestellt. Deshalb rede man nicht mehr mit der Presse – auch dann nicht, wenn das den Absatz belgischer Schokolade fördern würde.

20. Mai 1992

Der weichherzige Killerköter in der Todeszelle

Das hat man nun davon, wenn man seine Innenpolitik nach den Schlagzeilen der Boulevardpresse ausrichtet. „Killt die Killerköter", schrien die britischen Schmutzkübel 1991, und der damalige Innenminister Kenneth Baker, gierig auf ein bißchen Popularität, erfüllte ihnen den Wunsch. Er jagte das „Gesetz über gefährliche Hunde" so schnell durchs Parlament wie noch kein Gesetz zuvor in der britischen Geschichte. Fortan sollten alle „gefährlichen Hunde" eingeschläfert werden, die ohne tätowierte Registrierungsnummer oder Maulkorb in der Öffentlichkeit erwischt wurden. Der Hundezüchterverband lief Sturm dagegen, und Baker machte einen Rückzieher: Rassehunde wurden davon ausgenommen – zum Glück

Der Engländer ist tierlieb

für die Corgis der Queen. Eins dieser grauenhaften Schoßhündchen war damals gerade über die Monarchin hergefallen, als sie einen Streit schlichten wollte. „Die Queen mußte genäht werden – von ihrem eigenen Hund gebissen", titelte die *BZ*.

Vom Gesetz betroffen sind jedenfalls nur die Pitbulls, jene niederträchtige US-Züchtung, die für illegale Hundekämpfe nach Großbritannien importiert wurde und dort mit Vorliebe spielende Kinder zerfleischte. Da ein Pitbull aber nun mal kein Rassehund ist, gibt es keine klare Definition seiner Merkmale. Seitdem streiten die Hundeexperten vor Gericht über Beinlängen und Spitzohren. Unterdessen sitzen rund tausend Tiere im Hundeknast und warten darauf, ob sie von Gerichts wegen als Pitbulls eingestuft werden. Die Eigentümer von Hundezwingern machen derzeit das Geschäft ihres Lebens.

Sie sind aber wohl die einzigen, die Kenneth Baker heute noch freundlich gesonnen sind. Die Boulevardblätter, die vor vier Jahren noch allen Pitbulls den Tod gewünscht hatten, beklagen sich nun auf einmal über die „Massenhinrichtungen". Der siebenjährige Dempsey und seine Besitzerin Dianne Fanneran wurden inzwischen sogar zur Berühmtheit. 1992 lief ein Nachbarsjunge mit dem Tier zum Eckladen. Weil Dempsey unterwegs kotzen mußte, nahm ihm der Junge kurz den Maulkorb ab – und schon war ein Polizist zur Stelle, der den Hund verhaftete. Seitdem wird Dempsey an unbekanntem Ort gefangen gehalten, nur einmal erhielt Fanneran eine Besuchserlaubnis. Die Polizei hatte ein geheimes Rendezvous an einem neutralen Treffpunkt arrangiert und Fanneran untersagt, Verwandte oder gar die Presse mitzubringen. Der Prozeß hat die SteuerzahlerInnen umgerechnet bisher mehr als 120.000 Mark gekostet, für den Zwinger kamen nochmal 30.000 Mark hinzu. „Dempsey war so weichherzig, daß sie vor anderen Hunden immer weggerannt ist", sagt die Besitzerin und schaut traurig auf die Anrichte, wo ein Foto von Dempsey steht. „Sie hat niemals Leute angebellt, als Wachhund war sie völlig nutzlos." Das erinnert fatal an die Aussage eines anderen Pitbull-Eigentümers, dessen Liebling gerade ein Kleinkind zerfetzt hatte.

In der vergangenen Woche ist Dempsey erneut vor Gericht unterlegen, doch der Prozeß geht in die nächste Instanz. Der Anwalt des Hundes hat bisher noch jedes Mal ein Schlupfloch entdeckt. Und es gibt noch eine weitere Hoffnung: Die französische Schauspielerin

Brigitte Bardot hat Dempsey politisches Asyl angeboten. Unterdessen lachen sich die Rottweiler ins Fäustchen: Für sie gilt das Maulkorbgesetz nicht, weil sie Rassehunde sind.

11. September 1995

Charly frißt Charlie

Londons verschachtelte U-Bahnhöfe mit ihren schmuddeligen Gängen und abgrundtiefen Rolltreppen sind wenig vertrauenerweckend. Doch der Betontunnel, der vom Bahnhof Tower Hill zu der alten Festung führt, wirkt besonders düster. Der Tower ist eigentlich gar kein Teil der englischen Hauptstadt: Er hat seinen eigenen Gouverneur, seine eigene Armee und Kirche – und früher auch seinen eigenen Henker. Die Liste der Menschen, denen in diesem Gemäuer der Kopf abgeschlagen wurde, ist recht stattlich: Könige und Königinnen, Thronfolger und Adlige, Verräter und Spione. Und eine ganze Menge Unschuldiger. Der letzte, der im Tower hingerichtet wurde, war Josef Jakobs, ein Nazi-Spion. Freilich ließ man ihm seinen Kopf: Er wurde erschossen.

Weite Teile des Towers werden demnächst dichtgemacht: Das alte Gemäuer soll generalüberholt werden. Ziel ist es, den BesucherInnen danach noch mehr Zeit und Geld abzuluchsen. Der offizielle Tower-Historiker Geoffrey Parnell hält nicht viel von dem Projekt: Es sei „historisch ziemlich wertlos". Ein anderer Archäologe meint gar, der Tower mutiere „immer mehr zum Disneyland". Dabei sei es in Wirklichkeit „der elendste Ort in London".

Mehrere hundert Menschen leben an diesem elenden Ort – und sechs Raben. Diese schrägen Vögel sind für das Überleben der Monarchie verantwortlich. Die abenteuerliche Kette von Peinlichkeiten, von denen die Windsors in letzter Zeit heimgesucht wurden, kann man den Tieren aber nicht ankreiden. Schließlich handelt es sich nur um eine Sage: Früher soll es Tausende von Raben im Tower gegeben haben. Weil Charles II., der in der Nacht vor seiner Krönung im Weißen Turm – dem ältesten Teil der Festung – übernachtete, der Lärm der Tiere auf die Nerven ging, ließ er sie kurzerhand umbringen. Einer Überlieferung zufolge, so wußte Charles, fällt jedoch die Monarchie, wenn die Raben aus dem Tower verschwinden. Um auf Nummer Sicher zu gehen, behielt er sechs Vögel.

Der Engländer ist tierlieb

Mit der Prophezeiung ist es aber nicht weit her. Während des Zweiten Weltkriegs war der Tower nämlich eine Weile rabenlos, und die Monarchie hat trotzdem – wenn auch nur knapp – überlebt. Offenbar will man das Risiko kein zweites Mal eingehen: Ein Rabenvater wacht seitdem darüber, daß die Tiere nicht abhauen und Königin und Vaterland im Stich lassen. Das würde ihnen auch schwerfallen: Einmal in der Woche wird ihnen der linke Flügel gestutzt. Falls dennoch alle Stricke reißen, stehen zwei Tiere in Reserve. Die neuen Ersatzvögel wurden jetzt zum ersten Mal der Öffentlichkeit vorgestellt: Thor und Odin heißen sie.

Munin und Hugine, die den Posten bisher bekleidet hatten, sind zu Raben ersten Ranges befördert worden, weil zwei Tiere aus dem Monarchieschutzgeschwader ausgefallen sind: Der eine, Jackie, war zu streitsüchtig und wurde in einen walisischen Zoo ins Exil geschickt. Der andere, Charlie, ist einem Polizeihund auf Bombensuche zum Opfer gefallen. Der Rabenmord machte nicht nur in der Boulevardpresse Schlagzeilen. Vermutlich wäre es um die englische Monarchie besser bestellt, hätte der Hund stattdessen den Thronfolger Charlie Windsor aufgefressen. Ironie des Schicksals: Der rabenfressende Beamtenhund hieß ebenfalls Charly, aber mit ‚y'.

18. Dezember 1995

Wenn der Computer Eier legt

Virtuelle Haustiere haben unschätzbare Vorteile: Ein elektronischer Goldfisch braucht kein Futter, ein Computer-Fiffi muß nicht Gassi gehen und eine Katze auf dem Bildschirm zerfetzt keine Tapete. Außerdem werden die Viecher nicht krank und können – außer durch einen Computervirus – auch nicht hops gehen. Das soll sich in Zukunft ändern, wenn es nach einer englischen Software-Firma geht: Millennium bringt im September virtuelle Eier mit digitalen Erbanlagen auf den Markt. Zuhause schiebt der Käufer das auf Diskette gespeicherte Ei in den Computer und brütet es aus.

Nach einer Weile schlüpft der Norn, wie die pelzigen Tierchen heißen, aus dem Ei und muß mit der – ebenfalls auf Diskette gespeicherten – virtuellen Nahrung gefüttert werden. Man kann ihm einfache Wörter beibringen, er reagiert auf Streicheln und auf Prügel. Nach sechs bis zehn Stunden Computerlaufzeit ist der Norn geschlechtsreif und beginnt sich zu paaren, falls ein Norn des anderen Geschlechts in der Nähe ist. Alles völlig clean, versteht sich. „Sie küssen sich lediglich ein wenig länger", meint Stephen Grand, der Chefprogrammierer von Millennium, „wir müssen schließlich auf die Amis Rücksicht nehmen." Schwule Norns kommen deshalb nicht in Frage.

Nach der Paarung produziert die Nornin ein Ei. „Wir wissen auch nicht, was dabei herauskommt", meint Stephen Grand. „Das kommt ganz auf die digitale DNS an." Wie bei einer ordentlichen Tierzucht könne man die Norns anderen Züchtern zur Paarung überlassen oder in Pflege geben, wenn man verreist – alles per Internet. „Das Problem ist, daß Fremde dem Norn als erstes das Fluchen beibringen", gibt Grand jedoch zu bedenken.

Auch wenn die Norns mit ihren riesigen Augen und einem dämlichen Grinsen eher wie Garfields garstige Brüder aussehen, so besteht Grand darauf, daß seine Norns mehr als nur Cartoon-Figuren sind. Ihre biochemischen Eigenschaften seien zwar vereinfacht, aber durchaus vollständig, sagt er. Man könne sogar das Gehirn untersuchen und beobachten, wie sich „Nervenstränge" bilden. Das sei vor allem für diejenigen Computerexperten von Interesse, die an der Entwicklung „denkender Maschinen" arbeiten, meint Grand.

Denken können die Norns noch nicht. Aber sie können betrunken werden, wenn man ihnen virtuellen Schnaps verabreicht – zum Beispiel im benachbarten virtuellen Irish Pub, in das man mit ihnen Gassi gehen kann, ohne daß man Angst haben muß, daß sie die Datenautobahn zuscheißen. Norns können aber krank werden. Wenn sie einen Schnupfen haben, müssen sie niesen und bekommen Schüttelfrost. Dann jammern und stöhnen sie lauthals. Hat es sie ganz schlimm erwischt, könnten sie sogar sterben, wenn Millennium nicht wäre. „Falls sie richtig krank werden", sagt Stephen Grand, „kann man sie natürlich per Internet an uns einsenden, und wir kümmern uns dann um sie – gegen eine kleine Gebühr." Da lohnt es sich vielleicht, auf den Beruf des virtuellen Tierarztes umzuschulen. Statt sich um denkende Maschinen zu kümmern, hätten Grand und seine Millennium-Kollegen wohl lieber bei sich selbst anfangen sollen. Aber vielleicht können sie ja einen Job als virtuelle Krankenwagenfahrer für kranke Norns bekommen.

10. Juni 1996

Der Engländer ist tierlieb

Faltige Hunde, kopflose Hühner und ein schweinischer Minister

Die Briten sind tierlieb, das ist bekannt. Und da in Großbritannien Wahlkampf herrscht, müssen die Viecher wieder einmal für alle möglichen Mätzchen herhalten. Das war schon früher so, zum Beispiel bei Winston Churchill, der 1950 mit einer fetten Bulldogge im Fernsehen auftrat. Der faltige Köter und sein Herrchen, John Bull, galten bereits im viktorianischen Zeitalter als Symbol für all das, was man in England im allgemeinen als Tugend bezeichnet. Churchill nützte das nichts: Zwar sah ihm das Tier ungemein ähnlich, die Wahlen verlor er dann aber doch.

Nun hat die Labour Party die Bulldogge, die zu den dümmsten Hunden zählt, als Zugpferd im Wahlkampf entdeckt. In einem Werbespot liegt Fitz, so heißt der Hund, zunächst völlig apathisch am Boden, wird dann aber quietschlebendig, als er die süße Stimme des Labour-Chefs Tony Blair vernimmt. Schließlich reißt sich Fitz von der Leine los und wetzt in eine bessere Zukunft – dank Labour.

Warum auch nicht? Wenn man den Tories schon das Parteiprogramm klaut, kann man ihnen auch gleich den dazugehörigen Köter entwenden. Und Blair setzte noch eins drauf: Schluß mit der Übertragung von Fischfangrechten in britischen Gewässern, forderte er lauthals. Genau wie John Major. Um Blair in Sachen Fischfreundschaft zu übertrumpfen, umarmte der Premierminister einen nassen Steinbutt, den ihm ein englischer Fischer wütend vor die Nase hielt, nachdem die EU am Dienstag eine Senkung der Fangquote beschlosen hatte.

Mit Hühnern, dem Symbol für Feigheit, hatte Major weniger Glück. Er hatte Blair eine zwei Meter große Henne auf den Hals gehetzt, nachdem der ein Fernsehduell abgesagt hatte, doch die Labour-Zeitung *Daily Mirror* schickte im Gegenzug ein kopfloses Hühnchen zu Majors Wahlveranstaltung. Die Bilder vom Tory-Wahlkampfleiter, wie er den Hühnerrumpf zu Boden ringt, um ihn am Betreten der Halle zu hindern, werden Major wohl nicht viele Stimmen einbringen. Noch mehr Pech mit Tieren hatte der Tory-Abgeordnete Julian Critchley. Er hatte Margaret Thatcher einmal als „große Elefantin" bezeichnet, die niemals vergesse oder vergebe. Das tat sie dann auch nicht, und Critchley versauerte 30 Jahre auf den Hinterbänken. Jetzt kandidiert er nicht mehr.

Schlimm erging es auch der Referendum Party, deren erklärtes Wahlziel es ist, Resteuropa an den Nordpol zu verlegen. Ihr stellvertretender Vorsitzender, John Aspinall, ist Zoobesitzer. Einer seiner Tiger hat vor kurzem einen potentiellen Wähler aufgefressen. Das war ärgerlich, denn die Referendum Party kann es sich keineswegs leisten, so verschwenderisch mit ihren Wählern umzugehen. Wäre es umgekehrt gewesen, hätte also Aspinall den Tiger gefressen, hätte das freilich noch mehr Stimmen gekostet, denn die Engländer sind, wie gesagt, tierlieb.

Darauf setzen die Tories im Wahlkampfendspurt. Sie haben jetzt einen wissenschaftlichen Untersuchungsbericht veröffentlicht, wonach die Hirschjagd grausam sei, weil ein Hirsch unter ungewöhnlichem Streß leide, wenn er von den Hunden zu Tode gehetzt wird. Wer hätte das gedacht? Vielleicht reicht es für die Tories ja doch noch, wenn Major am Vorabend der Wahl öffentlich ein Stinktier küßt – oder seinen BSE-Landwirtschaftsminister Douglas Hogg. „Hoggish" heißt auf deutsch schließlich „schweinisch".

21. April 1997

Der Engländer ist tierlieb

Freizeit und Kultur

„Mir wurde schlecht und ein Polizist mußte weinen"

„Vor 18 Monaten hatte ich einen Schlaganfall, dann fand ich heraus, daß der Nachbar meine Frau bumste, und so habe ich sie rausgeschmissen. Und jetzt das hier", sagte ein Bauer aus dem Dorf Castlemorton in Südwestengland. „Das hier" waren 25.000 New Age-Travellers und Ravers, die sich in der vergangenen Woche auf der Gemeindewiese niedergelassen hatten und ein Festival feierten.

Festivals dieser Art – wenn auch nicht in dieser Größe – finden seit 1988 fast jede Woche statt. Damals schlossen sich die urbanen Ravers mit ihrem Acid House und Techno-Rock dem traditionellen Stonehenge-Fest der Hippies an, doch die Polizei sorgte dafür, daß die Party schnell vorbei war. Seitdem werden die Festivals im Untergrund organisiert. Für die Boulevardpresse sind die Hippies ein gefundenes Fressen: Sie werden als „Krusties" und „Seifenscheue" bezeichnet, die sich Drogenexzessen hingeben und die Landbevölkerung terrorisieren. Selbst der seriöse *Independent* zitierte John Thornley vom Verband der Schafzüchter: „Wir wurden in Castlemorton mit einem Lamm konfrontiert, dem das Gesicht fehlte und die Eingeweide herausgerissen waren. Mir wurde schlecht, und ein Polizist mußte weinen."

Kein Wunder, daß die Bewohner Castlemortons nach diesen Schreckensmeldungen zur Selbstbewaffnung griffen. Viele klagten darüber, daß sie sich wegen der lauten Musik „komisch im Kopf" fühlten und jeden Sinn für die Realität verloren hätten. Von dem Plan, die gesamte Gemeindewiese niederzubrennen, nahm man dann aber doch Abstand, weil dort im nächsten Monat das Dorffest stattfinden soll – ohne die Hippies, versteht sich. Besonders erbost war man über die Untätigkeit der Polizei. Ein Bewohner erzählte, daß drei Polizisten in ihrem Auto eingekeilt waren, während ein Hippie auf der Motorhaube saß und fröhlich LSD verteilte. „Die Beamten lachten nur", empörte sich der Mann.

Umso erstaunter war man, als die Bürgerschrecks am Wochenende plötzlich begannen, die Wiese aufzuräumen und den Müll in 16 Großcontainer zu laden, bevor sie weiterzogen. Doch die Polizeieinheit war inzwischen verstärkt worden und lauerte am Ortsausgang, wo sie über 20 Fahrzeuge beschlagnahmte – wegen Fahruntüchtigkeit. Seitdem belagern etwa hundert Hippies das Polizeirevier. „Mein Auto heißt Blim und ist unser Zuhause", sagte die 32jährige Linda

Bowling, die in dem alten Bedford-Bus mit ihren drei Kindern und dem Chinchilla Gismo lebt. Gismo war am Montag noch in Polizeigewahrsam, weil er sich im Bus versteckt hatte.

Seit die Hippies aus Castlemorton abgezogen sind, geht in den benachbarten Grafschaften die Angst um. Die Polizei hat Hippie-Sondereinheiten aufgestellt, deren einzige Aufgabe es ist, sich an die Fersen der bunten Konvois zu heften – ein vergebliches Unterfangen. „Wir sind überhaupt nicht gut organisiert", sagt Martin, ein New Age-Traveller. „Es ist das Chaos, das uns zusammenhält." In Wales haben die Bauern inzwischen einen „Hippie-Wachdienst" aufgestellt. Zu den Mitarbeitern gehören auch Straßenbauarbeiter und die Fahrer der mobilen Bibliotheken. Wenn der erste Hippie gesichtet wird, sperren die Bauern – bewaffnet mit Jauche und Kuhmist – ihre Felder mit Traktoren ab. Julian Salmon vom Bauernverband sagt: „Ich fürchte, es wird schon bald eingeschlagene Köpfe geben."

3. Juni 1992

Britische Weihnacht: Hundekuchen und Spitzenhöschen

Heiligabend in London: In der Innenstadt ist der Teufel los. Nach den flauen Umsätzen der vergangenen Wochen aufgrund von Rezession und IRA-Bombenkampagne setzt doch noch der Kaufrausch ein. In den Warenhäusern schlendern Männer mittleren Alters betont gleichgültig durch die Abteilungen mit Damenunterwäsche. Ein kurzer Blick über die Schulter und – wenn die Luft rein ist – ein hastiger Gang zur Kasse mit dem Corpus Delicti unterm Arm. „Es ist jedes Jahr dasselbe", stöhnt eine Verkäuferin. „Die phantasielosen Böcke kaufen im letzten Moment schwarze Reizwäsche für die Gattin. Genausogut könnten sie ihr ein *Playboy*-Abonnement schenken." Die Spitzenhöschen sind allerdings ein Bumerang: Nach Weihnachten stehen die derart beschenkten Ehefrauen an den Kassen Schlange, um das Präsent wieder loszuwerden. „Damenunterwäsche ist der Artikel, der am meisten umgetauscht wird", erzählt die Verkäuferin.

Der *Guardian* machte seinen LeserInnen in der Weihnachtsbeilage dagegen ein wundervoll bösartiges Geschenk – das Würfelspiel „Tödlicher Verlust: Sie sind John Major in diesem Spiel aus Glück, Zynismus und Irrenhaus-Ökonomie". Die TeilnehmerInnen erhalten zu Beginn 56 Milliarden Pfund. Ziel des Spiels ist es, „auf den Hund

zu kommen". Doch zuvor muß man das gesamte Geld ausgeben –
„aber nicht für etwas Nützliches". Der Weg in den Bankrott ist mit
ständigen Kehrtwendungen gepflastert, so daß man leicht vom rechten Weg abkommen und der Deutschen Bundesbank in die Hände
fallen kann. Dann verwandelt sich alles Geld in Hundekuchen. Böse
Zungen behaupten, daß der wahre Major drei Tage lang hilflos auf
dem Spielbrett herumirrte, bis ihm seine Frau Norma den Würfel
wegnahm und ihm das Wort ,Satire' erläuterte.

Bei den Windsors reihte sich Weihnachten nahtlos in das „annus
horribilis" ein. Da die britische Queen eine erbärmliche Rednerin ist,
ließ sie ihre Weihnachtsansprache bereits am vergangenen Montag
aufzeichnen. Am nächsten Tag konnten die Untertanen das königliche Gewinsel über das gnadenlose Schicksal, das ihre Familie in diesem Jahr besonders heftig heimgesucht habe, ausgerechnet im
Gossenblatt *Sun* wortwörtlich nachlesen. Vermutlich hat irgendein
BBC-Angestellter die Aufzeichnung verhökert und sich dadurch eine
vorweihnachtliche Bescherung gesichert. Das Mitleid mit der obersten Steuerhinterzieherin hielt sich freilich in Grenzen. Die gewarnte
Bevölkerung ersparte sich am Weihnachtstag das Geplapper der
Monarchin und schaltete auf UTV um, wo zur selben Zeit *Supergirl*
lief.

Während Supermans Cousine einen gefährlichen Klumpen
Krypton souverän aus Feindeshand zurückeroberte, warf die BBC ihr
eigenes Krypton geradewegs in den Buckingham Palast: Die staatliche Sendeanstalt zeigte im Weihnachtsprogramm *Pallas* – eine ge-
meine Schmierenkomödie, die aus Original-Filmmaterial über den
Windsor-Clan zusammengeschnitten wurde. Doch die BBC hat die
Dialoge mit giftiger Feder umgeschrieben und von SchauspielerInnen
sprechen lassen. Besonders niederschmetternd für die Queen war die
Tatsache, daß ein Großteil der Bevölkerung das gar nicht gemerkt
hat. Viele nahmen es für bare Münze, als zum Beispiel Prinzessin
Fergie über „Randy Andy" (den geilen Andreas, ihren Ex-Gemahl und
Queen-Sohn) herzog. „I am not amused", soll Elisabeth gemosert
haben.

28. Dezember 1992

Kunst als Abenteuerspielplatz

Die freundliche alte Dame im Kassenhäuschen am Eingang des Londoner Kunstmuseums reicht das Wechselgeld über den Tresen und zeigt dann auf eine Tür am hinteren Ende der Halle: „Die Tonbandführung beginnt im Constable-Saal", erklärt sie. „Dort hing früher unsere Gemäldesammlung von John Constable." Wir gehen in die Richtung, die sie uns gewiesen hat, und schalten das tragbare Tonbandgerät ein. Eine tiefe Männerstimme beschreibt detailliert etwa ein dutzend Gemälde des berühmten englischen Landschaftsmalers.

Doch das leuchtende Weiß der Museumswände wird nicht durch irgendwelche Gemälde unterbrochen – bis auf die kleinen Schildchen mit den Namen der Kunstwerke sind die Wände leer. Der benachbarte Saal – hier sei laut Tonbandstimme besonders der Gainsborough zu beachten – vermittelt einen ähnlichen Eindruck: keine Gemälde, sondern nur ein Schild, wo früher *Peasants Going to Market* hing. „Es hat alles damit angefangen, daß Margaret Thatcher in den achtziger Jahren den Kulturetat drastisch zusammengestrichen hat", sagt die Frau an der Kasse. „Zuerst konnten wir uns über Wasser halten, indem wir ein paar Gemälde verkauften. Mitte der neunziger Jahre gab es dann erste Lücken an den Wänden. Wegen der hohen Fixkosten für das Museum mußten wir uns schließlich von weiteren Meistern trennen. Kurz vor der Jahrhundertwende ging dann das letzte Bild, ein Turner, an eine Privatsammlung in den USA. Dadurch hat sich unser Museum saniert, weil seitdem auch die Kosten für den Museumsdirektor entfallen. Im britischen Nationalmuseum sieht es übrigens genauso aus."

Ein Alptraum, eine an den Haaren herbeigezogene Schreckensvision? Keineswegs. Für die staatlichen britischen Einrichtungen und privaten Museen geht es ums Überleben. Viele haben bereits begonnen, ihre Kunstschätze zu verhökern. Im März verkaufte die Erziehungsbehörde von Manchester über das Auktionshaus Sotheby's einhundert Kunstgegenstände, um Entlassungen zu vermeiden. Die Universität von Manchester verscherbelte gleich die komplette Bibliothek von John Ryland – der Erlös von 1,8 Millionen Pfund wird in die Forschung gesteckt. Die Londoner Universität kassierte von der Getty Foundation elf Millionen Pfund für Turners *Van Tromp Going About To Please His Masters*. Und die Universität Edinburgh versucht zur Zeit, einen de Vries und einen van Ruysdael meistbietend, aber unauffällig loszuwerden. Am konsequentesten handelte freilich das Thorburn-Museum in Cornwall: Auf Rat der Kunstbanausen vom Handelsministerium hat man die Hälfte aller Gemälde verhökert und das Geld statt dessen in einen Abenteuerspielplatz gesteckt. Das sei zukunftssicherer, meinten die staatlichen Kunsträuber.

Wer also die Kunstschätze in den englischen Museen bewundern will, muß sich beeilen. Warum soll es den Kulturinstitutionen auch besser gehen als den staatlichen Dienstleistungsbetrieben? Entweder sie bringen wenigstens die Kosten herein oder sie werden zugemacht. Und wenn alles dicht ist, braucht man auch keine staatliche Eisenbahn oder städtische Busgesellschaft mehr.

16. August 1993

Wo liegt eigentlich England?

Mit der Allgemeinbildung ist es bei britischen Jugendlichen nicht weit her. Ein Drittel suchte auf der Weltkarte vergeblich nach Kanada. Bei Bosnien oder Neuseeland wurden gar nur 55 Prozent fündig. Und zehn Prozent waren völlig ungetrübt von geographischen Grundkenntnissen: Sie wußten nicht einmal, wo ihr eigenes Land liegt.

Das bedauernswerte Niveau trat bei einer Umfrage des Meinungsforschungsinstituts Mori zutage, das 501 Jugendliche im Alter von 17 Jahren befragte. Regionale Unterschiede gab es nicht, der Bildungsstand war in den 45 Städten, in denen Mori die Untersuchung durchführte, ähnlich miserabel. Der Test bestand aus 19 Fragen, die eigentlich zum Allgemeinwissen gehören. Sah es bei der Erdkunde schon schlecht aus, so hatten die Jugendlichen bei politischen Fragen erst recht keine Ahnung. Zwei Drittel hielten Jacques Delors für den belgischen Verteidigungsminister, den Präsidenten Frankreichs oder den Vorsitzenden der französischen Bauerngewerkschaft. 40 Prozent der Jugendlichen kannten keinen einzigen britischen Kabinettsminister, und der ehemalige Schatzkanzler Norman Lamont war offenbar unbemerkt von zwölf Prozent der Befragten zurückgetreten. Zwar hatten 57 Prozent gehört, daß Wilhelm der Eroberer im Jahr 1066 in England eingefallen ist, aber nur knapp der Hälfte war zu Ohren gekommen, daß der Zweite Weltkrieg 1945 zu Ende gegangen ist. Da wird es die Queen verschmerzen, daß nur 28 Prozent der 17jährigen wissen, wann sie gekrönt worden ist.

Kein einziger der Jugendlichen konnte alle 19 Fragen korrekt beantworten. Viele hielten den Treibhauseffekt für den Reifeprozeß bei Obst und Gemüse. Andere glaubten, er entsteht bei einer Atombombenexplosion. Um die Literaturkenntnisse war es ebenfalls schlecht bestellt. Nur die Hälfte kannte *Pride and Prejudice*, den Roman von Jane Austen über die Bennet-Familie – und das, obwohl das Buch Bestandteil des Curriculums ist und obendrein beim Mori-Test vier Antworten zur Auswahl gegeben wurden. Viele entschieden sich statt dessen für den Namen einer schottischen Fußballmannschaft.

Es gab jedoch auch einen Lichtblick – ausgerechnet in Mathematik. Drei Viertel wußten immerhin, wieviel 50 Prozent von 180 ist und wie viele Fünf-Pfund-Scheine man benötigt, um 65 Pfund zu erhalten. Bei einem ähnlichen Test vor sechs Jahren hatte sich das noch nicht soweit herumgesprochen. Geradezu glänzend waren die Leistungen der befragten Jugendlichen, als es um ihre eigenen Rechte ging. So wußten immerhin 96 Prozent, daß sie mit 18 wählen dürfen. Vollends offenbarten die 17jährigen ihre Prioritäten bei der Frage nach dem Mindestalter für die Abgabe von alkoholhaltigen Getränken: 98 Prozent antworteten korrekt, daß sie mit 18 in Schnapsläden einkaufen dürfen.

Ginge es nach dem rechten Tory-Politiker John Marenborn, so würde sich an dem erbärmlichen Allgemeinwissen auf absehbare Zeit nichts ändern. Marenborn, Akademiker am Trinity College in Cambridge und früher Mitglied des Schulprüfungs-Ausschusses der Regierung, legte gestern ein Papier vor, in dem er Vorschläge zur Reduzierung von Bürokratie und Verordnungen im Bildungsbereich macht. Demnach will er das Curriculum auf ein Minimum einschrumpfen und nur noch Grundkenntnisse im Lesen, Schreiben und Rechnen vermitteln lassen – dazu höchstens noch ein paar elementare naturwissenschaftliche Fakten und eine moderne Sprache. Ob den SchülerInnen verraten werden soll, wo Großbritannien liegt, sagte Marenborn nicht.

21. September 1993

Ein rosa Latexbeutel als Kulturikone

Großbritannien, Heimat von Shakespeare und den Beatles, hat sich eine zwei Meter große rosa Plastiktüte zum Kultursymbol der neunziger Jahre erkoren. Das Ding trägt eine Fliege, hat gelbe Punkte, zwei rollende Augen und einen Namen: Mister Blobby. Erschaffen wurde er von dem unsäglich albernen Noel Edmunds, der ihn in seiner Fernsehshow *Noel's House Party* auftreten läßt. Woche für Woche stürmt die grinsende Latexröhre nun auf die Bühne, quäkt ‚Blobbyblobbyblobby‘, stolpert und fällt auf seinen Plastikhintern. Das ist urkomisch – wenn man ein ähnliches Gemüt wie der kulturelle Einzeller hat. Blobby ist die Inkarnation des schlechten britischen Geschmacks – selbst Heino ist im Vergleich zu Blobby charismatisch.

Die elastische Kulturikone läßt sich wunderbar in das Mantra seines politischen Pendants integrieren: Blobby lebt getreu nach den moralischen Grundwerten, die John Major zu seinen Prinzipien erhoben hat. Vor kurzem wurde bekannt, daß Mr. Blobby verheiratet ist – mit Mrs. Blobby. Die gemeinsamen Kinder der beiden heißen Blobbettes. Und die kondomartige Familie fällt nicht – wie die parasitären ledigen Mütter – dem Staat zur Last, sondern scheffelt Geld, daß man um Großbritannien Angst und Bange haben muß. Zu Weihnachten stand Blobbys Platte mit dem Titel *Mr. Blobby* auf Platz eins der britischen Charts. Zwar sackte sie danach auf den zweiten Platz ab, war aber eine Woche später wieder an der Spitze. Das Video, auf dem Blobby seine Wohnung tapeziert, Fitneßübungen in einer Turnhalle macht und im Supermarkt einkauft, ging in den ersten drei Wochen 200.000 Mal über den Ladentisch – so schnell hat sich noch kein Video in der britischen Geschichte verkauft. Zur Weihnachtsfeier im Seebad Morecambe in Lancashire, wo das Latexmännchen die offizielle Festbeleuchtung einschaltete, kamen 35.000 Zuschauer. Die Stadtväter waren davon so begeistert, daß sie einen langfristigen Werbevertrag mit dem Plastiksack abschlossen, um den Fremdenverkehr anzukurbeln.

Allein die Lizenzvergabe ist Millionen wert: Blobby prangt auf Handtüchern und Kissenbezügen, auf Schaumbädern und Anstecknadeln, er grinst von Tapeten und Unterhosen. Es gibt Blobbymobile und Blobbycopter, Schaumbäder und Seifen in Blobbyform. Eine Großbäckerei verkauft jede Woche 16.000 Blobbykuchen. Die

BritInnen geben jede Woche mehr als eine Million Pfund für die Blobbymanie aus. Das Erschreckende ist, daß dem rosa Latexbeutel keineswegs nur Kinder verfallen sind. Neulich kam es zu einer Massenschlägerei unter Frauen, die Schlange standen, um sich von der Kulturamöbe küssen zu lassen. Und der Minister für Wales, John Redwood, gestand bei einer Rede vor Geschäftsleuten, daß er sich sehnlichst wünsche, so beliebt wie Mr. Blobby zu sein. Nun, zumindest scheint sich sein Verstand bereits dem seines Vorbildes rapide anzupassen. Noch schlimmer hat es den Menschen erwischt, der jede Woche in das überdimensionale Kondom schlüpft: Barry Killerby war in seinem vorblobbischen Leben ein geachteter Shakespeare-Schauspieler. Er sagt, er nehme seine neue Rolle ernster als jedes Shakespeare-Stück. Und Finanzminister Kenneth Clarke hat Mr. Blobby zu einer Party in die Downing Street eingeladen – die Verschmelzung von Kultur und Politik. Vielleicht stellen die Torys ja den rosa Plastiksack als Kandidat bei den nächsten Wahlen auf. Beliebter als Major ist er allemal.

31. Januar 1994

Grundwerte und Gruppensex

Großbritanniens Schulen sind „Brutstätten für frühreife Sexualität", wenn man erzkonservativen KolumnistInnen wie Janet Daley von der *Times* glauben wollte. In der „verderblichen Schulatmosphäre", so behauptet sie, werde den wohlbehüteten Kindern von ihren „sexuell hartgesottenen Klassenkameraden ein Gossenjargon" aufgezwungen. Diese Ansicht ist nicht neu und wäre kaum der Rede wert, hätte Bildungsminister John Patten sie sich nicht zu eigen gemacht. Was ihm über den Sexualkundeunterricht berichtet worden sei, habe ihn in Wut gebracht, sagte Patten. Er hat eine offizielle Untersuchung eingeleitet.

Auslöser dafür war ein Zeitungsbericht über die Highfield- Grundschule im nordenglischen Moorfield. Die Gemeindeschwester Sue Brady, die für Sexualkunde in der Region Leeds zuständig ist, soll einer Gruppe von Elf- und Zwölfjährigen Begriffe wie „Gruppensex" und „oralen Sex" erklärt haben, worüber sich zwei Eltern beschwerten. Das nahm Patten zum Anlaß, auch im Bildungswesen den neuen Tory-Schlachtruf – „Zurück zu den Grundwerten!" – einzuführen.

Doch wie schon in den vergangenen Wochen, als hochrangige Tory-Politiker mit Schmiergeldskandalen, Waffenschiebereien und diversen Sex-Skandälchen in Verbindung gebracht wurden, so gehen die Konservativen wohl auch diesmal baden. Sue Brady ist nämlich ein völlig ungeeigneter Sündenbock. Die 44jährige, die sich als „gläubige Christin" bezeichnet, ist seit 23 Jahren Krankenschwester und hat sich 1989 auf Gesundheitserziehung an Schulen spezialisiert. „Es hat bisher noch nie Probleme gegeben", sagt Brady. „Bisher kamen nur positive Reaktionen."

Die Klassen werden in Kleingruppen eingeteilt, in denen über bestimmte Emotionen diskutiert wird. „Jede Gruppe bekommt einen Begriff zugeteilt", sagt Brady. „Die Kinder sollen dann Worte aufschreiben, die sie damit assoziieren." An dem Begriff „Eifersucht" entwickelte sich ein Rollenspiel, bei dem ein „Ehepaar" über einen Liebhaber streitet. „Ich sagte lediglich, daß Eifersucht zu Wut werden kann", meint Brady. „Von Gruppensex war nie die Rede." Die zweite Beschwerde resultierte aus dem Begriff „Mars-Riegel-Party", den eine Gruppe notiert hatte. „Man läßt einen Mars-Riegel schmelzen und schmiert ihn sich über den Körper", erklärte ein Zwölfjähriger. „Jemand anders leckt ihn dann ab." Wenn sie die Diskussion abgebrochen hätte, so glaubt Brady, hätten die Kinder das Gefühl gehabt, daß sie etwas vor ihnen verberge. „Ich versuche, immer so ehrlich wie möglich zu antworten", sagt Brady. „Manchmal gibt es jedoch Fragen, die ich nicht beantworten kann, weil ich manchen Ausdruck nicht kenne, den die Kinder benutzen." Sowohl ihre Vorgesetzten als auch die LehrerInnen der Highfield-Grundschule betonen, daß sich Brady korrekt verhalten habe und es nicht den geringsten Grund für Disziplinarmaßnahmen gebe. Dank der Hexenjagd des Ministers, an der auch Labour-Politiker und die Boulevardpresse rege teilnehmen, mußte Brady jedoch untertauchen.

Das Bildungsministerium hat inzwischen die Anweisung herausgegeben, wonach der Sexualkundeunterricht „moralische Erwägungen und den Wert der Familie berücksichtigen" muß. Das stieß bei Tory-Gesundheitsministerin Virginia Bottomley auf Kritik. Sie wünscht sich einen realitätsbezogenen Sexualkundeunterricht, da in Großbritannien 70 von tausend Teenagerinnen schwanger werden. In den Niederlanden, wo es diese Art von Unterricht schon lange gibt, liegt die Zahl bei acht.

31. März 1994

Eine gute Ausstellung dient der Bildung

Jetzt ist sie wieder auf Schatzsuche: Das französische U-Boot Nautile ist zum dritten Mal zum Wrack der Titanic hinabgetaucht, um die Habseligkeiten der 2000 Passagiere, die mit der „Unsinkbaren" auf ihrer Jungfernfahrt vor 82 Jahren abgesoffen sind, zu bergen. Die Beute aus den bisherigen beiden Tauchserien ist reichlich: 1987 und im vergangenen Jahr wurden 2600 Gegenstände ans Tageslicht gebracht, darunter der Dudelsack eines irischen Passagiers, ein Rasierpinsel, Uhren, ein Sack Murmeln, Geldbörsen und sogar Reiseschecks, die aufgrund der Kälte und Dunkelheit die Jahrzehnte in vier Kilometer Tiefe erstaunlich gut überstanden haben.

Ab Oktober sollen die Stücke im britischen Nationalen Schiffahrtsmuseum in Greenwich ausgestellt werden. Das New Yorker Unternehmen RMS Titanic hat sich die offiziellen Bergungsrechte gesichert – aus rein gemeinnützigen Beweggründen, versteht sich: „Eine gute Ausstellung dient der Bildung, und das ist die Rolle der Titanic in unserer Welt", behauptete George Tulloch, der Vorsitzende der Firma. Freilich läßt sich nicht vermeiden, daß die Ausstellung nebenbei auch Geld abwirft. Nach sechs Monaten in Greenwich sollen die Stücke zehn Jahre lang durch die Welt tingeln. Geschätzter Profit: umgerechnet hundert Millionen Mark.

Möglicherweise haben deshalb viele das Unternehmen der Grabräuberei bezichtigt, unter anderem Robert Ballard, der das Wrack 1985 entdeckt hat, sowie zahlreiche Verwandte der damaligen Opfer. Die heute 82jährige Millvina Dean aus Southampton war mit neun Wochen damals die jüngste Überlebende. „Die hätten das Wrack von Anfang an in Ruhe lassen sollen", sagt sie. Flottenadmiral Lewin von der Museumsleitung versuchte, ihre Bedenken zu zerstreuen: „Die Ausstellungsstücke stammen vom Meeresgrund und nicht aus dem Schiffswrack", sagte er. Kunststück: Als die Titanic am 15. April 1912 zu Boden sackte, brach sie in zwei Teile, die mehr als einen halben Kilometer auseinanderliegen. Schiffsausrüstung und persönliche Gegenstände sind über eine Fläche verstreut, die so groß wie London ist.

„Die Ausstellungsstücke bleiben als Sammlung zusammen", verspricht der Flottenadmiral. „Sie werden restauriert und niemals für kommerzielle Zwecke verkauft." In einem Papier, das „ausschließlich für den Gebrauch von Händlern und ihren offiziellen Bevollmächtigten" bestimmt ist, klingt das freilich anders: „Nichts verbietet es der RMS Titanic, geborgene Wertgegenstände jetzt oder in Zukunft zu verkaufen." An anderer Stelle wird man noch deutlicher: Der Wert der 1800 Gegenstände, die bei der Tauchfahrt 1987 geborgen wurden, betrage umgerechnet etwa neunzig Millionen Mark, heißt es dort. Damals hatte man auch gleich einen Wunschzettel für die zweite Tauchserie aufgestellt: eine Diamantensendung, die 1912 schon fünf Millionen Dollar wert war, der Safe aus der Kapitänskabine sowie ein mit Juwelen besetztes Exemplar von Fitzgeralds Übersetzung des Gedichts *The Rubaiyat*. Alles für Bildungszwecke? Nach der Welttournee sollen die Gegenstände in einem New Yorker Museum bleiben. Dann hätten sie doch noch ihr Reiseziel erreicht – wenn auch ohne ihre ehemaligen Besitzer und mit erheblicher Verspätung.

1. August 1994

Ein Nobody im Club der Kakerlaken

Die Holztreppe sieht nicht sehr vertrauenerweckend aus. Sie führt in den ersten Stock eines edwardianischen Gebäudes in Soho. Dort oben liegt der Colony Club, einer jener legendären Trinkklubs der Londoner Bohème. Das Treppengeländer und die Wände sind krankenhausgrün gestrichen. Auf halber Treppe befindet sich das Herrenklo, das fest in der Hand von Kakerlaken ist. Ich will umdrehen, doch Uwe Westphal, der Sekretär des deutschsprachigen PEN-Zentrums in London, treibt mich weiter.

Der Raum ist höchstens 20 Quadratmeter groß. An den Wänden, die im selben Grünton wie die Treppe gehalten sind, hängen alte Fotos, vergilbte Plakate und eine Federboa. Uns schlägt der Geruch von englischem Bier, Holzbohlen und abgestandenem Tabakrauch entgegen. Die Decke hängt in der Mitte durch. Der Boden ist in mehreren Lagen mit abgewetzten Teppichen bedeckt, auf denen höchstwahrscheinlich schon Muriel Belcher herumspaziert ist. Sie hatte den Colony Club nach dem Zweiten Weltkrieg gegründet, um Londons Exzentrikern eine Heimat zu geben. Damals ging es nämlich in Soho sehr gesittet zu, die Pubs waren am Nachmittag geschlossen, und bizarres Benehmen auf der Straße wurde nicht geduldet. Muriel Belcher starb 1979, ihre Handtasche hängt heute hinter dem Tresen

– neben den Fotos der ehemaligen Stammgäste Francis Bacon, Tom Driberg und Dylan Thomas.

Nach Belchers Tod übernahm ihr Barkeeper Ian Board den Laden, ohne etwas daran zu verändern. Board war in ganz Soho wegen seiner riesigen, purpurroten Knollennase bekannt. Obwohl die Kneipen inzwischen nachmittags geöffnet und Exzentriker in Soho eher die Regel denn die Ausnahme sind, hat der Colony Club überlebt – und nicht nur das: Neue Trinkklubs schießen im Zentrum Londons wie Pilze aus dem Boden. Gegenüber hat Black's Club eröffnet, dessen Besitzer Tom Bantock aus dem benachbarten Groucho Club geworfen wurde, weil er ein anderes Clubmitglied angezündet hatte. Um die Ecke liegt Green Street, dessen Gründer Orlando Campbell seine Zeit als Baby im Colony Club verbrachte, während sein Vater arbeiten ging. „Die Clubs sind deshalb so beliebt, weil die Leute dort ihresgleichen treffen", meint Westphal und fügt gehässig hinzu: „Andere Fossilien."

Ian Board starb Ende Juni. Im Tod soll seine Nase auf Normalgröße geschrumpft sein. Der neue Barkeeper Michael Wojas sieht aus, als sei er geradewegs von einem Kinks-Konzert im Jahre 1966 in den Colony Club gekommen. Als er uns sieht, macht er ein unglückliches Gesicht. Der Mann und die beiden Frauen am Tresen wenden neugierig den Kopf, sämtliche Gespräche verstummen. Westphal versucht, zwei Biere zu bestellen. „Nein, nein, nein", ruft der Barkeeper entsetzt, „das ist ein Privatclub." Und wie kann man Mitglied werden? „Gar nicht", brummt er und zeigt zur grünen Tür. Und wenn wir auf ein Bier blieben – auf Probezeit? „Hinaus!" brüllt er aufgebracht und macht eine Handbewegung, als ob er Kakerlaken verscheucht. Unser Besuch im berühmten Colony Club ist nach knapp anderthalb Minuten vorbei. Der englische Journalist Peter Hillmore hatte einmal geschrieben, daß dort jeder Mitglied werden könne – außer einem Nobody.

17. Oktober 1994

Nackte junge Männer in schmutzigen alten Lokomotiven

Auch wenn Filmregisseur Danny Boyle „Trainspotting" bekannt gemacht hat, so bleibt es doch ein Hobby für Bankgehilfen mit kompletter U2-Sammlung in einer Schrankwand aus Mahagoni-Imitat. Das sagen jedenfalls die echten Eisenbahnfans, die auf „Gricing" stehen. Beide Freizeitaktivitäten haben zwar etwas mit Lokomotiven zu tun, aber da hören die Gemeinsamkeiten auch auf: Trainspotter sind äußerlich ziemlich normal scheinende Menschen, die am Ende eines Bahnsteigs auf einem Klappstuhl sitzen und in einem dicken Trainspotter-Fachbuch die Nummern der vorbeifahrenden Lokomotiven ankreuzen. Darüber können Gricer nur lachen. Bei ihrem Hobby geht es darum, die Lokomotiven im Depot mit Selbstauslöser zu fotografieren, während sie selbst nackt im Führerhaus stehen.

Sie haben sich viel vorgenommen: In Großbritannien sind rund 3500 Lokomotiven unterwegs. Allerdings gibt es für die Gricer eine klare Rangordnung. An der Spitze stehen die ausgemusterten Loks, die im Depot darauf warten, verschrottet zu werden. Danach kommen Diesel- und Rangierloks, während Frachtzüge und der Eurostar abgeschlagen am Ende der Beliebtheitsskala liegen. Das exzentrische Hobby ist nicht ungefährlich. Die Eisenbahnpolizei und die privaten Sicherheitsfirmen haben nicht das geringste Verständnis dafür. Aber die Gricer sind nicht auf den Kopf gefallen. Sie tarnen sich mit den leuchtend orangenen Westen der Eisenbahnarbeiter, um in den Depots nicht aufzufallen oder von einem Objekt ihrer Begierde überrollt zu werden. Sind sie endlich am Ziel angelangt, reißen sie sich die Weste samt der übrigen Klamotten vom Leib und drücken auf den Auslöser. Dann müssen sie die Beine in die Hand nehmen.

Der typische Gricer ist männlich, Ende 20 und hat eine Freundin. Wenn er nicht nackt auf einer Lokomotive steht, sitzt er angekleidet in Newbury im Baum und protestiert gegen eine Umgehungsstraße oder schleicht in Yorkshire durch die Wälder und sabotiert die Fuchsjagd. Gricer sehen in dem nackten Besteigen einer Lokomotive durchaus eine politische Handlung, weil sie Uniformierte foppen. Sie sind gegen die Privatisierung der Eisenbahn, die unaufhaltsam ihren Lauf nimmt. „Totale Scheiße", sagte einer von ihnen zum *Observer*, „die Loks sind dann nicht nur allesamt ausländisch und häßlich, sondern darüber hinaus in fürchterlichen Farben angestrichen und nach den Ehefrauen der Eigentümer benannt." Gricer haben sogar ihre eigene Musik: Die Gruppe Eastfield hat sich nach einem Eisenbahndepot benannt, Blyth Power nach einem Zug. Deren Drummer, so behauptete der *Observer*, könne auf seinem Schlagzeug jede Lokomotive Großbritanniens imitieren – „zum Beispiel eine Lok der 37er Klasse, wie sie in den Bahnhof Euston einfährt". Es gibt auch ein Fanzine, *Dab In*, wo die schönsten Fotos nackter junger Männer bei der Ausübung ihres Hobbys abgedruckt sind.

„Jeder braucht einen Grund zu leben", sinnierte einer der Gricer. Wie man's nimmt: Manche Leute sammeln Teebeutelanhänger oder Überraschungseimodelle, andere wischen hinter ihren Schränken Staub oder werden britischer Premierminister. Aber nackt auf eine Lokomotive klettern? Dann schon lieber U2-Platten in einer Schrankwand aus Mahagoni-Imitat sammeln.

3. Juni 1996

Thatcher ist die Mutter aller Spice Girls

Engländer hängen an ihren Jobs. Besonders, wenn es sich dabei um die hochdotierte Stelle eines Premierministers handelt. Wer geglaubt hat, John Majors Tage seien gezählt, täuscht sich womöglich: Er hat unerwartete Schützenhilfe bekommen – von den Spice Girls, jenen fünf Mädels zwischen 17 und 24, deren Single *Wannabe* voriges Jahr in 27 Ländern an der Spitze der Charts stand. Zwar halten sie den farblosen Premier für einen „langweiligen Schnarchsack, aber im Vergleich mit dem Rest liegt er weit vorne". Schließlich ist er der Nachfolger ihrer Vorfahrin: „Wir Spice Girls sind echte Thatcher-Fans", tönten die ‚Gewürzfräuleins'. „Thatcher war das erste Spice Girl, sie war die Pionierin unserer Ideologie: Girl Power."

Ob sich der eiserne Kotzbrocken auch als Königin der Würzmittel sieht, verrät sie nicht. Eine andere Queen, die Königin des Punk, hält die Spice Girls jedoch für „Tiere ohne jeden Stil". Modedesignerin Vivienne Westwood, die Johnny Rotten, Adam Ant und die Sex Pistols eingekleidet hat, machte 1992 Schlagzeilen, als sie vor dem Buckingham-Palast anschaulich unter Beweis stellte, daß sie keinen Schlüpfer getragen hatte, als ihr die echte Queen einen Orden an die Bluse heftete. Sie wirft den Spice Girls vor, „widerliches Betragen als Lebensstil" zu vermarkten. „Ich rege mich furchtbar darüber auf", sagte sie. Den Girls und ihren Managern ist das schnuppe. „Wir haben es nicht nötig, uns in einen Streit mit einer dummen alten Frau über die größten Musiktalente der Welt ziehen zu lassen", ließ die Plattenfirma Virgin wissen. Und die Spice Girls gaben ungefragt ein paar politische Weisheiten zum Besten: „In der guten alten Zeit konnte ein Bergarbeiter mit Idealen in die Politik gehen, aber heutzutage sind das meistens Marketingstrategen." Offensichtlich hat den Mädchen niemand gesagt, daß es heute keine Bergarbeiter mehr gibt, weil das Thatcher-Girl und ihr Nachfolger ganze Arbeit bei der Stillegung der Zechen geleistet haben. Das können die Spice Girls nicht wissen, weil sie noch so klein sind.

Aber sie können schon schwere Worte ohne Stocken aussprechen: „Die Vorstellung eines europäischen Föderalismus ist lächerlich", findet Victoria, die als vornehm gilt, weil sie mal auf der Ballettschule war. „Wir wollen den Kopf der Königin. Auf unseren Münzen." Kollegin Geri möchte in die Politik: „Wenn die Leute mich wollen, könnte ich nicht nein sagen. Ich wäre dann wie Glenda Jackson – nur besser natürlich."

Von Glenda Jacksons Parteichef Tony Blair halten die fünf Girls wenig: „Der Mann hat ja noch nie gearbeitet." Und im vergangenen Jahr hat er leichtfertig eine Chance vertan, als er es ablehnte, in einem Spice-Girl-Videoclip aufzutreten. Aber wenigstens habe er einen netten Haarschnitt und sei unglaublich charmant. Für den Job als Premierminister reicht das freilich nicht: „Er hat keine Ahnung von Wirtschaftspolitik", glauben sie. „Wir könnten niemals Labour wählen." Blair reagierte trotzig: Nur weil die Spice Girls Lady Thatcher mögen, werde Tony Blair nicht aufhören, die Musik der Spice Girls zu mögen, verkündete sein Pressesprecher. Warum auch? Die tiefe Bewunderung für die ondulierte Neuadlige hat er mit den Girls ja gemein. Vielleicht könnte er mit ihrem Erben John Major im Duo auftreten – als Spice Boys.

24. Februar 1997

Klinsmann, Elvis und die Göttin der Zerstörung

Daß die meisten Engländer irgendeine Macke haben, ist allgemein bekannt. Weniger bekannt ist, daß der Ost-Londoner Stadtteil Shoreditch geradezu eine Brutstätte für exzentrische Eigenschaften ist. Man schaue sich bloß zwei Ereignisse an, die sich dort in der vergangenen Woche völlig unabhängig voneinander zugetragen haben.

Sid Shaw hat einen kleinen Laden in Shoreditch, in dem er große Geschäfte macht: Er verkauft Elvis-Presley-Fanartikel, und damit hat er immerhin schon drei Millionen Pfund eingenommen. Das ist auch dem US-Unternehmen Elvis Presley Enterprises aus Memphis zu

Ohren gekommen, und man war darüber gar nicht froh. Schließlich glaubte man sich im Besitz der Markennamen Elvis, Elvis Presley und Elvis A. Presley. So zog man in Shoreditch vor Gericht, um dem Konkurrenten das Geschäft zu verderben.

Die US-Firma ging in ihrer Klageschrift offenbar davon aus, daß der King of Rock'n'Roll noch am Leben sei. Das wußte Richter Hugh Laddie, ein Altrocker, aber besser: „Wir führen diese Verhandlung in der Annahme, daß der King tot ist." Peter Prescott, der Anwalt der vemeintlichen Elvis-Eigentümer, reichte dem Richter ein Beweisstück: ein Stück Seife, auf das der Kopf des toten Königs sowie der Spruch „Elvisly Yours" eingraviert war – hergestellt von dem englischen Elvis-Erbschleicher. „Zieht sich die Inschrift durch das ganze Stück Seife hindurch", fragte der Richter neugierig, „oder verschwindet Elvis durch den Abfluß, wenn man sich ein paar mal die Hände wäscht?"

Das wußte Prescott nicht. Doch er behauptete, daß Elvis-Fans Wert darauf legten, einen garantiert autorisierten Artikel zu kaufen. Blödsinn, entgegnete Richter Laddie: Wer zum Beispiel eine Anstecknadel für den US-Unabhängigkeitstag kaufe, dem sei es vollkommen schnuppe, ob das Ding von Washington oder sonstwem abgesegnet sei.

Autorisiert oder nicht – garantiert echt sind auf alle Fälle die Kunstwerke, die ganz in der Nähe von Shaws Elvis-Laden in einer Galerie in der Old Nichol Street hängen. Es handelt sich dabei um kaputte bunte Schippen – von der Künstlerin Kali persönlich zerbissen. Die lag mit ihrem neuen Anti-Floh-Halsband in der Ecke und arbeitete an einem neuen Werk. Kali ist nach der Göttin der Zerstörung benannt. Es ist aber kein Pseudonym: Die Künstlerin hieß schon als Welpe so. Kali ist eine Labrador-Hündin.

Bei der Vernissage vorige Woche erklärte Anthony Rendall, der französische Agent der Kunsthündin: „Ihr Engländer liebt eure Hunde mehr als alles andere auf der Welt. Gleichzeitig mißtraut ihr niemandem stärker als zeitgenössischen Künstlern." Mit anderen Worten: Kalis Kunst wird England in einen Gewissenskonflikt stürzen. Genau wie damals Jürgen Klinsmann, als er für Tottenham Hotspurs Fußball spielte: Die Medien ernannten ihn zum sympathischen Cleansmann, ärgerten sich aber gleichzeitig, daß er ihnen so hartnäckig die Vorurteile über die Deutschen vermasselte. Man könnte Kali mit Sid Shaw zusammenbringen, sollte der den Prozeß gegen Elvis Presley Enterprises verlieren. Kali könnte sich dann über die Elvis-Seife hermachen und sie zu Kunstwerken veredeln. Wer wollte sich nicht mit einem Elviskopf waschen, den zuvor ein Labrador im Maul hatte? Jedenfalls in Shoreditch.

10. März 1997

Eis, Eis! Oh nein, oh nein!

Sie war der Stolz von Belfast. Heute abend, kurz vor Mitternacht, ist es genau 85 Jahre her, daß sie in die Geschichte geschwommen ist. Zunächst schwamm sie freilich in einen Eisberg. Vier Stunden später war von der Titanic nichts mehr zu sehen. Nur 703 Menschen wurden gerettet, 1503 starben. Mit Hilfe von Ultraschall hat man vorige Woche herausgefunden, daß es keineswegs ein großes Loch war, das dem in Belfast gebauten Kahn zum Verhängnis wurde, sondern lediglich sechs handbreite Risse.

Wie dem auch sei – das Boot ist längst zur Legende geworden, Tausende von Mitgliedern in Titanic-Clubs rund um den Globus stricken eifrig daran. Und nun soll das Wrack auch noch gehoben werden. Die Ulster Titanic Society, die vorige Woche ein dreitägiges Titanic-Symposium veranstaltet hat, ist gegen die Bergung. „Das wäre Grabschändung", sagt die Vorsitzende Una Reilly. „Der Plan, die Schiffskohle als Souvenirs zu verkaufen, ist genauso verwerflich, als wenn die Nasa die Wrackteile der Challenger-Raumfähre verscherbeln würde." Reilly hält ihren Verein für den einzig authentischen, weil er in Belfast residiert. „Schließlich war die Titanic hier länger als an irgendeinem anderen Ort", sagt sie. Abgesehen vom Meeresboden.

War es vielleicht damals gar kein Unglück, sondern ein Versicherungsbetrug? Vieles spricht dafür. Der Besitzer der Titanic, John Pierpoint Morgan, und seine Freunde sagten ihre Teilnahme an der Jungfernfahrt in letzter Sekunde ab. Viele von der Besatzung blieben ebenfalls an Land, weil sie angeblich Angst vor dem Schiff hatten. Und der Kapitän, Edward Smith, war ein Bruchpilot ersten Ranges: Er hatte bereits so viele Schiffe versenkt, daß man ihm eigentlich nicht mal ein Gummiboot anvertrauen durfte, geschweige denn das größte Schiff der Welt. Er soll denn auch trotz der Warnungen mit Volldampf in den Eisberg gerast sein.

In Wirklichkeit hatte er jedoch gar keine Schuld: Der Kahn, so hat eine neue Untersuchung ergeben, ist verflucht. Das leuchtet ein, wenn man das geballte Pech betrachtet, das an jedem Projekt in Verbindung mit der Titanic zu kleben scheint. Die Bergung eines Teils des Wracks endete im vergangenen August kläglich, als die Drahtseile rissen. Acht Millionen Mark waren auf einen Schlag futsch. Der neue Film *Titanic*, der am 2. Juli in den USA anlaufen soll, ist jetzt schon bei den Kritikern durchgefallen, so daß dem Produzenten ebenfalls der finanzielle Untergang droht. Seinem Vorgänger war es nicht besser ergangen: Der Film *Hebt die Titanic* war nicht nur grottenschlecht, sondern auch überaus teuer. Lew Grade, der Produzent, sagte damals, es wäre billiger gewesen, stattdessen den Ozean abzusenken.

Auch das Musical *Titanic*, das nächste Woche am Broadway anläuft, blieb nicht ungeschoren. Die Generalprobe mußte dreimal hintereinander wegen „technischer Schwierigkeiten" abgesagt werden: Das Schiffsmodell war im Gegensatz zu seinem Vorbild tatsächlich unsinkbar. Der Produzent Michael Braun erlebte das nicht mehr. Er war nach der ersten Probe an einem Herzinfarkt gestorben. Das gleiche Schicksal droht den Käufern einer neuen CD mit Titanic-Liedern, die demnächst erscheint – ätzende Katastrophen-Musik, blödsinnige Texte. Einer der Songs heißt: *Eis, Eis! Oh nein, oh nein! Oh no!*

14. April 1997

Spiel und Sport

Bin gleich wieder zurück!

Selbst der berüchtigte englische Humor kennt ein paar Tabus. Das Königshaus gehört freilich nicht mehr dazu, wohl aber das Grand National. Das ist das berühmteste Pferderennen der Welt. Berühmt ist es vor allem deshalb, weil die Rennbahn in Aintree in der Vergangenheit oft zum Schlachthaus wurde: Pferde, die an den schweren Hindernissen stürzten und sich Knochenbrüche zuzogen, erhielten den Gnadenschuß. Den Jockeys ist dieses Schicksal bisher erspart geblieben, obwohl das zweifellos den Nervenkitzel bei den 300 Millionen Zuschauern in der ganzen Welt erheblich steigern würde.

Natürlich gibt es auch immer wieder Quislinge, die gegen das sportliche Gemetzel protestieren. Auch vorgestern besetzte eine Handvoll militanter Tierschützer die Rennbahn und mußte erst mal beiseite geräumt werden, bevor das Rennen mit Verspätung beginnen konnte. Gnädigerweise ersparte das britische Fernsehen den Zuschauern die brutalen Bilder von den DemonstrantInnen, die mit ihren aggressiven Transparenten die wehrlosen Pferde erschreckten. Was dann folgte, hätten sich die feixenden TierschützerInnen vorher vermutlich nicht träumen lassen. Als nämlich der Startschuß fiel, blieb das Startband, das eigentlich automatisch nach oben schnellen sollte, auf halber Höhe stecken – Fehlstart. Beim zweiten Versuch eine Viertelstunde später passierte genau dasselbe. Diesmal vergaß der Funktionär am ersten Hindernis jedoch, das Rennen abzuwinken, so daß 31 Gäule loswetzten und sich auch durch die Buhrufe der ZuschauerInnen nicht beirren ließen. Lediglich neun Pferde samt Jockeys blieben zurück – nicht alle jedoch freiwillig. Der Favorit Richard Dunwoody, dessen Pferd zu Recht ‚Won't Be Gone Long‘ (Bin gleich wieder zurück) heißt, sagte: „Ich kam vom Start nicht weg, weil sich das Startband um meinen Hals gewickelt hatte und mich würgte." Aus Solidarität blieb das Pferd ebenfalls stehen.

Sieben Gäule schafften es nach über sieben Kilometern bis ins Ziel, während die übrigen fehlgestarteten Tiere an den 30 Hindernissen wie die Fliegen fielen. Das Rennen wurde für null und nichtig erklärt, die Wetteinsätze in Höhe von 75 Millionen Pfund mußten zurückgezahlt werden. Der irische Jockey John White hatte auf dem Außenseiter ‚Esha Ness‘ die Ziellinie als erster überquert. Sein kurzer Freudenausbruch ging nahtlos in einen Weinkrampf über, als er merkte, daß sein Finish genauso furios wie unnütz gewesen war. Er

Spiel und Sport

sagte, er hätte die auf der Rennbahn herumirrenden Funktionäre für dreckige DemonstrantInnen gehalten und konsequent ignoriert.

John Upson, der Trainer des Mitfavoriten ‚Zeta's Lad‘, bekam vor laufender Kamera einen Wutanfall: „Ich habe ein Jahr lang Blut geschwitzt, um das Pferd für diesen Tag in Form zu bringen." Ist er etwa immer neben dem Gaul hergerannt? Leichtsinnigerweise fügte er hinzu: „Diese Farce wäre nicht mal in dem rückständigen, winzigen Irland passiert." Zwar formulierten die englischen Sonntagszeitungen in ihren irischen Ausgaben diesen Satz pietätvoll um, aber auf der Grünen Insel wetzt man schon das Messer: Upson kommt nächste Woche zum irischen Grand National nach Dublin.

5. April 1993

Die Killernudel mit dem tödlichen Strichcode

Jeremy ißt seit einer Woche nur noch Haferflocken. „Ich hasse das Zeug", stöhnt er. „Aber ich brauche den Strichcode, und meine Mutter kauft das Zeug nur, wenn ich es auch fresse." Jeremy ist 13 und Besitzer des *Barcode Battlers*, der in der vergangenen Woche in England auf den Markt kam. Beim „Strichcode-Kämpfer" geht es darum, den bösen Kaiser zur Strecke zu bringen. Dazu benötigt man jedoch Strichcodes, die man ausschneiden und über einen Scanner in das Computerspiel einlesen muß. Dieser Scanner, der mit den Lesegeräten in Supermärkten vergleichbar ist, übersetzt die Kombination von Linien dann in Angriffs- und Verteidigungspunkte, damit man dem bösen Kaiser Paroli bieten kann. Jeder Strichcode hat einen anderen Wert und kann nur einmal benutzt werden. Deshalb muß ständig Nachschub beschafft werden.

Der englische Verband der Lehrkräfte, dem 40.000 Mitglieder angehören, hält den *Barcode Battler* deshalb für eine besonders perfide Art der Ausbeutung von Kindern. „Das ist nichts weiter als ein Druckmittel gegen Eltern, damit sie Produkte kaufen, die sie weder brauchen, noch sich leisten können." Vielleicht hatte Premierminister John Major seine Finger bei der Entwicklung des elektronischen Schwachsinns im Spiel, um die Konjunktur anzukurbeln? In Japan, wo der Strichcode-Kämpfer bereits ein Jahr auf dem Markt ist, sind seitdem 1,2 Millionen Stück verkauft worden. Gleichzeitig setzte in den Supermärkten ein Run auf bestimmte Ladenhüter ein, der die Filialleiter anfangs zutiefst verblüffte. So wurden den VerkäuferInnen die eher obskuren Packungen mit getrockneten Nudeln geradezu aus der Hand gerissen. Des Rätsels Lösung: Der Strichcode verfügte über Killerqualitäten und streckte auf einen Schlag ein halbes Dutzend Feinde nieder, wenn er in das Computer-Lesegerät gesteckt wurde. Das hatte sich natürlich bei den jugendlichen Elektronik-Rittern in Windeseile herumgesprochen.

Der Spielzeugkonzern Tomy, der den 40 Pfund (ca. hundert Mark) teuren Konsumrausch-Battler auf den Markt gebracht hat, weiß angeblich nicht, welche Strichcodes am besten sind. „Es gibt Millionen von Produkten in diesem Land", sagt Geschäftsführer Peter Brown. „Eine Durchschnittsfamilie kauft aber nur 30 oder 40 Produkte in der Woche. Man wird wahrscheinlich niemals herausfinden, welches die schlagkräftigsten sind. Das ist eben die Herausforderung. Okay, vielleicht findet das Kind heraus, daß ein bestimmter Schokoriegel einen besonders wirksamen Strichcode hat, und es will dann mehr davon haben. Aber schließlich bekommt es doch nicht nur den Strichcode, sondern auch einen Schokoriegel dazu." Genau. Mit Fettsucht und Akne gegen den bösen Kaiser.

Für die Werbebranche tun sich da ganz neue Möglichkeiten auf: „Müller-Milch bleibt dem Feind im Hals stecken", „Kitekat killt den Kaiser" oder „Mit Puschkin-Wodka im Blutrausch". Louise Wall von der Werbeagentur Clarke Hooper Consulting ist allerdings skeptisch. „Man muß ganz vorsichtig sein, wenn man mit dem Strichcode-Kämpfer gemeinsame Sache machen will", sagt sie. „Der Schuß kann nach hinten losgehen. Die Erfahrungen in Japan haben gezeigt, daß die Eltern ablehnend reagieren, wenn die Kinder sie zu sehr mit einem bestimmten Produkt nerven." Jeremy ist das schnuppe: „Wenn der Schappi-Strichcode besonders tödlich sein sollte, schaffe ich mir ein Rudel Hunde an."

10. Mai 1993

Die Jagd auf falsche Hasen

Der völlig sinnlose Dauerlauf am Rand von Hauptverkehrsstraßen hat auch vor England nicht haltgemacht. Ulkigerweise hat ihr Freizeitvergnügen einen traditionell deutschen Namen: Jogging. Doch die

EngländerInnen würden ihrem Ruf nicht gerecht, hätten sie nicht auch hier eine perversere Variante zu bieten. Wer in Wessex ahnungslos durch die Wälder läuft, könnte unverhofft einem Hasen begegnen – allerdings einem zweibeinigen mit aufgeschnallten, braunen Schlappohren. Das ist ein Grund zur Beunruhigung, gehört der falsche Hase doch mit Sicherheit einem Team von Verrückten an, die regelmäßig Jagden organisieren. Die Regeln sind denkbar einfach: Drei Leute, denen der Sinn für Peinlichkeit längst abhanden gekommen ist, setzen sich die langen Ohren auf und legen für ein Rudel ‚Hunde' eine Fährte aus Sägespänen. Die Köter, die in Wahrheit nicht minder verrückte Zweibeiner sind und pausenlos „on, on" bellen, hetzen hinter den ‚Hasen' durch Wasser, Wald und Wiese her, um sie zu fangen.

Die Jagd auf falsche Hasen ist übrigens keineswegs eine neue Erfindung, EngländerInnen waren auch früher schon exzentrisch. Bereits Ende der dreißiger Jahre flitzten schlappohrige Kolonialherren – gefolgt von bellenden Aristokraten – durch die Wälder Malaysias, um sich die Langeweile zu vertreiben. Die Kolonialisten trafen sich im Selangor Club, den sie „Hash House" tauften – nicht etwa wegen gemeinsamen Drogenmißbrauchs, sondern wegen des Kantinenfraßes, der hauptsächlich aus ‚hash' (Gehacktem) bestand. Noch heute heißen die Hasenjagdclubs „Hash House Harriers". Davon gibt es weltweit mehr als tausend, die meisten davon in Malaysia und den USA, aber auch im Gorki Park von Moskau, wo sich das britische Botschaftspersonal der Hasenhatz verschrieben hat.

In Großbritannien sind 93 Vereine registriert. Freilich stößt ihr bizarrer Freizeitspaß nicht überall auf Verständnis. Die blauen Papierschnipsel, die dem Sägemehl beigemischt sind, um die Fährte deutlicher zu machen, haben des öfteren das Mißtrauen der Bevölkerung erregt. Manchmal fegen Leute das Zeug einfach weg, weil sie es für Rattengift halten. In Dorset beschlagnahmte das Landratsamt gar die gesamte Fährte, um sie im Labor untersuchen zu lassen. Eine Zeitung hatte nämlich am Vortag mit der Schlagzeile aufgemacht: „Hundekiller treiben ihr Unwesen."

Nichts liegt den „Haschhäuslern" jedoch ferner, als irgend jemandem ein Leid zuzufügen. „Das Ganze ist ein großartiger Gleichmacher", sagt der 75jährige Rentner Phil Davies. „Wir haben Taxifahrer und Anwälte, Arbeitslose und Botschafter, aber wir sind alle gleich." Hascht der Premierminister John Major, der ständig die klassenlose Gesellschaft beschwört, etwa auch? Die friedliche Jagd ist vermutlich das einzige Wettrennen, bei dem die Schnellsten und die Langsamsten gleichzeitig ins Ziel kommen, weil Kurzatmige Abkürzungen nehmen dürfen. Das Ziel ist stets eine Kneipe. „Hashing" sei eine Spülung des Geistes, sagt der Großmeister der „Wessex Hash House Harriers". Mindestens ebenso wichtig ist offenbar die gemeinsame Spülung von Hund- und Hasennieren im Pub nach der Hatz.

19. Juli 1993

Der Pickel am Arsch eines Nilpferds

Die Fuchsjagd ist so englisch wie der Fünf-Uhr-Tee. Am Wochenende hat die neue Jagdsaison begonnen, doch die Stimmung unter den Herren im roten Rock und schwarzen Käppchen ist gedrückt: Der traditionelle Blutsport gerät immer mehr ins Kreuzfeuer der Kritik. Hat man in den achtziger Jahren die Füchse noch relativ ungestört hetzen können, so änderte sich das schlagartig, als Tierschützer mit versteckter Kamera fotografierten, wie die Sportsfreunde ihren Hunden einen lebenden Fuchs zum Fraß vorwarfen. Seitdem ist die Jagd in fast der Hälfte aller englischen Grafschaften auf öffentlichem Land verboten worden. „Diese Verbote sind wie der Pickel auf dem Arsch eines Nilpferds", sagt Peter Voute, der Sprecher der Britischen Jagdsportgesellschaft. Die Fuchshatz findet nämlich überwiegend auf Privatgelände statt.

Doch auch dort ist die Jägerruh' inzwischen empfindlich gestört. Saboteure verwirren die Hunde, indem sie im falschen Augenblick Jagdhörner und Pfeifen blasen oder falsche Fährten legen. Inzwischen beteiligen sich 150 Gruppen im ganzen Land am Hundefoppen, doch die Auseinandersetzungen mit deren Herrchen werden immer härter. „Vor 20 Jahren haben Jäger und Saboteure noch Weihnachtskarten ausgetauscht", erinnert sich ein Saboteurs-Veteran. „Das ist nun vorbei." In der Tat. Die Jäger gehen immer öfter mit Knüppeln und Baseballschlägern gegen die Fuchsschützer vor. Und im April wurde der 15jährige Tom Worby in Cambridgeshire von einem Hunde-transporter überrollt und getötet. Seitdem tobt ein Propagandakrieg, in den die Jagdgesellschaften 750.000 Pfund (knapp zwei Millionen Mark) und die Tierschutzvereine das

Doppelte investiert haben. Die Jäger lassen die Saboteure von Privat-detektiven bespitzeln und haben ehemalige Soldaten der Elitetruppe SAS angeheuert, um die Jagdreviere abzuriegeln.

Die Anti-Jagd-Lobby nütze den Tories, frohlockt Peter Voute: „Viele Jagdfreunde, die normalerweise gar nicht wählen, geben ihre Stimme den Konservativen, weil sie sicher sein können, daß die nichts gegen die Fuchsjagd haben." Im Gegenteil: Michael Howard, der ultra-rechte Innenminister, hat am Wochenende verkündet, daß er ein Gesetz vorbereite, wonach die Störung der Jagd oder die Einschüchterung der Jäger und ihrer Hunde strafbar sein soll. Die Polizei soll bevollmächtigt werden, potentielle Störenfriede bei begründetem Verdacht zu entfernen. Kevin Flack von der „Liga gegen Blutsport" ist dennoch optimistisch: „Zum ersten Mal können wir sagen, daß ein Ende der Fuchsjagd in Sicht ist." Es hängt jedoch davon ab, ob in der nächsten Sitzungsperiode des Parlaments die Gesetzesvorlage der Anti-Jagd-Lobby aus der Lostrommel gezogen wird. 52 Prozent aller Abgeordneten würden dann der Vorlage zustimmen, glaubt Flack.

Die Jäger fühlen sich dagegen völlig mißverstanden. In Wirklichkeit sind sie nämlich verkappte Tierschützer, wenn man dem Fuchsjäger Simon Hart glauben kann: „Bei der Jagd geht es um die Kontrolle, nicht um die Ausrottung. 200.000 Füchse müssen jedes Jahr kontrolliert werden." Als Kontrollmittel will Hart freilich seine Jagdhunde einsetzen. „Das ist der effektivste und am wenigsten gemeine Weg." Außerdem habe der Fuchs eine reelle Chance: „Die Jagd ist der natürlichen Auslese am ähnlichsten: Die Alten und Langsamen werden geschnappt, und die Gesunden bleiben übrig." Engländer sind eben faire Sportsleute.

8. November 1993

Die Runkelrübe mit Überbiß

Eine Nation läßt den Kopf hängen: England ist am Mittwoch endgül-tig in die Bedeutungslosigkeit versunken und steht auf einer Stufe mit Andorra und Belize, die sich ebenfalls nicht für die Fußballwelt meisterschaft im nächsten Jahr qualifizieren konnten. Einziger Trost: Auch Dänemark und Frankreich gehören der fußballerischen Dritten Welt an. Aber das Schicksal trieb mit England einen besonders bösen

Schabernack: Die Kicker mußten gegen San Marino, das eigentlich nie Tore erzielt, schon nach acht Sekunden einen Gegentreffer hinnehmen. Als wenn das nicht gereicht hätte, hieß der Torschütze zu allem Überfluß Galtieri. Es hätte nur gefehlt, daß auch noch Belgrano aufgetaucht wäre und die Schmach perfekt gemacht hätte.

Das Ausscheiden aus dem Fußball-Zirkus löste landesweite Depressionen aus. Norman Fox vom *Independent On Sunday* sah gestern gar das Ende der englischen Nation unaufhaltsam nahen, weil das Versagen der Fußballmannschaft einer ganzen Generation von Kindern die Freude am Sport vergällt habe: „Zweifellos werden sie zu übergewichtigen, infarktgefährdeten Schlappsäcken heranwachsen, die das Gesundheitssystem bis an die Grenze der Belastbarkeit strapazieren werden." Möglicherweise werden die EngländerInnen gar aussterben. Oder es kommt noch schlimmer, fürchtet Fox' Kollege Jim White: Die Kinder verwandeln sich alle in Carlton Palmers, wie der Rasenmäher der englischen Mannschaft heißt.

Und wer hat Schuld daran? Margaret Thatcher, wenn man dem Kolumnisten des *Guardian* glauben darf, weil sie mit ihrer darwinistischen Politik den Teamgeist ruiniert habe. Der *Independent* macht dagegen die Linken verantwortlich, weil sie gegenüber „Wettbewerben unter Kindern traditionell mißtrauisch" sind. Ebenso traditionell haben auch widrige Winde und die englandfeindliche Sonne ihr Scherflein zur Demütigung beigetragen. Doch von *Sun* bis *Financial Times*, von konservativ bis kommunistisch und von Preston bis Brighton sind sich alle einig: Der Obersündenbock heißt Graham Taylor, der Trainer des englischen Teams. Selbst im Fernsehen wird er nur noch als Runkelrübe mit Überbiß dargestellt. Die geradezu gemeine Satiresendung *Spitting Image* gab dem Trainer am Wochenende den Rest: „Wir haben noch eine Chance", ließ man die rübenhafte Taylor-Puppe hoffen: „Wenn Lappland einen Unabhängigkeitskrieg gegen Norwegen anfängt, in den schließlich ganz Skandinavien verwickelt wird, könnten wir vielleicht noch nachrücken. Wenn wir dann Andorra besiegen." Das, so der *Spitting Image*-Kommentator, sei freilich weniger wahrscheinlich als die lappländische Revolution.

Taylor ist seit Mittwoch verschwunden. Noch ist nicht klar, in welchem Land er einen Asylantrag stellen will. Vielleicht in Irland? „Die Republik Irland vertritt nun die britischen Inseln in den USA", sagte ein kreuzunglücklicher BBC-Kommentator. Britische Inseln? „Der meint wohl die keltischen Inseln", krächzte ein Dubliner Fan, dessen Stimme am Mittwoch ebenso wie Graham Taylor abhanden gekommen ist. An jenem Tag saß das gesamte Volk vor dem Fernseher. Das heißt, nicht ganz: Hubert ist der einzige Ire, den der Triumph kalt gelassen hat. Er wollte kurz vor Spielbeginn von der Behörde in der Innenstadt, bei der er arbeitet, nach Hause fahren und schlug die Warnungen der Kollegen in den Wind. Nach anderthalb Stunden war weder ein Bus, noch ein Taxi aufgetaucht. Empört machte sich Hubert zu Fuß auf den Weg zu der Kneipe, in der er seine fernsehenden Freunde vermutete. Dort kam er Sekunden vor Spielende an, als Nordirland gerade einen Freistoß aus bedrohlicher Position zugesprochen bekam. Unbeirrt steuerte Hubert die Theke an und bestellt beim Wirt ein Bier. Der guckte ihn völlig entgeistert an, weil Hubert genau vor dem Fernseher stand. Im nächsten Augenblick sprang ein Zweimeterriese auf und brüllte ihm ins Ohr: „Nimm deine verdammte Scheißbirne da weg, du blödes Arschloch, sonst hau' ich sie dir zu Matsch!" Hubert ist noch immer Fußballfeind. Vielleicht kann er ja seine Kammer an Graham Taylor vermieten.

22. November 1993

Die Welt des Fußballs ist schwarz-weiß

„Vielleicht war es ja alles nur ein Alptraum", stöhnte Trevor, als gestern die Auslosung der sechs Gruppen für die Fußballweltmeisterschaft 1994 in den USA übertragen wurde. „Vielleicht haben wir uns doch qualifiziert. Laß den Fernseher noch einen Augenblick an." Es war natürlich kein Alptraum: England, wo der Fußball angeblich erfunden wurde, muß im nächsten Jahr zuschauen.

Wer den Schaden hat, braucht für den Spott nicht zu sorgen. „Die Mannschaft und ihr runkelrübiger Trainer Graham Taylor sollten sich bei einem Subbuteo-Turnier anmelden", riet Trevors Freund Peter. „Möglicherweise überstehen sie dabei ja die Vorrunde." Aber selbst um das Tischfußballspiel Subbuteo ist inzwischen eine heftige Kontroverse ausgebrochen, in die natürlich ebenfalls das englische Team verwickelt ist. Das ganze begann, als der neunjährige Ashley Williams aus Tamworth in Staffordshire genug Geld gespart hatte, um seine Subbuteo-Sammlung zu erweitern. Da Ashley genauso schwarz ist wie sein Vorbild, der englische Stürmer John Barnes, kaufte er sich die englische Nationalmannschaft. Umso größer war sein Entsetzen, als er zu Hause die Packung öffnete: Kein John Barnes, kein Carlton Palmer, auch Les Ferdinand und Des Walker fehlten – alle elf Spieler waren blütenweiß. „Wenn ich später mal für England spiele, erscheine ich in der Subbuteo-Mannschaft dann auch als Weißer?" fragte Ashley seine Mutter.

Die rief bei der Herstellerfirma Waddington's an. Dort erklärte man ihr, daß die Welt des Fußballs schwarz-weiß sei – jedenfalls bei Waddington's: Die Firma produziert Mannschaften wie Brasilien, Uruguay und Mexiko zwar – genauso falsch – ganz in schwarz, doch gemischte Teams seien technisch leider noch nicht möglich. Und die Umstellung der Produktion sei nicht über Nacht zu bewerkstelligen. Über Nacht? Produziert Waddington's etwa am Polarkreis in ewiger Finsternis? Das englische Länderspiel-Debut des ersten schwarzen Spielers, Laurie Cunnugham, fand 1979 statt. Inzwischen hat England mit Paul Ince einen schwarzen Mannschaftskapitän.

Das läßt Waddington's freilich kalt. Ashley könnte sich mit einer Dose schwarzer Farbe behelfen, riet der Direktor der Entwicklungsabteilung, Norman Bannister, der Mutter. Echte Subbuteo-Fans würden ihre Spielfiguren ohnehin mit einer persönlichen Note versehen: „Unsere Figuren haben nämlich auch keine blonden Haare, und es gibt keine Bärte", meinte Bannister. „Um das Spielerlebnis authentischer zu gestalten, kleben viele längere Haare an, verändern die Haarfarbe oder die Rückennummern und so weiter." Wie aber verändert man die körperliche Statur der Figuren? Die Spieler sehen alle gleich aus, es gibt keine kleinen oder fetten Spieler. Was machen also die Fans des kleinen, dicken Paul Gascoigne – ganz abgesehen von dem kommißbrotartigen Gesichtsausdruck des Spielers, der bei Fernseh-Interviews mit Vorliebe ins Mikrofon rülpst.

Vielleicht gibt es eine realistische Lösung: Waddington's könnte das englische Team einfach vom Markt nehmen. Schließlich haben sich die echten Fußballer ja auch nicht für die Weltmeisterschaft qualifiziert. Oder John Barnes, Paul Ince und die anderen schwarzen Spieler werden in Zukunft mit Kalk eingerieben, bevor sie auf das Spielfeld laufen.

20. Dezember 1993

Der Zauberer und die Transvestiten in Soutanen

Daß man mit Gottes Hilfe Fußballspiele gewinnen kann, ist allgemein bekannt. Doch meist bleibt die helfende Hand im Hintergrund oder nimmt vorübergehend menschliche Form an. Zum Beispiel glaubten alle Zuschauer, daß Diego Maradona bei der Weltmeisterschaft 1986 in Mexiko das Siegtor gegen England mit der Hand erzielt hatte, doch der kleine Argentinier klärte die Fans später auf: „Es war die Hand Gottes."

Im südwestenglischen Dorchester hat man den Allmächtigen ebenfalls um direkte Hilfe gebeten. Die ‚Elstern', das lokale Amateurfußballteam, waren nämlich bei ihren Heimspielen bislang atemberaubend erfolglos. So heuerten die Funktionäre am Freitag den anglikanischen Geistlichen David Fayle an. Der wollte das Stadion durch eine feierliche Zeremonie, bei der er die Bibel heftig schwenkte, von dem Fluch befreien, mit dem es der Zauberer David Green bei einem achtstündigen Ritual zur Sommersonnenwende 1992 belegt hatte. Green, ein Computerhändler aus Dorset, wollte sich damit am Herzog von Cornwall rächen. Bei dem Herzog handelt es sich um niemand anderes als Prinz Charles, den henkelohrigen Thronfolger.

Herzog Charles ließ das Stadion vor drei Jahren auf seinem Land errichten. Das war nur eins von vielen königlichen Projekten in der Region. „So weit das Auge reicht, gehört das Land hier dem Herzogtum", erboste sich Green. „Ich möchte mal wissen, welches andere Millionenunternehmen seine Bilanzen geheimhalten darf. Ich bin aber nicht nur auf die Krone sauer, sondern ärgere mich auch über die Blödheit des britischen Volkes, das sich das gefallen läßt." Als Green damals das Stadion verfluchte, kam ihm der Gedanke, das Karma gleich auf sämtliche anderen herzoglichen Aktivitäten in der Gegend auszudehnen. „Poundbury, eine Wohnsiedlung mit 2000 Häusern bei Dorchester, wird in einer Katastrophe enden", frohlockte Green. „Prinz Charles wird sich lächerlich machen, und das Zentrum Dorchesters wird verfallen." Um sich für den Megafluch in Form zu bringen, hatte Green nach eigenen Angaben zunächst das computerisierte Ampelsystem in Weymouth völlig verhunzt und sich danach der Insel Portland zugewandt. „Die Werft dort ist inzwischen heruntergekommen, und der Hubschrauberstandort ist auch in Gefahr", freute Green sich. „Ich übernehme die volle Verantwortung dafür."

Seinen Widersacher Pfarrer Fayle tat er noch am Freitag als Stümper ab: „Das ist ein Witz, er kann den Fluch doch nicht aufheben, indem er ein paar Gebete murmelt." Doch der Anglikaner hatte Erfolg: Die ,Elstern' beendeten am Samstag mit einem knappen Sieg über Nuneaton ihre fatale Heimserie – ausgerechnet zur selben Zeit, als in Bristol die „anglikanische Kirche durch die Parodie einer Weihe der ersten Priestessen ermordet" wurde, wie Fayles Kollege Francis Brown es ausdrückte. Er hatte neben der Kathedrale von Bristol eine Plakatwand gemietet, um mit Postern gegen die Ordination von Frauen zu protestieren. „In den Augen der Kirche gelten sie als Transvestiten", sagte Brown. Unterdessen fragte Sue Restall, eine der „Transvestitinnen", die wartenden Fotografen der Boulevardpresse: „Wollt ihr ein Pin-Up-Foto für eure Seite drei?" Dann tat sie so, als ob sie sich die Soutane aufknöpfen wollte, als die Fernsehübertragung abbrach.

14. März 1994

Golfkrieg im Sherwood Forest

Wenn das berüchtigte englische Fair-Play mit einer zutiefst gekränkten Eitelkeit kollidierte, hat man sich früher im Morgengrauen duelliert. Heute zieht man stattdessen vor die Gerichte. Ob das allerdings ein Beweis für eine höhere Zivilisationsform ist, muß stark bezweifelt werden. Nehmen wir zum Beispiel Golf: Nirgendwo legen die Engländer mehr Wert auf Fair-Play, als bei dieser noch immer ziemlich exklusiven Sportart. Es ist aber auch dort ungewöhnlich, daß eine Runde umgerechnet 700.000 Mark kosten kann.

Es geschah im Jahr 1990 bei den Vereinsmeisterschaften des Sherwood Forest Golf Club in Nottinghamshire. In der Nähe hatte dereinst Robin Hood gewirkt, der Rächer der Enterbten. Von ganz anderer Gesinnung ist offenbar der 57jährige John Buckingham, ein furchtbar mittelmäßiger Golfspieler, der bei den Meisterschaften die erste Runde mit seinem Clubkameraden Reginald Dove spielen mußte. Es ging um ein Preisgeld von 15 Pfund, also rund 40 Mark. Über das, was unterwegs passierte, gibt es zwei Versionen, die vier Jahre lang die Gerichte beschäftigt haben. Dove behauptete, daß Buckingham jedesmal einen neuen Golfball durch ein Loch in der Hosentasche in eine überaus günstige Position rollen ließ, wenn sein

Originalball irgendwo im Dickicht verschwunden war. Außerdem hätte er den Ball manchmal mit einem Fußtritt – dem „ledernen Schläger", wie Dove es sarkastisch nannte – in eine bessere Lage befördert. Dove wartete mit seinen Anschuldigungen allerdings fünf Wochen, weil er „geschockt und verwirrt" war und das Geschehen erstmal verdauen mußte. Seinem Freund Graham Rusk, der auch eine Runde mit Buckingham gespielt hatte, ging es genauso. Buckingham bestritt das alles.

Manche Leute sagen, daß beim Golf das Schwein im Menschen ans Licht komme, doch es gibt legendäre Gegenbeispiele: Bobby Jones, der angeblich beste Golfer aller Zeiten, verpaßte einmal den Sieg, weil er einen Regelverstoß zugegeben und sich selbst mit Strafpunkten belegt hatte. Als er dafür gelobt wurde, erwiderte er schroff: „Das ist das gleiche, als wenn man jemanden dafür lobt, daß er keine Bank überfallen hat." Sein Profi-Kollege Phil Parkin trieb die Ehrlichkeit bis an die Schmerzgrenze. Er hatte seinem kleinen Sohn einen noch kleineren Holzschläger gebastelt, den dieser in der Golftasche seines Vaters verstaute. Als Parkin den Mini-Schläger mitten im nächsten Turnier entdeckte, meldete er das umgehend der Turnierleitung, weil ein Spieler laut Regel nur 14 Schläger bei sich haben darf. Der Sieg war futsch.

Doch zurück zum Sherwood Forest: Der Disziplinarausschuß des Golfclubs entschied, daß Buckingham nicht geschummelt hatte. Weil Dove und Rusk jedoch eine Entschuldigung verweigerten, zerrte Buckingham sie durch sämtliche gerichtlichen Instanzen. Nach seiner Niederlage muß er nun die Gerichtskosten in Höhe von 250.000 Pfund berappen. Es war der erste Fall dieser Art in der Golfgeschichte. Der Richter, selbst ein Golfspieler, hatte Sinn für Humor: Auf die Anklagebank stellte er eine Golftasche. Buckinghams Belustigung hielt sich jedoch in Grenzen. Vielleicht sollte er auf Minigolf umsteigen. Das ist irgendwie übersichtlicher und vor allem billiger. Schade, daß Robin Hood nicht mehr aktiv ist. Da die drei Golfer blöd genug waren, ein Vermögen wegen einer Entschuldigung zu riskieren, wären sie wahrscheinlich eine leichte Beute für ihn gewesen.

16. Mai 1994

Der Geistesblitz einer stoffwechselkranken Stubenfliege

Gesellschaftsspiele machen Spaß – wenn man nicht gerade die Frage nach dem Commonwealth-Cricket-Champion von 1927 beantworten muß, wie bei der englischen Version von *Trivial Pursuit.* Jetzt gibt es eine englische Variante von *Monopoly.* Das Spiel heißt *Hypocrisy,* was ‚Heuchelei‘ oder ‚Scheinheiligkeit‘ bedeutet. „Ein Spiel für zwei bis sechs Spieler, die Labour-Politiker werden wollen", heißt es in der Anleitung.

Auf dem Spielbrett ist ein teuflisch grinsender Labour-Chef Tony Blair abgebildet, und auch die Spielfiguren sind dem wirklichen Leben nachempfunden: ein machtgeiler Gewerkschafter, ein bärtiger Umweltspinner, eine fette Feministin. Man ahnt, wer das Spiel herausgegeben hat: die Tories. Weil es für die Allgemeinheit jedoch zu flachsinnig ist, hat man nur eine kleine Anzahl für besonders fleißige Parteiarbeiter hergestellt. Offenbar hält man diese Leute für einfältig genug, daß sie an dem Spiel ihre helle Freude haben.

Ähnlich wie bei *Monopoly* rückt man um die gewürfelte Augenzahl auf Felder mit bestimmter Bedeutung vor. Es geht dabei aber nicht um Grundstücke und Geld, sondern um Punkte für Heuchelei und „political correctness". Hat man mehr Heuchelpunkte als PC-Punkte eingesammelt und gerät auf eins der Eckfelder, wird man zum Oberheuchler ernannt und scheidet aus. Das geht ziemlich schnell, denn das Spiel soll ja der tumben Parteibasis eine Botschaft vermitteln. Landet man auf einem Heuchelfeld, muß man eine Heuchelkarte ziehen, zum Beispiel: „Sie erzählen uns, Labour will hart gegen das Verbrechen durchgreifen. Warum unterstützt Labour dann nicht die Maßnahmen der Konservativen gegen die Kriminalität? Zwei Heuchelpunkte!"

Die Idee für das Spiel ist auf dem Mist des Parteivorsitzenden Brian Mawhinney gewachsen, der für seinen pubertären Humor und die Geistesblitze einer stoffwechselkranken Stubenfliege bekannt ist. Vor einigen Monaten hatte er schon mal eine Idee, wie die Oppositionsparteien in die Knie zu zwingen sind: mit baked beans – gebackenen Bohnen, dem britischen Leibgericht. Er ließ Dosenetiketten mit „Liberal Democrat Half Baked Beans" – also liberaldemokratische halbgare Ware – und „Labour Has-Beans" – etwa Labour-Gestrige – anfertigen. Dann stapelte er zwei Türme mit dem Blähgut auf, holte seine beiden Kabinettskollegen John Gummer und

Michael Heseltine zu Hilfe und ließ sich mit ihnen zwischen den Blechbüchsentürmen fotografieren. Langsam wird klar, wo der Ausdruck „dumm wie Bohnenstroh" herstammt. Die drei Bohnenhirne freuten sich jedenfalls wie Pennäler, die ihrer Lehrerin einen nassen Schwamm unter den Hintern geschoben hatten. In PR-Desastern ist Gummer ja Experte: Er hatte seiner dreijährigen Tochter Cordelia einen Hamburger in den Hals gestopft, um die Unbedenklichkeit britischen Rindfleisches zu beweisen.

Doch zurück zum Brettspiel. Das erste Exemplar von *Hypocrisy* hat Mawhinney seinem Premierminister zum Geburtstag geschenkt. Nun sitzt John Major jeden Freitag abend einsam würfelnd vor dem Kamin in der Downing Street, verriet der Butler. Major binde sich dann stets die Mundwinkel an den Ohren fest und fühle sich eine Viertelstunde lang wie Tony Blair.

18. November 1996

Wirtschaftliche Glanzleistungen

Der neuadlige Kotzbrocken und die geschrumpfte Währung

Die britische Währung ist nicht nur am Wechseltresen, sondern auch physisch geschrumpft. Nachdem die Fünf-Pence-Münze bereits vor einiger Zeit auf die Größe (und den Wert) einer Rosine reduziert wurde, war am vergangenen Mittwoch nun die Zehn-Pence-Münze dran. Das neue Geldstück sieht aus, als ob es zu heiß gewaschen worden sei: Vom Design unverändert, aber kaum größer als das alte Fünf-Pence-Stück. Für Automatenbesitzer ist das eine Schreckensnachricht: Neben dem U-Bahn-Netz und Zigarettenmaschinen müssen landesweit 230.000 Spielautomaten umgestellt werden. Die Anpassung an das Winzgeld kostet sechs Millionen Pfund. „Und wir bekommen darauf nicht mal Steuernachlaß", stöhnte ein Spielhöllen-Mafiosi. Seine deutschen Kollegen reiben sich dagegen die Hände. Betrügerische Elemente hatten nämlich bei alten Automaten die Fünf-Pence-Münzen als Markstücke verwendet. Damit ist es nun vorbei, das neue Kleingeld ähnelt eher einem Pfennig.

Der Bevölkerung ist die Symbolik des neuen Mini-Geldes durchaus nicht verborgen geblieben: „Ich glaube, die Bank von England will uns verarschen", sagte eine 70jährige auf dem Gemüsemarkt in Süd- London. „Je weniger man mit dem Geld kaufen kann, desto kleiner wird es. Wenn das so weitergeht, ist die Pfundmünze im nächsten Jahr nur noch so groß wie ein Stecknadelkopf." Als offizielle Begründung für die Münzeindampfung gab die Bank an, daß damit die 1971 begonnene Dezimalisierung der Währung abgeschlossen sei. Bisher wurde noch die alte Zwei-Schilling-Münze als Zehn-Pence-Stück akzeptiert. Da nun jedoch die Europäische Union vor der Tür steht, müssen auch die EngländerInnen lernen, daß zehn mal zehn gleich hundert ist.

Der neuadlige Kotzbrocken, Baronin Thatcher, hat sich zu dem neuerlichen Angriff auf die britische Souveränität noch nicht geäußert. Sie war anderweitig beschäftigt: Die private Westminster-Universität ernannte sie am Mittwoch zur Ehrenrektorin. Das ist nicht mehr als recht und billig, hatte sie die elitäre Bildungsstätte doch 1975 eigenhändig eröffnet. Ob sie auch das Universitätsmotto verfaßt hat, ist nicht bekannt: „Alis Volans Propriis" – Fliegen mit den eigenen Flügeln. Gemeint ist damit wohl das Geld. Wer die unverschämt hohen Studiengebühren nicht aus eigener Tasche zahlen kann, muß auf ordinäre Universitäten wie Cambridge oder Oxford. Letztere durfte am Mittwoch freilich nicht erwähnt werden, da das Oxforder Rektorat vor sieben Jahren der damaligen Premierministerin die Ehrendoktorwürde versagt und ihr damit die schwärzeste Stunde ihrer Amtszeit bereitet hatte. Eine derartige Demütigung von Oxforder Rektoratshand ist in diesem Jahrhundert lediglich dem ehemaligen pakistanischen Präsidenten Zulfikar Ali Bhutto widerfahren. Und der wurde später hingerichtet. Damit will ich den Teufel aber nicht an die Wand malen. Jedenfalls war die Baronin gerührt über „die Ehre, die größer ist als alles, wonach ich je gestrebt habe". Einer der Privatgelehrten soll nach der Zeremonie vergeblich versucht haben, ihr die Europäische Einheit schmackhaft zu machen. Er wollte ihr einreden, daß dadurch das britische Pfund unweigerlich steigen werde: „Um genau 47 Gramm auf ein glattes halbes Kilo – wenn wir unsere imperialen Gewichtsmaße dezimalisieren."

5. Oktober 1992

Atombunker im Sonderangebot

Der Privatisierungswahn der britischen Regierung kennt keine Grenzen. Hat man sich bisher darauf beschränkt, mehr oder weniger nützliche Dinge und Dienste zu verscherbeln, um die marode Staatskasse aufzubessern, so sind nun die unterirdischen Immobilien dran: Großbritanniens Atombunker. Da das Programm der Zivilverteidigung aus Geldmangel eingestellt wird, gibt es für die Bunker keine Verwendung mehr. Ihre Anzahl und Lage will das Innenministerium noch nicht verraten. „Die Information ist nach wie vor geheim", sagte eine Sprecherin des Ministeriums. „Natürlich werden wir den Leuten Einzelheiten verraten, wenn wir die Dinger verkaufen." Bisher weiß man nur, daß es ungefähr 20 davon gibt. Ihr Bau hat mehrere Millionen Pfund pro Stück gekostet. Sie sind mit Chemieklos, Lebensmitteln und Mikrowellensendern ausgerüstet und bieten jeweils Platz für einen Minister und 800 außergewöhnliche Menschen, die von der Regierung ausgewählt wurden, um das Überleben der Nation zu sichern. Das Ende des kalten Krieges hat dieses Hintertürchen, mit dem sich die Politiker offenbar gegen die Auswirkungen ihrer eigenen Politik absichern wollten, jetzt verschlossen. Wem aber kann man die Atombunker andrehen? Einer der Zivilverteidiger schlug vor, Pilze darin anzubauen, schränkte aber ein:

„Leider läßt sich nur eine bestimmte Menge von Pilzen verkaufen." Sein Kollege kam auf die glänzende Idee, die Dächer abzumontieren und die Bunker in Swimmingpools zu verwandeln. Vielleicht könnte man sie ja auch nach Cumbria schaffen und in der Umgebung der Plutoniumschleuder Sellafield versenken, um die Überlebenschancen der dortigen Bevölkerung zu erhöhen.

Sind die Verwendungsmöglichkeiten für die Atombunker bereits begrenzt, so ist das landesweite Warnsystem praktisch unverkäuflich. Es umfaßt 5600 Sirenen, die im Notfall einen vierminütigen schrillen Warnton ausstoßen. Allein ihre Wartung kostet drei Millionen Pfund im Jahr. Die meisten sind auf den Dächern von Polizeirevieren angebracht, aber auf dem Land gibt es auch mobile Versionen, die meist unter dem Kneipentresen aufbewahrt werden. Für den Land-Bobby war die jährliche Überprüfung dieser Sirenen zweifellos das Glanzlicht im Arbeitsalltag. Aus und vorbei.

Doch wo kann man die privatisierten Höllenlärmgeräte einsetzen? Als Wecker für Morgenmuffel? Wohl kaum. Vielleicht im Kanaltunnel zur Abschreckung von Füchsen und Hasen aus Frankreich, damit Großbritannien tollwutfrei bleibt? Das würde vermutlich auch das Passagieraufkommen beeinträchtigen. Das Innenministerium hat bisher jedenfalls keine Ahnung, was aus den Sirenen werden soll: „Wenn jemand eine Idee hat, würden wir sie gerne hören", hieß es.

20. November 1992

Bruchlandung für Hoover-Gratisflüge

Der Werbestrategie des britischen Elektrokonzerns Hoover war zunächst Erfolg auf der ganzen Linie beschieden: Die Fließbänder in den Fabriken liefen rund um die Uhr und spuckten einen Staubsauger nach dem anderen aus. Dennoch konnte das Unternehmen kaum mit den Bestellungen des Einzelhandels mithalten. War plötzlich eine ganze Nation dem Reinlichkeitswahn verfallen?

Nichts dergleichen: Hoover hatte im vergangenen August jedem Kunden, der ein Produkt der Firma für mindestens hundert Pfund erwarb, zwei Gratisflüge in die USA versprochen. Da die Staubsauger mit 119 Pfund am günstigsten waren, setzte umgehend ein Saugerrausch ein, der in den fernen USA beträchtliche Unruhe auslöste –

jedoch nicht etwa bei den Zollbehörden in Erwartung der Horden britischer Urlaubsschnorrer, sondern in den Chefetagen der Maytag Corporation. Der gehört nämlich die Firma Hoover.

Werbeexperten hatten sich schon damals gefragt, wie Hoover zu jedem Staubsauger für 119 Pfund zwei Flugtickets im Wert von über 500 Pfund dazugeben konnte. Sie kamen dem Trick jedoch nicht auf die Spur. Inzwischen ist das Rätsel gelöst: Es gab gar keinen Trick. Je schneller die Fließbänder in den Hoover-Werken liefen, desto rasanter rauschte die Firma in die roten Zahlen. Die geniale Werbestrategie hat das Unternehmen mindestens 20 Millionen Pfund gekostet, doch die Geschäftsleitung breitet den Mantel des Schweigens über die genauen Zahlen. Die Verbraucherzentrale schätzt, daß 100.000 Geräte über den Ladentisch gegangen sind – das wären 200.000 Freiflüge. Den Maytag-Chefs platzte jedenfalls vorgestern der Staubsaugerbeutel: Sie feuerten den Präsidenten von Hoover-Europa, William Foust, sowie die beiden Direktoren Brian Webb und Michael Gilbey, auf deren Mist die Gratistickets für den Hoover-Sturzflug gewachsen waren.

Die drei Rechenkünstler hatten offenbar auf die abschreckende Wirkung des Kleingedruckten gesetzt. So mußten die frischen Saugerbesitzer Quittung und Flugreiseantrag innerhalb von zwei Wochen nach Erwerb des Gerätes einreichen. Hoover behielt es sich freilich vor, die sechs Wunschtermine samt Lieblingsreisezielen abzulehnen und stattdessen drei Gegenvorschläge zu machen. „Man konnte sicher sein, daß Hoovers Vorschläge nicht das Geringste mit dem eigenen Antrag gemein hatten", sagte Anne Randle aus Bradford zur *taz*. „Wer also im Sommer nach Orlando wollte, war gut beraten, New York im Winter zu beantragen. Dann hatte man eine kleine Chance."

Diese winzige Chance vereitelten die Hoover-Bosse jedoch auch noch: Sie verweigerten in vielen Fällen schlicht die Flugtickets. Und als die erboste Kundschaft ihre durch Saugerkauf erworbenen Flugrechte per Einschreiben einforderte, reagierte Hoover überhaupt nicht mehr. Ein Sprecher der Königlichen Post hat am Wochenende erklärt, daß man „exzessiv viele Nachforschungsaufträge" nach Einschreibbriefen erhalten habe, die an das Hoover-Gratisflugzentrum in Nottingham adressiert waren. Der entnervte Maytag-Vorsitzende Leonard Hadley hat inzwischen ein Sonderteam in das süd-walisische Hoover-Hauptquartier entsandt, das sich um das Fiasko kümmern soll. Angeblich bettelt die Firma bereits bei British Airways um 20.000 Plätze auf Linienflügen zu Charterpreisen.

Der Staubsaugermarkt ist wohl auf Jahre hinaus ruiniert. In den Kleinanzeigenspalten sämtlicher Zeitungen und Magazine wimmelt es von Annoncen für „originalverpackte Hoover-Staubsauger" zu Schleuderpreisen. Wer jetzt noch Krümel auf dem Teppich hat, ist selbst schuld.

1. April 1993

Der Bock als Gärtner

Wie konnte das passieren? Da sind die Tories seit 14 Jahren an der Macht und haben in ihrem Privatisierungswahn fast das gesamte britische Familiensilber verscherbelt, doch die Königlichen Parkanlagen in London sind noch immer Staatseigentum. Vermutlich ist das den beamteten Krämerseelen entgangen, weil die Parks im Lauf der Jahre wie faule Eier von einer Behörde zur anderen geschoben wurden: vom Wald- und Forstamt zum Amt für öffentliche Bauten, dann zum Umweltministerium und schließlich zum Ministerium für kulturelles Erbe. Dabei kann man mit den Grünflächen durchaus ein paar Pfund verdienen. Sind sie erst mal privatisiert, kann den Schmarotzern endlich das Handwerk gelegt werden. Es ist nämlich nicht einzusehen, warum Alte und Arbeitslose kostenlos in den Parks herumlungern dürfen, während der Rest der Nation malochen muß.

Inzwischen hat die Regierung geschaltet und – wie es in Großbritannien üblich ist – zunächst einen Ausschuß eingesetzt. Dieser wiederum hat im vergangenen Monat David Welch zum Hauptgeschäftsführer der Königlichen Parks ernannt. Der *Independent* stellte fest, daß Welch „eindeutig ein Blumenliebhaber" sei. Das ist eine wichtige Voraussetzung für den Job, doch ob das ausreicht? Welch scheinen jedenfalls vor lauter Enthusiasmus über seine neue Aufgabe die Sicherungen durchgebrannt zu sein. Er will den Abfall in den Parks von livriertem Personal mit Pferdewagen und schweren Zugtieren einsammeln und die Erholungssuchenden in Pferdekutschen durchs Gelände schleppen lassen, um den „alten viktorianischen Glanz" wiederherzustellen. Für den Regent's Park hat Welch sich etwas besonderes ausgedacht: Dort soll ein „riesiger überdachter englischer Paradiesgarten in Form eines neo-viktorianischen Wintergartens" entstehen. Den benachbarten Zoo, dessen Zukunft aufgrund der Finanzprobleme noch immer unsicher ist, will Welch disneymäßig zur Super-Live-Tiershow aufmotzen.

Wenn es nach dem Regierungsausschuß geht, soll der Grüngürtel vom Regent's Park über St. James's Park, Green Park und Hyde Park bis zum Buckingham Palace ausgedehnt werden. Der Ausschuß hat dabei das Wohl der TouristInnen im Sinn. Er behauptet, die 15 Millionen Schaulustigen, die den Buckingham-Palast jedes Jahr von außen bestaunen, riskieren Leben und Gesundheit, weil der Verkehr dicht um den Palast herumtobt. Diese „Touristenfalle" sei eine „nationale Schande".

Der 148 Seiten starke Bericht des Ausschusses hat auch die Aufmerksamkeit der Queen erregt, die noch immer darüber nachgrübelt, wie sie die Kosten für den Wiederaufbau des abgebrannten Windsor Castle auf andere abwälzen kann. Am vergangenen Donnerstag kam ihr die Idee: Fortan soll der Buckingham-Palast zwei Monate im Jahr Besuchern geöffnet werden – für einen bescheidenen Windsor-Aufbau-Beitrag von acht Pfund. Am 7. August geht's los. Elisabeth erwartet in diesem Jahr 400.000 zahlende Gäste. Nach unbestätigten Gerüchten sollen bereits Souvenir-T-Shirts mit ihrem Konterfei produziert werden. Und das Sonderangebot, sich mit Zepter und Krone auf dem Thron fotografieren zu lassen, dürfte mindestens das Geld für eine Bediensteten-Toilette im Windsor Castle einbringen.

3. Mai 1993

Bizarre Entführung: Carnapper verlangt US-Freiflüge

Noch nie ist eine Werbekampagne so danebengegangen wie Hoovers Freiflüge in die USA. Nachdem ein Kunde jetzt zur Selbsthilfe gegriffen hat und einen Lieferwagen des Elektrokonzerns beschlagnahmt hat, ist Hoover endgültig zum Gespött Großbritanniens geworden.

Das Debakel hatte im vergangenen Sommer begonnen, als das Unternehmen seinen britischen und irischen KundInnen zwei Freiflüge für jedes Hoover-Produkt ab hundert Pfund (ca. 250 Mark) versprach. Der Run, der daraufhin auf die Staubsauger einsetzte, verblüffte die hauseigenen Werbestrategen, die den KäuferInnen offenbar nicht das Einmaleins zugetraut hatten: Denn wenn man zwei

Flüge nach New York oder Orlando im Wert von 500 Pfund für nur gut ein Fünftel bekommt, nimmt man dafür auch einen Zweitstaubsauger in Kauf. Während in den Fabriken rund um die Uhr gearbeitet werden mußte, rauften sich die Hoover-Bosse die Haare. Als der Schaden vor zwei Monaten die 20-Millionen-Pfund-Marke überschritt, platzte der US-Muttergesellschaft Maytag der Kragen: Die für das groteske Eigentor verantwortlichen Hoover-Manager wurden gefeuert, und ein eiligst aus den USA eingeflogener Krisenstab sollte die ca. 100.000 fehlenden Flugtickets beschaffen, um die Saugerkunden zu befriedigen. Das ist noch immer nicht gelungen.

Am vergangenen Freitag griff der 42jährige David Dixon aus Workington in der Grafschaft Cumbria zur Selbsthilfe. Er hatte im November keinen Billigsauger, sondern eine 500 Pfund teure Waschmaschine erstanden – in der Hoffnung auf einen Familien-urlaub in Disneyworld. Doch von den Flugtickets keine Spur – und nicht nur das: Jetzt gab auch noch die Waschmaschine ihren Geist auf. Bei jedem Waschgang tanzte das gute Stück durch die Küche. Da griff Dixon, ein Pferdekutschen-Konstrukteur, zu einer List. Er lockte den Hoover-Mechaniker zur Waschmaschinenreparatur ins Haus und blockierte dessen Lieferwagen mit einem LKW. Den entgeisterten Mechaniker schickte er mit einer Lösegeldforderung zurück zur Firma: Flugtickets gegen Lieferwagen.

Hoover hat die Verhandlungen mit dem Carnapper bisher abgelehnt. Das Unternehmen riet ihm, die Waschmaschine nach Westen auszurichten, sich hinaufzusetzen und sie auf Schleudern einzustellen. Vielleicht würde sie ihn ja bis nach Amerika tragen. Außerdem drohte der Konzern, daß der Job des Mechanikers schwer gefährdet sei, solange der Lieferwagen nicht freigelassen werde. Besitzt die Firma etwa nur dieses eine Fahrzeug? Auf die Ordnungshüter kann die Elektrofirma jedenfalls nicht hoffen. Die Polizei hat entschieden, daß sie der Zivilstreit nichts angeht. Was die Unternehmensführung jedoch weit mehr beunruhigt, ist die Tatsache, daß Dixon inzwischen über hundert Anrufe von anderen Saugeropfern erhalten hat, die ihm zu seiner Tat gratulierten. Viele bedauerten, nicht selbst auf die Idee gekommen zu sein. Unbestätigten Gerüchten zufolge hat Hoover an seine Mechaniker in dieser Woche Monatskarten ausgegeben.

Für Dixon hat sich die Autoentführung allemal gelohnt. Verschiedene Fernsehsender, darunter die American Broadcasting Corporation, wollen seine Geschichte gegen Bezahlung verfilmen.

Wirtschaftliche Glanzleistungen

Eine Boulevardzeitung hat Dixon samt Familie einen Urlaub in den USA mit allen Schikanen versprochen, eine andere Zeitung will sämtliche Kosten übernehmen, sollte es zum Rechtsstreit kommen. Ob Hoover sich diese öffentliche Demütigung jedoch auch noch antun will, ist zu bezweifeln.

4. Juni 1993

Natural Born Traders

Sehr geehrter Oliver Stone! Da ich Ihre Privatadresse nicht kenne, versuche ich es auf diesem Weg. Vielleicht lesen Sie ja die *taz*. Zuerst eine Nachricht, die Sie freuen wird: Das Irish Film Centre in Dublin hat dem Zensor ein Schnippchen geschlagen und zeigt ab Freitag eine Reihe verbotener Filme. Neben Pasolinis *Die 120 Tage von Sodom*, Ken Russels *Die Teufel*, Borowczyks *La Bête* und Dusan Makavejevs *WR – Mysterien des Organismus* läuft dort auch Ihr Film *Natural Born Killers* – und zwar vier Mal am Tag für zunächst zwei Monate. Der irische Zensor Sheamus Smith – vermutlich ein Tarnname – hatte den Film im Oktober verboten, was von der Berufungsbehörde im Januar bestätigt wurde. Smith rauft sich jetzt zwar die Haare, ist aber machtlos, weil das Irish Film Centre versprochen hat, die „Vereinsregeln zur Kontrolle des öffentlichen Zugangs strikt" zu handhaben. Mindestens 24 Stunden vor dem geplanten Kinobesuch muß man für umgerechnet 25 Mark Jahresbeitrag Mitglied im Centre werden und darf höchstens einen volljährigen Gast mitbringen. Eine vorübergehende Mitgliedschaft für zwei Mark fuffzich an der Abendkasse gibt es nicht mehr.

Nachdem dieses Problem gelöst wäre, können Sie ja nun in Ruhe Ihren nächsten Film drehen. Der *Independent*, eine überaus seriöse britische Tageszeitung, hatte dafür eine grandiose Idee: „Natural Born Traders" – ein Film über ein junges Pärchen, nennen wir sie Lick und Nica Neeson, die mit 28-Millimeter-Derivaten und einer Futures-Magnum einen Pfad der Verwüstung auf südostasiatischen Märkten hinterlassen. Alle, die sich ihnen in den Weg stellen, gehen unweigerlich pleite. Für die Rolle kämen Hugh Grant („Vier Händler und ein Derivat") und Sharon Stone („Silver") in Frage. Als die Neesons dem Bankdirektor Eddie George – gespielt von Madonna – auf die Spur kommen, der die Bank von England als Tarnung für ein Spielcasino mißbraucht, erpressen sie ihn und setzen die ergaunerten Milliarden auf Futures in der japanischen Schlagerparade – ein kapitaler Fehler: Wider Erwarten setzt sich Miriam McKobes „Earthquake" in den Top Ten fest. Den Neesons wird der asiatische Boden zu heiß und sie fliehen.

Plötzlich taucht jedoch Roberta Maxwell auf, die etwas aufgedunsene Reporterin des „Maily Dirtor". Sie stellt das tödliche Pärchen in Mexico City, wo sich die beiden gerade am Peso zu schaffen machen. Maxwell verrät sie aber nicht, sondern überläßt ihnen eine tägliche Kolumne im „Dirtor", in der die Neesons ihr Finanz-Know-How an die Leserschaft weitergeben. Sie werden zu Medienstars. Mit dem Zeilengeld, so das Happy End, kaufen sie die Borings Bank, die sie am Anfang des Films in den Bankrott getrieben haben.

Natürlich wird man Ihnen, lieber Herr Stone, wieder vorwerfen, eine Anleitung für Nachahmungstäter gedreht zu haben. An der Londoner Börse wird man automatische Filmprojektor-Detektoren an den Eingängen aufstellen, und in Irland kommt der Film aus Angst um das irische Pfund mit Sicherheit auf den Index. Macht ja nix: Das Irish Film Centre wird den Jahresbeitrag auf fünfhundert Mark erhöhen, und die Möchtegern-Cow-Jones-Boys aus dem benachbarten Financial Centre werden in Scharen ins Kino strömen. Könnte ein Kultfilm werden.

27. März 1995

Staatstragende Schuhe und docmäßige Regenmäntel

Der Skinhead starrte den Schuhverkäufer in dem kleinen Laden im Londoner Stadtteil Brixton entsetzt an. „Sie haben eine ausgezeichnete Wahl getroffen, mein Herr", hatte der ihm gerade zu einem Paar ochsenblutfarbigen Vierzehnloch-Doc-Martens gratuliert. „Dieser Schuh trägt das Gütesiegel der Königin." Daraufhin versuchte der Skin vermutlich einen Moment lang, sich die Queen mit kahlem Kopf und schweren Stiefeln vorzustellen, was ihm aber offenbar mißlang. „Willste mich verarschen", blaffte er den Angestellten an, der verblüffende Ähnlichkeit mit dem US-Fernsehserienschuhverkäufer Al Bundy hatte. Der nahm nochmal seinen ganzen Mut zusammen: „Aber nein, mein Herr, würde ich mir nie erlauben. Die Königin hat der Schuhfabrik in diesem Jahr wirklich einen Orden wegen hervorragender Leistungen auf dem Exportmarkt verliehen."

Er sagte die Wahrheit: Die Firma Griggs, die seit 1959 im Besitz der Lizenz für die Docs ist, gehörte im Frühjahr zu den gut hundert Firmen, die von Queen Elizabeth dafür geehrt worden sind, weil sie die marode britische Außenhandelsbilanz ein wenig freundlicher gestaltet haben. Zu den faszinierendsten Produkten, die das königliche Wohlwollen erregten, gehörten doppelt knusprige Pizzaböden nach kanadischem Rezept, Schnellverschlüsse für Damenunterwäsche, Sonderanfertigungen von Schneiderpuppen für den japanischen Markt, nahtlose Gummibeläge für Pferdeställe und Aluminiumdeckel für Halbfett-Milchflaschen. Das verschwieg ‚Al Bundy' dem Skinhead freilich.

Der Mythos der Doc Martens ist ohnehin stark abgebröckelt. Der Erfinder der Schuhe, ein gewisser Doktor Märtens, stammte aus Sachsen. Anfang des Jahrhunderts verkaufte er seine sächsische Schuhfabrik, ging nach England und anglisierte seinen Namen. Die Docs, die während des Zweiten Weltkriegs von Martens' Designer Herbert Funck entworfen wurden, waren ursprünglich ein Gesundheitsschuh für ältere Damen, die auch heute noch zum größten Kundenkreis gehören. Die Firma Griggs weist verzweifelt darauf hin, daß der Anteil ihrer Schuhe an Skinfüßen nur verschwindend gering sei, während Doc Martens längst auch von Arbeitern und Angestellten, Krankenschwestern und Bankiers getragen werden. Zweitausend Angestellte kommen mit der Produktion der Schuhe, die in 22 Länder exportiert werden, kaum nach. Auch die Queen hat ja nun eingesehen, daß die Docs geradezu staatstragend sind – selbst wenn die Polizei in einem englischen Seebad einer Horde Skinheads einmal die Schuhe aufband und die Schnürsenkel als „gefährliche Waffen" beschlagnahmte.

„Doc Martens ist jetzt übrigens auch ins Modegeschäft eingestiegen", sagte der Schuhverkäufer zu dem Skinhead, der seine vierzehnlöchrigen Gesundheitsschuhe unschlüssig drehte und wendete, als ob er nach einem Gütesiegel mit der königlichen Fresse darauf suchte. Der Amateur-Al-Bundy, der wohl befürchtete, daß sich der Skin am Ende für ein paar Hush-Puppies entscheiden würde, versicherte ihm jedoch, daß die Klamotten durchaus docmäßig seien. „Keine Anzüge, sondern Tweedjacken, Westen und Regenmäntel aus den vierziger Jahren", flüsterte er ihm zu. „Ich trage keine

Tweedjacken", platzte dem Skinhead endlich der Kragen. „Und schon gar keine Regenmäntel aus den vierziger Jahren, du Scheißer."

6. Dezember 1993

Der Schwamm Gottes

Herzlichen Glückwunsch, Auto! Am vergangenen Mittwoch ist die Nuckelpinne hundert Jahre alt geworden. Deshalb kam der Kirchenrat im englischen Coventry auf die grandiose Idee, in der Kathedrale einen Autogottesdienst abzuhalten. Natürlich ging das nicht glatt.

Es fing schon damit an, daß der Coventry-Daimler aus dem Jahr 1897 die tausendköpfige Gemeinde fast vergiftet hätte, als er sich zu den Klängen der Rolls-Royce-Band keuchend den Kirchgang in Richtung Altar schleppte. Es dauerte eine Weile, bis die Autoanbeter sich erholt hatten. In der Zeit dämmerte es Pfarrer John Petty offenbar, daß Gott womöglich Fußgänger ist, und er entschuldigte sich bei ihm für all die Umweltverschmutzung, die die heilige Blechkiste angerichtet hat. Die geladenen Ehrengäste aus der Autoindustrie wurden blaß. Aber es kam noch schlimmer. Die StudentInnen der Universität Coventry, die ein kleines Schauspiel aufführen sollten, knallten munter ein paar alte Autoteile aneinander. Zu dieser Musik besangen sie das Auto als „Nest für Liebespärchen, die auf dem Rücksitz knutschen, bis die Stoßdämpfer hinüber" seien. Diesmal wurden die Pfaffen blaß.

Endgültig ruiniert war die schöne Feier jedoch, als die 28jährige Angel Koyunti nackt – ihre Haut mit ketzerischen, autofeindlichen Sprüchen bemalt – in die Kirche stürmte und eine alternative Litanei aufsagte. „Im Namen Lady Godivas", brüllte sie, „ich bin hier, um den Tod meiner Mutter und 17 Millionen anderer Menschen zu betrauern, die durch das Auto getötet worden sind. Mutter Erde, vergib uns." Lady Godiva war eine Gräfin, die im elften Jahrhundert nackt durch die Straßen Coventrys ritt, um für Steuerermäßigungen zu demonstrieren. Ihre Nachfolgerin versuchte, sich an die Kanzel zu ketten und forderte einen Gottesdienst für Waschmaschinen. Die Bischöfe, die hinter einem Elektroauto in die Kirche marschiert waren, während der Kirchenchor das Kreischen von Bremsen nachahmte, waren wie versteinert. Erst die Polizei erlöste sie von dem Anblick: Angel Koyunti wurde in einen polizeilichen Regenmantel eingewickelt, aus der Kirche geführt und nach Paragraph 2 des Kirchenaktes aus dem Jahr 1860 verwarnt. Die Industriebosse suchten schnell das Weite. Irgendwie war der Tag nicht so verlaufen, wie sie sich das vorgestellt hatten.

Dabei ist die Idee ja nicht schlecht. Immer weniger Menschen gehen in die Kirche, aber immer mehr fahren Auto – in Großbritannien sind 21,3 Millionen Fahrzeuge auf der Straße. Da liegt es doch auf der Hand, eine ökumenische Drive-In-Kirche einzurichten. Coventry würde sich dafür hervorragend einigen, sieht das Bauwerk doch ohnehin wie eine Autofabrik aus. Am Eingang könnte man einen Hostienautomaten („Wenn das Geld im Automaten klingelt, die Hostie in den Vergaser springet") aufstellen. An der Sankt-Opel-Theke könnten sich die Gläubigen mit Weihwasser und Weihenstephaner versorgen, bevor sie am Scheideweg stehen: links zum vollen Service mit Kommunion, Beichte und Sündenvergebung, rechts der Schnellservice mit Segen zum Sonderpreis und Vaterunser vom Band. Für eine Kindstaufe gäbe es im Seitenschiff eine Einfahrt in eine Art Autowaschanlage. Man müßte das Kind lediglich auf's Dach schnallen, und der Schwamm Gottes erledigt den Rest.

22. Januar 1996

Die tun was

„Ford – die tun was." Aber leider kommt dabei oft Mist heraus. Vergangene Woche ließ die britische Niederlassung 40.000 Exemplare der *Ford News* einstampfen, nachdem ein Autohändler aus West Sussex eine am Stammtisch ersonnene Anzeige geschaltet hatte. Neben dem Hinweis auf die „bottom line" – was in dem Fall sowohl „Mindestausstattung" als auch „Hintern" heißen kann – prangte ein nackter Frauenpo. Daneben der brüllkomische Satz, sich wegen fachmännischem Rat in Bezug auf „figures" – „Zahlen" oder „Figuren" – an den pubertierenden Händler zu wenden.

„Unbekleidete Frauen zu benutzen, um Autos zu verkaufen", so rügte Gewerkschaftspräsident Davey Hall, „ist sowohl eine Beleidigung für die Belegschaft, die sie herstellt, als auch für die Kunden, die sie kaufen." Das Ford-Management bekam weiche Knie, zumal die Anzeige von der Ford-Werbeagentur abgesegnet war. Flugs wurden neue Exemplare mit einem passenderen Foto gedruckt.

Dabei hätte es vollauf gereicht, den Frauenhintern am Computer in einen Arsch mit Ohren umzuretuschieren. Denn in der Fälschung von Bildern sind die Ford-Reklameheinis geübt – ebenso wie in der Beleidigung der Belegschaft. Eine Woche zuvor hatte man nämlich eine Reklamebroschüre der Ford-Kreditabteilung in den Reißwolf geben müssen. Der Grund: Auf dem Gruppenfoto aus dem Ford-Werk in Dagenham waren vier dunkelhäutige Angestellte plötzlich blütenweiß, einen indischen Sikh hatte man am Computer rasiert und ihm den Turban weggenommen. Die 30jährige Patricia Marquis war nach der elektronischen Behandlung nicht nur hellhäutig, sondern 20 Jahre älter; dafür war aus dem 40jährigen schwarzen Keith Thomas ein 20jähriger Weißer mit Baseballmütze geworden; und aus dem schwarzen, bärtigen Douglas Sinclair, der seit 30 Jahren bei den Blechbüchsenbauern arbeitet, war ein glattrasierter, weißer Brillenträger geworden. „Es war mir sehr peinlich", sagte Sinclair, „die Leute nannten mich den Mann mit den zwei Gesichtern."

Vor fünf Jahren hatten die Schwarzen dem Autokonzern noch ins Konzept gepaßt: Für ein Werbefoto posierten sie mit 21 anderen Angestellten vor dem Werk in Dagenham – eine glückliche Multikultifordfamilie, die stolz auf ihren neuen Fiesta war. Ein Jahr später war die Fiesta vorbei. Die Ford-Werbeagentur ließ die Schwarzen verschwinden, bevor sie das Foto für den Reklamefeldzug nach Polen schickte. Offenbar ging man davon aus, daß im Land des blassen katholischen Lech Walesa dunkelhäutige Menschen hinterm Steuer nicht verkaufsfördernd seien. Vor anderthalb Jahren schickte die polnische Niederlassung das Bild nach Dagenham zurück, wo es nun für die Kreditwerbung wieder ausgegraben wurde. Die Geschäftsführung hat den betroffenen schwarzen Angestellten inzwischen 1500 Pfund Schmerzensgeld gezahlt – allerdings nicht freiwillig: Die gesamte Belegschaft hatte aus Protest die Arbeit niedergelegt. Die Ford-Bosse verstehen das nicht. Rassismus? Ach wo, keine Spur. Es sei einfach ein Verwaltungsfehler gewesen, plapperte Herr Van Leeuwen, der Geschäftsführer der Ford-Kreditabteilung. „Es gab absolut kein rassistisches Motiv." Genau. Statt daß die Neger dankbar sind, daß man sie ein bißchen aufgehellt hat.

4. März 1996

Wirtschaftliche Glanzleistungen

Der Kunde ist König – Dienstleistungen

Stenotypistinnen machen es mit den Fingern

Eine Fahrt mit der britischen Eisenbahn ist eins der letzten Abenteuer in Westeuropa. Es ist völlig ungewiß, wann und wo man ankommt – oder ob man überhaupt ankommt. Vollbesetzte Züge werden in letzter Sekunde vom Fahrplan gestrichen, die verhinderten Reisenden müssen wieder aussteigen und auf den nächsten Zug warten. Es ist praktisch unmöglich, in London eine feste Verabredung zu treffen – man muß gleichzeitig zwei Ausweichtermine angeben. Die Briten lassen das öffentliche Verkehrsroulette erstaunlich gleichmütig über sich ergehen.

Zum Glück hatte Roger Freeman, der Tory-Staatssekretär im Verkehrsministerium, am Freitag eine glänzende Idee, wie die Eisenbahngesellschaft British Rail nach der geplanten Privatisierung von ihrem schlechten Ruf wegkommen und gleichzeitig aus den roten Zahlen fahren könne. Man müsse einfach zwei Klassen einführen: eine luxuriöse für Beamte und Geschäftsmänner, sowie eine „billige und fröhliche Klasse für Stenotypistinnen".

Der geniale Plan löste erwartungsgemäß einen Aufschrei im ganzen Land aus. Bereits am Wochenende trugen viele Frauen Anstecknadeln und T-Shirts mit dem Aufdruck: „Stenotypistinnen machen es mit den Fingern." An den Fahrkartenschaltern in den Bahnhöfen verlangten Frauen Tickets der Stenotypistinnen-Klasse: „Ich fühle mich heute besonders billig und fröhlich", sagte eine. „Und ich möchte keinesfalls die eleganten Bosse, die ja so schwer schuften müssen, in der ersten Klasse stören." Die Labour-Abgeordnete Joan Ruddock verwünschte Freeman in die fünfziger Jahre: „Heutzutage bedienen Sekretärinnen komplizierte Maschinen, die für den Staatssekretär wahrscheinlich ein Buch mit sieben Siegeln sind." Ihr Fraktionskollege Dennis Skinner bescheinigte Freeman, „weit über seine Intelligenz hinaus ausgebildet" worden zu sein.

Auch seine eigene Partei reagierte auf Freemans Bemerkung mit Bestürzung. Tessa Walker, die frühere Stenotypistin des konservativen Abgeordneten Ian Gilmour, sagte: „Du liebe Güte, der Satz ist nun auf dem Tisch. Was kann ich danach noch sagen?" Freeman sah seine Dummheit ein – nicht zuletzt deshalb, weil ihn sein Boß, Premierminister John Major, an die Tory-Vision der klassenlosen britischen Gesellschaft erinnerte. „Es war eine dumme Bemerkung, die mich gelehrt hat, daß man als Politiker niemals leichtfertig reden

Der Kunde ist König – Dienstleistungen

darf", kroch der Staatssekretär zu Kreuze. „Wenigstens spricht meine Frau noch mit mir."

Der Spießrutenlauf blieb ihm jedoch nicht erspart. Am Montag morgen zog er, mit Blumen und Pralinen bewaffnet, durch sein Ministerium, um die Stenotypistinnen – immerhin hundert – zu beruhigen. An seinem Sanierungsplan für British Rail hält er dennoch fest, allerdings in der sprachbereinigten Fassung: So sollen „verschiedene Züge für die verschiedenen Bevölkerungssektoren" eingesetzt werden.

British Rail war von Freemans Idee verblüfft. „Wir haben seit 150 Jahren verschiedene Klassen bei der Bahn", sagte ein Sprecher am Wochenende. „Das ist ja überhaupt nichts Neues." Das konnte der Staatssekretär freilich nicht wissen. Als wohlhabender Wirtschaftsprüfer mit einer Zwei-Millionen-Villa in West-London und einem Landsitz in Leicestershire kommt er vermutlich nur höchst selten mit öffentlichen Verkehrsmitteln in Berührung.

15. Januar 1992

London Underground: John Majors Terrorbande

Wer sich in London zu einer bestimten Uhrzeit verabredet, gilt bei den Einheimischen als hoffnungsloser Optimist, der vermutlich auch an sechs Richtige im Lotto glaubt. Leute, die sich in der englischen Hauptstadt auskennen, geben bei jeder Verabredung mindestens vier Alternativtermine an. Grund für den Verabredungsstreß ist Londons legendäres, aber völlig veraltetes U-Bahn-Netz. Es vergeht kein Tag, an dem nicht Streckenabschnitte wegen technischer Pannen lahmgelegt werden. Funktioniert die Technik ausnahmsweise, dann treiben sich Selbstmordkandidaten auf den Schienen herum.

Als ich vor kurzem von Richmond nach Victoria fahren wollte, hielten die potentiellen Selbstmörder offenbar auf diesem Streckenabschnitt gerade ihre Jahreshauptversammlung ab: viermal kam der Zug zum Stehen, und Angestellte von London Underground suchten jedesmal unter dem Zug nach Überresten. Mit 70 Minuten Verspätung erreichte der Zug schließlich Victoria Station.

Seit vergangenem Jahr muß das Transportunternehmen allerdings für jede Unpünktlichkeit blechen. Im Zuge seiner Wahlkampagne hatte Premierminister John Major versprochen, die staatlichen Dienstleistungsbetriebe „bürgerfreundlicher" zu machen. Das premierministerliche Wahlgeschwätz kostete London Underground im vergangenen Jahr 68.484 Pfund. Die Charta „Aiming Higher" (Höher zielen) – ein ziemlich idiotischer Name – legt fest, daß der Fahrpreis zurückgezahlt werden muß, wenn die planmäßige Fahrzeit um 20 Minuten überschritten wird. 1992 war das 28.000mal der Fall.

Man habe die selbstgesteckten Ziele in Hinblick auf Sicherheit und Zuverlässigkeit nicht nur erreicht, sondern übertroffen, frohlockte man bei der Undergrund-Gesellschaft dennoch. Die Anzahl der Gewaltverbrechen unter Tage sei nun schon im fünften Jahr hintereinander gesunken. Möglicherweise gehen die Gewalttäter inzwischen zu Fuß, weil auf die U-Bahn kein Verlaß ist.

Die Zahl von 28.000 Beschwerden über Unpünktlichkeit ist nämlich eine kolossale Untertreibung. Die meisten KundInnen wissen überhaupt nichts von ihrem Recht auf Fahrpreisrückerstattung, und den anderen ist der Aufwand für die paar Pence zu groß. Eine Umfrage des *Guardian* hat ergeben, daß die Passagiere, die Tag für Tag zur „Rush-hour" in die engen Züge gepreßt werden, alles andere als zufrieden sind. Sie klagen über zu hohe Preise, stinkende Züge und verdreckte Bahnhöfe – am meisten jedoch über die ätzende Unpünktlichkeit.

Der von Kenntnis der Lage völlig ungetrübte Geschäftsführer des Transportunternehmens, Denis Tunnicliffe, hat jetzt trotzdem versprochen, zum Jahresende die Strafe für Unpünktlichkeit freiwillig zu verschärfen: Ab dann muß London Underground schon bei Verspätungen von einer Viertelstunde zahlen. Sollte die Londoner U-Bahn dadurch das erste kostenlose Verkehrsmittel in Westeuropa werden? Einer meiner Mitreisenden nach Victoria bemerkte dazu: „Ist mirvöllig schnuppe, ob sie den Fahrpreis zurückzahlen. Ich habe noch nie einen Fahrschein gekauft."

2. August 1993

Dschingis Khan mit Telefon

Wer Freunde in Großbritannien hat, sollte sie in dieser Woche noch mal anrufen. Danach könnte es nämlich zu spät sein, wenn das Telefonnetz von verzweifelten AnruferInnen blockiert ist, die sich hoffnungslos darin verfangen haben. Am Ostersonntag wird allen Telefonnummern eine 01 vorgeschaltet – außer bei den Städten, die eine völlig neue Vorwahl bekommen. Dadurch kann man später auf die 02 ausweichen, wenn die 01-Nummern aufgebraucht sind. Die Sache hat freilich einen Haken: Wer dann mit seinem Nachbarn telefonieren will, muß möglicherweise die Ortsnetzkennzahl vorwählen, weil der Nachbar ein neues Telefon mit neuer Vorwahl hat – zum Beispiel 0233. Diese Vorwahl galt bisher für Ashford, ändert sich am Ostersonntag aber in 01233. Um die Verwirrung auf die Spitze zu treiben, läßt man beide Nummern noch eine Weile nebeneinander bestehen.

Ausgeheckt hat das ganze die Telecom-Aufsichtsbehörde Oftel. Die „Modernisierung" kostet umgerechnet rund sieben Milliarden Mark. Seit Wochen stimmt Oftel die Bevölkerung mit ganzseitigen Zeitungsanzeigen auf die Veränderungen ein. Den Einwand, daß man auch mit einer dreistelligen Vorwahl auskommen könnte, wischt Oftel-Sprecher Arthur Orbell vom Tisch: Der Telefonbedarf sei sprunghaft angestiegen und erfordere radikale Maßnahmen. Merkwürdig. Was in den USA mit einer Bevölkerung von knapp 260 Millionen Menschen funktioniert, soll in Großbritannien mit weniger als 60 Millionen nicht möglich sein?

Kritiker malen bereits den Teufel an die Wand: Ehen werden an den Kommunikationsproblemen scheitern, Familien werden den Kontakt zueinander verlieren, während Millionensummen für unfreiwillige Gespräche mit völlig fremden Menschen draufgehen. Wer dabei nicht die Nerven verlieren will, muß perfekte Umgangsformen beherrschen. Dabei steht British Telecom ihren KundInnen zur Seite: Nach ihrer Privatisierung vor zehn Jahren gab das Unternehmen einen Telefon-Knigge heraus. Demnach soll man beim ersten Klingelzeichen aufspringen und so schnell wie möglich antworten – wer das Telefon mehr als drei Mal klingeln läßt, gilt als ungehobelt; schon auf dem Weg zum Telefon soll man eine freundliche Miene aufsetzen und danach „direkt in den Hörer hineinlächeln"; im Stehen zu telefonieren „fördert das Selbstbewußtsein und schärft den Verstand"; wegen der unterschiedlichen Hirnhälften soll man je nach Art der Konversation das Ohr wechseln: Für die Analyse komplizierter Vorgänge sei das rechte Ohr zu benutzen, schlägt der Gesprächspartner dagegen emotionale Töne an, müsse man den Hörer blitzschnell ans linke Ohr pressen.

Über die Benimmregeln hatte sich schon der Dramakritiker George Jean Nathan in den zwanziger Jahren Sorgen gemacht: Das Telefon werde dem Verfall der Sitten Vorschub leisten, prophezeite er damals, weil es „einem Mädchen ermögliche, im Bett zu liegen und mit einem jungen Mann zu sprechen, der ebenfalls im Bett liegt". Heute gilt das als Safer Sex. Telecom-Abteilungsleiter Peter Cochrane glaubt, daß wir ohne Telefonnetz alle sterben würden – allerdings nicht aus Mangel an Telefonsex. „Die Gesellschaft würde nicht mehr funktionieren" sagt er, „das Telefon ist zum Nervensystem unseres Planeten geworden." Das hatte schon Tolstoi erkannt. Seine Definition für uneingeschränkte Macht: „Dschingis Khan mit Telefon."

10. April 1995

Der Zug war pünktlich – der Fahrplan nicht

Können ganze Eisenbahnzüge unterwegs einfach verschwinden? Offenbar – Railtrack macht's möglich. Das Unternehmen ist eins jener Spaltprodukte, die nach der Zersplitterung der staatlichen Bahngesellschaft British Rail in privatisierungsfreundliche Häppchen entstanden sind. Railtrack ist nicht nur für das Schienennetz und die Infrastruktur zuständig, sondern auch für die Fahrpläne. Und das ist bei einem so großen Land wie dem Vereinigten Königreich eine ganz schön schwere Aufgabe.

Um es vorweg zu nehmen: Railtrack ist daran gründlich gescheitert. Ihr „Great Britain Passenger Railway Timetable", ein Fahrplanwälzer von 2100 Seiten, liest sich wie das Drehbuch für einen Katastrophenfilm: Wer die Strecke zwischen Waterloo im Zentrum Londons und dem südwestenglischen Exeter kennt, wird sie nach Studium des Fahrplans auf keinen Fall per Eisenbahn zurücklegen. Wenn die Angaben stimmen, kommt es nämlich auf halber Strecke unweigerlich zu einem Zusammenstoß.

Das ist freilich nicht die einzige Ungereimtheit, das Werk strotzt nur so von Fehlern. Beim Londoner Bahnhof Paddington zum Beispiel sind sämtliche Abfahrts- oder Ankunftszeiten falsch. Kaum war der Fahrplan erschienen, da mußte man deshalb einen Korrekturband von 57 Seiten hinterherschicken. Doch damit war noch immer keine Ruhe: Weil auch der Ergänzungsfahrplan Schnitzer enthielt und den Autoren im Originalbuch zahllose Fehler entgangen waren, mußte ein dritter Band her – diesmal 246 Seiten dick. Und das, bevor die neuen Pläne überhaupt in Kraft getreten sind.

Der Fahrplan und seine Ableger sind Bestseller. 33.000 Stück sind für den internen Gebrauch bestimmt, 4500 ungebundene Exemplare gingen an die Fahrkartenschalter und 44.000 Wälzer sind für umgerechnet knapp 20 Mark an wissensdurstige Passagiere verkauft worden. Die brauchen inzwischen eine Schubkarre, wenn sie den Fahrplan auf die Reise mitnehmen wollen. Um festzustellen, wann ein bestimmter Zug abfährt, muß man in allen drei Bänden nachsehen – es könnte ja sein, daß irgendwo ein Fehler lauert. Aber selbst wenn man alles gewissenhaft geprüft hat, kann es dennoch geschehen, daß einem der Zug vor der Nase wegfährt. Denn auch der zweite Korrekturband ist keineswegs korrekt. So gibt es Züge, die zwar irgendwo losfahren, aber ihren Zielbahnhof laut Fahrplan nie erreichen. Waren sie eben noch verzeichnet, so tauchen sie auf der nächsten Seite plötzlich nicht mehr auf. Kein Wunder, daß die Eisenbahngesellschaft Verluste einfährt, wenn ihr ständig die Züge abhanden kommen.

Was soll man tun? Noch einen Korrekturband herausgeben? „Einstampfen und von vorne beginnen", rät Phil Wilks von der Interessengemeinschaft der Passagiere. „Drei Ergänzungsbände wären doch völlig bekloppt." Und Barry Doe, ein Experte für Fahrpläne, sagte: „Ich analysiere und sammle seit den fünfziger Jahren Fahrpläne, aber das sind die schlimmsten Fehler, die ich je gesehen habe." Railtrack hat von den 25 Einzelunternehmen, in die British Rail aufgesplittet worden ist, insgesamt eine Viertelmillion Mark für die Erstellung der landesweiten Fahrpläne kassiert. Das Geld hätten sie sich sparen können. Nach der Privatisierung werden die unrentablen Strecken ohnehin stillgelegt – und Railtrack kann ein handliches Taschenbuch herausgeben.

2. Oktober 1995

Die erste privatisierte Eisenbahn war ein Bus

Irgendwie ist bei der britischen Eisenbahn der Wurm drin. Da müssen wegen der verblüffenden Anzahl von Irrtümern ständig Ergänzungen zu den Fahrplänen gedruckt werden, da verschwindet ein ganzer Zug im schottischen Schneegestöber und taucht erst nach einer Suchaktion mit Hubschraubern wieder auf, und nun haut es auch mit der Privatisierung nicht so hin, wie man sich das vorgestellt hatte. Den Auftakt bildeten drei Strecken, die in Privatbesitz übergehen sollten.

Great Western Trains heißt die neue Eigentümerin der Linie von London-Paddington nach Fishguard in Wales. Mit viel Lärm hatte man die „erste private Eisenbahn seit 50 Jahren" angekündigt. Und dann entpuppte sie sich als Bus. Der hatte obendrein Verspätung. Man hatte die irische Fähre aus Rosslare vergessen, auf die der Bus warten mußte, bis er nach Cardiff losfahren konnte. Von dort ging es mit der Bahn weiter, aber der Spott war der Great Western zu dem Zeitpunkt längst sicher.

Den South West Trains erging es nicht viel besser. Weil man mit vielen „Trainspotters" – Bahngucker sind in Großbritannien weit verbreitet – rechnete, hängte man ein paar Zusatzwaggons an den ersten Privatzug von Twickenham nach London-Waterloo an. Er war doppelt so lang wie üblich, aber von den Eisenbahn-Enthusiasten keine Spur: Die Clubs boykottieren die Privatisierung, was dem South-West-Management offenbar niemand gesagt hatte. Auf den 550 Sitzen räkelten sich schließlich neun Passagiere. Zu allem Überfluß war einer davon ein Schwarzfahrer, der erwischt wurde, weil er von der „historischen Fahrt" nichts ahnte: Am Zielbahnhof wimmelte es von Presse, Bahnpersonal und Ministern. Nun ist er der meistfotografierte Schwarzfahrer aller Zeiten.

Diese Pleite wurde freilich von dem dritten Privatunternehmen in den Schatten gestellt. Das LTS-Bahnmanagement wollte eigentlich die Linie von London über Tilbury nach Southend übernehmen. Es sei die mieseste Eisenbahnverbindung in Europa, hatte ein Sprecher des Transportausschusses gerügt. Bei den Passagieren heißt sie Elendslinie. Seit 30 Jahren mißlingt es LTS täglich aufs Neue, ihre Kunden die läppischen 50 Kilometer von London an die Küste von Essex zu befördern. Mal verspätete sich der Zug um fünf Stunden, mal erhöhte LTS die Fahrpreise versehentlich ins Unermeßliche. Doch einmal, so erinnert sich ein Fahrgast, sei der Zug pünktlich abgefahren. Allerdings von einem anderen Bahnhof. Das hatte man den hoffnungsvollen Passagieren aber verschwiegen.

Wie die Züge, so verspätet sich nun auch die Privatisierung. 20 Mitglieder des LTS-Management wurden wegen Betruges entlassen.

Der Kunde ist König – Dienstleistungen

Sie hatten die U-Bahn übers Ohr gehauen. Weil die im Bahnhof Upminster ausgestellten Fahrkarten auch für den dortigen U-Bahn-Anschluß gelten, hätte LTS die Hälfte der Einnahmen an die U-Bahn abführen müssen. Um das zu verhindern, schleppten die Angestellten abends die Kontrollabschnitte säckeweise zum nächsten Bahnhof ohne U-Bahn-Anschluß. Sie hätten es für die Firma getan, damit ihr neues Unternehmen genug Startkapital habe, beteuerten die Angestellten. Ein rührendes Gaunerstück im Zeitalter von Computern. Vielleicht versuchen sie es das nächste Mal mit einem Überfall auf eine Postkutsche.

19. Februar 1996

Wer keine Eisenbahn hat, braucht auch kein Wetter

Wenn die Briten das schlucken, dann kann man ihnen wohl alles andrehen: Demnächst soll im britischen Fernsehen ein Wetterberichtkanal rund um die Uhr senden. Die Idee stammt aus den USA, wo es so etwas schon lange gibt. Die Sache hat allerdings einen Haken. Die USA reichen von Kalifornien bis nach Maine, von Florida bis nach Alaska, und dementsprechend abwechslungsreich ist das Wetter: hier ein Orkan, dort eine kleine Flutkatastrophe und ab und zu sogar ein telegenes Erdbeben.

Ganz anders das britische Wetter. Seit ihnen das Empire abhanden gekommen ist, herrscht für alle Briten dasselbe Klima – von Shetland bis Cornwall. Und nicht nur das: Es unterscheidet sich auch im Laufe eines Jahres nur in Nuancen. Vielleicht könnte man wenigstens die Falklands dazunehmen.

Oder setzen die TV-Bosse darauf, daß das Wetter in Großbritannien Gesprächsthema Nummereins ist? So mancher Wetterfrosch hat es zum Fernsehstar gebracht – zum Beispiel: Michael Fish von der BBC, der mit seinen Haftfolienwölkchen, die er blitzschnell auf eine Filzlandkarte aufmontieren und ebenso schnell wieder abziehen konnte, Fernsehgeschichte geschrieben hat. Ganz hübsch auch die Idee des unabhängigen Senders ITV, der Korkmodelle von Großbritannien, Irland, der Isle of Man und den anderen Inseln anfertigen ließ. Die schwimmen in einem riesigen Pool, und der Meteorologe muß darauf von Edinburgh zehn Meter Richtung Süden bis nach London laufen und das Wetter prophezeien.

Unterwegs muß er nach Nordirland hinüberspringen, weil das britische Wetter auch für die Krisenprovinz gilt. Dann hüpft er geschwind wieder zurück, denn hinter der Grenze zur Republik Irland gibt es anderes Wetter, das ITV aber nichts angeht. Der Wetterbericht hat eine hohe Einschaltquote, weil die Fernsehnation seit Jahren darauf wartet, daß der Wetterfrosch bei einem Sprung nach Nordirland ausgleitet und in der Irischen See landet. Ist aber bisher noch nie passiert.

Das Prinzip ist jedenfalls klar: Der Wetterbericht muß interessanter sein als das Wetter selbst, damit die Nation der Couchpotatoes das Gefühl hat, daß sie gar nicht mehr das Haus verlassen muß, um mit dem Wetter Bekanntschaft zu machen – virtuelles Wetter also. Finanziell sollte die Rechnung eigentlich aufgehen. Man müßte Großbritannien wettermäßig in dieselben Zonen aufsplitten wie das Eisenbahnnetz. Dann könnte jedes private Bahnunternehmen den Wetterbericht der eigenen Region sponsern. Etwa so: „Zwischen Brighton und London herrscht Sonnenschein dank South Western Railway." Oder realistischer: „Dauerregen zwischen Glasgow und Edinburgh – fahren Sie lieber mit Scottish Rail."

Noch einfacher wäre es, wenn man Kameras auf die Lokomotiven montieren würde. Dann könnte man anhand des Eisenbahnfahrplans gezielt den Fernseher einschalten, um nachzusehen, ob es draußen gerade regnet. Und weil das britische Eisenbahnnetz immer stärker ausgedünnt wird, je weiter die Privatisierung voranschreitet, käme jede Region mehrmals täglich vor. Wenn sie einen Bahnanschluß hat. Sonst geht sie leer aus. Aber wer keine Eisenbahn hat, braucht auch kein Wetter.

19. August 1996

Eine bahnbrechende Bahn mit brechenden Fahrgästen

Manchmal hat der britische Privatisierungswahn auch einen Vorteil. So ist der berüchtigte „Kippzug" jetzt wieder aufgetaucht – eine

Glanzleistung englischer Ingenieure, über die das Eisenbahnunternehmen British Rail lieber den gnädigen Mantel des Vergessens gebreitet hätte. Der Zug rostete seit 15 Jahren in seinem Versteck in York vor sich hin, bis er im Lauf der Bahnprivatisierung dem National Railway Museum in die Hände fiel. Dort ist man nun dabei, das Ungetüm zu säubern. Das ist in Anbetracht der damaligen Ereignisse auch nötig.

„Advanced Passenger Train" (APT) hatte man den Zug in Form einer Gewehrkugel getauft. Getreu der britischen Vorliebe für doppeldeutige Abkürzungen heißt „apt" auf deutsch: „geeignet, passend, treffend". Fragt sich nur wofür? Die Jungfernfahrt war ein großer Lacherfolg – jedenfalls für diejenigen, die nicht mitfahren mußten. Der „Kippzug" hatte eine Weltneuheit zu bieten: Er ging in den Kurven in eine Schieflage, so daß er seine Reisegeschwindigkeit von 250 Kilometern pro Stunde beibehalten konnte. Leider hatte man dabei nicht an die Passagiere gedacht. Die Prominenten und die Journalisten mußten sich während der gesamten Jungfernfahrt übergeben. Als der Zug endlich anhielt, machte sich die grüngesichtige Baggage schnell aus dem Staub, und der vollgekotzte Apt verschwand über Nacht in York.

„Dumm gelaufen", meint Colin Divall, Professor für Eisenbahnstudien an der Universität von York. „Man hätte den Zug weiterentwickeln müssen. Aber sie wollten ihn ja unbedingt der Öffentlichkeit vorführen, weil die mit ihren Steuergeldern dafür bezahlt hatte." Die Ingenieure hatten sämtliche technischen Neuheiten in den Prototyp eingebaut, die ihnen in die Finger gekommen waren. Leider hatten sie nicht den geringsten Schimmer von Eisenbahnen.

So war ihnen offenbar entgangen, daß Züge normalerweise auf parallelen Gleisen in entgegengesetzten Richtungen verkehren. Hätten sich zwei Apts in geneigter Stellung unterwegs getroffen, wären sie unweigerlich zusammengekracht. Die Wahrscheinlichkeit wäre ziemlich groß gewesen, blockierte die Kippvorrichtung doch alle Nase lang, so daß der Zug in Schieflage mit 250 Sachen auf kerzengerader Strecke entlangraste.

Aber es gingen noch ganz andere Sachen schief. Die außen unter den Türen eingebauten Treppchen, die an den Bahnhöfen automatisch herausspringen sollten, waren immer wieder abhanden gekommen: Der Mechanismus ließ sich durch die kleinste Unebenheit der Gleise foppen und gab die Stufen bei voller Fahrt frei. Wenn der Zug dann in den Bahnhof einrollte, zerschellten die Treppchen am Bahnsteig. 15 Stück verlor man auf diese Weise.

„Im Grunde genommen war der Zug ein riesiger Erfolg", behauptet der Eisenbahnologe Divall ungerührt. „Der Zug tat genau das, was von ihm verlangt wurde." Er sei ein „faszinierendes Beispiel bahnbrechender Technologie". Das wird die in der Bahn brechenden Fahrgäste aber freuen. Das Kippmonster soll im Eisenbahnmuseum jedoch nur ein bißchen hin- und herfahren. Sicherheitshalber hat man mit British Airways einen günstigen Vertrag über die Lieferung von Kotztüten abgeschlossen.

23. September 1996

Der Nichtempfänger meldet sich nicht

Es wird höchste Zeit, die Tories zum Teufel zu jagen. Da versprechen sie nun seit Wochen täglich das Blaue vom Himmel – genau wie beim letzten Mal vor fünf Jahren. Eine „Bürger-Charta" hatte Premierminister John Major damals zugesagt, um Dienstleistungsbetriebe zuverlässiger und transparenter zu machen. Ha!

Nehmen wir zum Beispiel die Post: Im vergangenen Sommer gab ich im Flughafenpostamt London-Heathrow zwei Einschreibbriefe nach Deutschland auf. Einer kam an, der andere nicht. Auf meine Nachfrage bat man höflich um die Einsendung des Einschreibzettels, was ich umgehend erledigte – noch eingelullt von der geschulten Vertrauenserweckungsstimme. Damit war der Fall erledigt, denn das ganze war ein fieser Trick: Als ich mich Wochen später telefonisch nach dem Stand der Nachforschungen erkundigte, verlangte ein Herr Smith die Einsendung der Einschreibquittung. Meinen zuversichtlichen Einwand, daß er ihm längst vorliegen müsse, beantwortete er mit einem hämischen Tut-er-aber-nicht. Ich wette, er hat dabei gegrinst und meinen Einschreibzettel genüßlich zerknüllt.

In der völlig unbegründeten Hoffnung, daß es sich bei diesem Posträuber um einen Einzelfall handelte, bestellte ich ein Buch per Nachnahme in Cornwall in der Südwestspitze Englands. Dort gibt es nämlich einen Kleinverlag, der Bücher nur gegen Vorauszahlung versendet. In meinem Fall kam nach der Bezahlung jedoch erstmal gar nichts. Anderthalb Jahre später traf das Werk dann doch noch ein, nur war es inzwischen doppelt so teuer wie ursprünglich. Weil ich

Der Kunde ist König – Dienstleistungen

mich nicht schon wieder hereinlegen lassen wollte, sandte ich das Päckchen per Nachnahme an den Buchbetrüger zurück. Damit war ich nicht nur das Buch los, sondern auch meine Vorauszahlung und die immens hohen Portokosten.

Zwar schickte ich diesmal nicht die Originalquittung ein, denn auch ich werde manchmal durch Schaden klug, aber in diesem Fall nützte mir das nichts. Monate später erhielt ich einen Brief, in dem mir mitgeteilt wurde, daß man im Rahmen der Nachforschungen von dem Buchhändler eine „Erklärung über das Nichterhalten einer Sendung" verlangt habe. Da der Nichtempfänger jedoch nicht geantwortet habe, könne man leider rein gar nichts mehr unternehmen. Parcelforce, wie sich die Päckchenverschlamper nach Trennung von der Briefpost nennen, bedauere die Unannehmlichkeiten und den Ärger, den man mir, dem „lieben Kunden", möglicherweise bereitet habe.

Unterschrieben war der Brief von „Kathleen Strain 1". Wieso „1"? Haben die bei Parcelforce mehrere davon? Dann ging mir ein Licht auf: ein Künstlername, der immer dann benutzt wird, wenn man schlechte Nachrichten überbringen muß. Nun verstehe ich auch den Ursprung der Redewendung „to put a strain on somebody" – jemanden einer Zerreißprobe unterziehen. Wenigstens haben die Päckchenmarder einen gewissen Sinn für Humor.

Eigentlich wollte ich vorige Woche lediglich meine Bewunderung für die ungemein simple Methode zur Sanierung des maroden Unternehmens ausdrücken, doch ich erfuhr bei meinem Anruf, daß Frau Strain nicht mehr bei Parcelforce arbeite. Sie sei jetzt bei John Major, um Beschwichtigungsbriefe an die Tory-Abgeordneten wegen verlorengegangener Unterhaussitze zu formulieren.

28. April 1996

Freie Fahrt für Pixcees nach Athen

Sie vermehren sich in England neuerdings wie die Karnickel. Man trifft sie ausschließlich auf Bahnhöfen an, jedoch niemals in den Zügen: die Pixcees. Dabei handelt es sich nicht um enge Verwandte der Pixies, der niedlichen Märchenfiguren, sondern um „passengers in excess of capacity" – überschüssige Passagiere. Oder gestrandete Kunden, wie es im Nach-Privatisierungs-Englisch heißt.

Nachdem nun auch die letzte Strecke des Staatsunternehmens British Rail verscherbelt worden ist, hat die Stillegungsphase begonnen: Weniger rentable Strecken werden eingemottet, die Abteile werden immer voller, und manchmal streicht man einen Zug erst in letzter Sekunde. Neulich im Londoner Bahnhof Waterloo mußten wir dreimal aus abfahrbereiten Zügen wieder aussteigen und wurden von einem Bahnhof zum anderen kommandiert. Dabei werden die Ausreden immer phantasieloser. Hatte das Staatsunternehmen British Rail noch von „der falschen Sorte Schnee auf den Gleisen" gesprochen, so heißt es bei der privaten Connex South Eastern, die Schaltkreise von 16 Lokomotiven seien eingefroren. Deshalb müsse man die wenigen Züge, die noch übrig seien, strategisch einsetzen – also so viele Menschen wie möglich hineinpferchen. Jedem Fahrgast stehen „0,55 Quadratmeter Raum" zu, heißt es in den Richtlinien der Aufsichtsbehörde. Bei weniger Bewegungsfreiheit muß das Bahnunternehmen Strafe zahlen. Da nützt auch der Hinweis des französischen Unternehmen Connex nichts, daß Franzosen im allgemeinen schlanker seien als die Briten, denn in Südostengland überwiegt die Zahl der englischen Passagiere. Und die brauchen eben gut einen halben Quadratmeter Platz.

Bei South West Trains (SWT), die unter anderem von Waterloo nach Exeter fahren, ist es gang und gäbe, daß sich die Kundschaft in die Kofferablage hineinquetscht, um mitgenommen zu werden. SWT, eigentlich ein Busunternehmen, hatte im Januar eine gute Idee zur Kostensenkung: Man entließ 70 Lokomotivführer. Dann fand man heraus, daß es zuwenig Personal für die furchtbar vielen Lokomotiven gab. Und niemand kannte die Strecken, auf denen die entlassenen Kollegen gefahren waren. Also mußte das Restpersonal die Schulbank drücken und sich die Kurven und Signalgebung dieser Bahnlinien einprägen. Was zur Folge hatte, daß unterdessen weitere Züge ausfielen. Um die Kundschaft zu beruhigen, versprach das SWT-Management jedem Passagier eine Freifahrt nach Wunsch. Die meisten Fahrgäste wünschten sich Athen oder Paris, so daß die Werbeaktion zur Versüßung der Sparmaßnahmen am Ende mehr als drei Millionen Mark kostete.

Fortan machte man die Züge ein bißchen kürzer, um einen Teil des verpulverten Geldes wieder hereinzuholen. Doch ein Computer alarmiert in solchen Fällen automatisch die Aufsichtsbehörde. Und wieder waren saftige Strafen fällig. Dann fielen auch noch die Signale

Der Kunde ist König – Dienstleistungen

in Teilen Südenglands aus. Angestellte von Connex South Eastern und von SWT mußten jedesmal mit grünen Fähnchen winken, wenn ein Zug vorbeikam. So ist man bald wieder auf dem Stand von 1829, als Stephensons legendäre „Rocket" die Schienen beherrschte: Damals mußte ein Mann vor dem Zug hergehen und eine rote Fahne schwenken.

2. Juni 1997

Kulinarische Errungenschaften

Camraisten gegen sprudelnde Hühnerpisse

Wir standen an der Theke der Scotia Bar, Glasgows ältester Kneipe aus dem Jahr 1792, und Rodney fragte: „Was willst du trinken?" Ich machte den ersten Fehler: „Ich nehme das gleiche wie du." Rodney bestellte zwei Theakstons Best Bitter, die in Sekundenschnelle serviert wurden. Das machte mich mißtrauisch. Zu Recht. Ich probierte vorsichtig von der schaumkronenlosen Brühe und flüsterte Rodney zu: „Das Bier ist schal." Das war der zweite Fehler. Rodney drehte sich um und rief lauthals durch die Kneipe: „Hört mal, der Typ behauptet, das Theakstons wäre schal!" Und dann zu mir gewandt: „Das liegt daran, daß du nur Hühnerpisse gewöhnt bist. Das hier ist ein richtiges Bier."

Ich hätte es ahnen müssen: Hinter Rodneys freundlichem Äußeren verbarg sich ein knallharter Camraist. ‚Camra' ist die „Campaign for Real Ale", eine Gesellschaft mit beschränkter Haftung, die es sich zur Aufgabe gemacht hat, Leute wie mich zu konvertieren. ‚Real-Ale'-Trinker sind wie Missionare, und eine Beleidigung ihres obergärigen Getränks ist Blasphemie. Camra wurde 1971 gegründet und hat heute 33.000 Mitglieder in Großbritannien.

Ein Großteil davon befand sich offenbar ausgerechnet in der Scotia Bar. Eine wunderbare Kneipe übrigens: Sie ist Hauptquartier der radikalen linken Schriftsteller Glasgows und war 1990 Zentrum des Widerstands gegen das Europa-Kulturhauptstadtsbrimborium. Doch jetzt kamen sie aus dem Nebeldunst, der unter der extrem niedrigen Decke hing, auf mich zu. „Du hast ja keine Ahnung von Bier", behauptete ein Weißhaariger. „Das ist die traditionelle britische Brauart. Das Bier wird nicht pasteurisiert oder gefiltert, sondern gärt im Faß weiter. Das braucht keine zusätzliche Kohlensäure." Das sah ich anders, behielt meine Meinung angesichts der Camra-Übermacht jedoch für mich.

In den 50er und 60er Jahren gaben die meisten Brauereien die traditionelle Brauart auf und produzierten stattdessen ein dünnes und geschmacksneutrales helles Bier, das sogenannte ‚Lager'. Camra hat jedoch dafür gesorgt, daß der Marktanteil von ‚Real Ale' heute wieder bei 15 Prozent liegt. Rodney hatte es sich in den Kopf gesetzt, diesen Prozentsatz umgehend zu erhöhen. „Versuch doch mal ein anderes Bier, zum Beispiel Greenmantle Ale." Ich machte den dritten Fehler und nickte schwach. Im Handumdrehen stand die trübe

Kulinarische Errungenschaften

Suppe vor mir, die so schmeckte, als ob sie drei Tage offen im Kühlschrank gestanden hätte. Dazu reichte mir der Wirt eine kleine Broschüre: „The Dear Green Pint", ein ‚Real-Ale'-Führer für Glasgow, durch den sich wie ein roter Faden Gemeinheiten gegen Leute zogen, die noch nicht erleuchtet waren. Im Anhang befand sich ein Camra-Beitrittsformular. Mit der Unterschrift wurde man nicht nur 14 Pfund los, sondern unterwarf sich auch den Gesetzen der Kampagne. Was hieß das? „Jeden Tag ein Real-Ale-Vollrausch für die gute Sache", erklärte Rodney.

Inzwischen hatte ich auch das Greenmantle Ale mit Hilfe eines schottischen Whiskys heruntergespült, was mir ungeahnten Mut verlieh. Ich bestellte laut und deutlich ein Glas Hühnerpisse und erhielt anstandslos ein Lager. Die Bier-Aktivisten straften mich mit verachtenden Blicken. Rodney, der offenbar befürchtete, man könnte ihn für mich haftbar machen, murmelte entschuldigend: „Na ja, er ist Ausländer." Er sah staunend zu, wie ich das Helle freiwillig in mich hineinschüttete. Zugegeben – britisches Lagerbier ist wirklich das Letzte. Aber wenigstens sprudelt es.

25. März 1992

Ein Würstchen ist eine persönliche Angelegenheit

Das Würstchen, das mir der Wirt in der Liverpooler Pension zum Frühstück vorsetzte, erkannte ich auf den ersten Blick: Es war dasselbe, das er mir bereits an den beiden Tagen zuvor serviert hatte. Inzwischen war es etwas dunkler und verschrumpelter, hatte jedoch noch immer den charakteristischen roten Fleck von unbekannter Herkunft. „Ich will das verdammte Würstchen auch heute nicht", sagte ich zum Wirt. Er betrachtete mich ungläubig und meinte: „Englische Würstchen sind die besten. Sie sind sehr nahrhaft." Das war natürlich gelogen.

Das englische Frühstück, zu dem neben Würstchen auch ein Spiegelei, gebratener Schinken und im Extremfall gebratenes Sodabrot gehört, ist ein Großangriff auf die Leber. Genauso gut kann man einen Viertelliter Wodka auf nüchternen Magen nehmen. Doch die EngländerInnen schwören auf die elastische Ware, die in rohem Zustand wie ein mit Sägemehl gefülltes Kondom aussieht. Vor kurzem fand sogar ein großes Fry-Off in der Londoner Butcher's Hall statt, um das „englische Volkswürstchen Nummer Eins" zu ermitteln. Von den 138 angemeldeten Variationen wurden 115 jedoch bereits in der Vorrunde eliminiert, nur 23 kamen ins Halbfinale. Eine Jury, der auch Nicholas Soames vom Ernährungsministerium angehörte, mußte sich durch diesen Wurstberg fressen, um die Zahl auf sechs Finalteilnehmer zu reduzieren. Die Jury fällte zum Teil vernichtende Urteile: „Eindeutig eine ausländische Wurst, die mit Weingummi injiziert wurde", machte Jury-Mitglied Bob Mortimer einem gebratenen Halbfinalisten den Garaus. Sein Kollege Alan Freeman hatte mehr Glück: „Das ist die Wurst, mit der man sein Leben verbringen kann", sinnierte er und häufte sogleich drei weitere Exemplare auf seinen Teller. Zum Volkswürstchen wurde schließlich das „Country-Fayre-Schweinswürstchen mit Schnittlauch" erkoren.

Wie kann man diesen kulinarischen Alptraum überhaupt bewerten? Wurstexperte Matthew Fort behauptet: „Ein Würstchen ist eine persönliche Angelegenheit." Möglich, doch objektiv gesehen ist ein Würstchen fader als das andere – genauso gut könnte man einen Bierdeckel mit viel Salz zu sich nehmen. Dennoch vergab die Jury bis zu zehn Punkte für den Geschmack. Weitere zehn Punkte konnte man für die Textur gewinnen. Die äußere Erscheinung zählte dagegen nur fünf Punkte. Kein Wunder, ist der erbärmliche Anblick doch bei allen gleich – es sei denn, sie unterscheiden sich durch einen roten Fleck, wie mein Liverpooler Würstchen. Es gibt strenge Regeln, wie die schlaffe Ware zu behandeln ist. Anpieken ist verpönt. Statt dessen muß das Würstchen vorsichtig gebraten werden, damit es sich nicht wie ein Wurm zusammenrollt oder gar platzt. Erst wenn es dunkelbraun und leicht angekohlt ist, darf es serviert werden.

Staatssekretär Soames gab der Bevölkerung beim Londoner Fry-Off einen fundamentalen Ernährungstip: „Der Wurstzipfel muß immer mitgegessen werden." Laut Matthew Fort gibt es für Würstchen verschiedene Verwendungsmöglichkeiten. So veröffentlichte er im *Guardian* ein Rezept für einen Knoblauchkuchen mit Würstchen und Broccoli. God save England. Außerdem behauptet er, daß zu der gebratenen Geschmacklosigkeit nur bestimmte Weine passen: „Ein großartiges Würstchen verdient einen großartigen Wein", heißt Forts Motto. Recht hat er: Nach zwei, drei Flaschen ist es ohnehin völlig wurscht, was man ißt.

27. Juli 1992

Europa steht vor dem Erythrosin-Krieg

Es ist immer wieder verblüffend, wie leicht ein einziges Wort das britische Parlament in ein Tollhaus verwandeln kann: Europa. Während Premierminister John Major und sein Kabinett jedesmal die Luft anhalten, sobald die belgische Hauptstadt erwähnt wird, wetzen die Tory-Hinterbänkler das Messer. Dabei kommt es zu perversen Koalitionen: Ausgerechnet der rechte Tory-Flügel macht mit den linken Labour-Abgeordneten gemeinsame Sache und tritt für Großbritanniens Unterzeichnung der Sozialcharta ein. Für einen Moment sah es so aus, als ob die Rebellion Erfolg haben könnte. Dann entdeckte Major, der für diesen Fall seinen Rücktritt versprochen hatte, ein Schlupfloch: Die Debatte über die Sozialcharta kann völlig legal verzögert werden, bis die Maastrichter Verträge ratifiziert sind. Die Labour Party schäumte, als ein Tory-Minister obendrein noch spottete: „Die sogenannte Labour-Zeitbombe ist nichts weiter als ein feuchter Knallfrosch."

Nachdem die Schlacht an der Heimatfront verloren scheint, kämpfen die Tory-Dumpfbeutel nun in der Höhle des Löwen um den „British Way of Life". Und der hängt offenbar eng mit künstlichem Farbstoff in Lebensmitteln zusammen. Wie sollen die Verbraucher denn in Zukunft Rindswürstchen von ihren schweinischen Artgenossen unterscheiden, wenn sie nicht mehr wie bisher durch den rosa Farbstoff Erythrosin kenntlich gemacht werden dürfen, fragte ein entsetzter Tory, wurde vorübergehend jedoch durch den Hinweis beruhigt, daß die meisten Wurstesser lesen können.

Nicht mehr zu beruhigen waren die Tories allerdings, als es dem „Rock" an den Kragen gehen sollte. Das ist eine Stange aus Zuckermasse, die mit allerlei Chemikalien angereichert ist und besonders in den englischen Badeorten als Souvenir verkauft wird. Da die Sondermüll-Stange, der ein Hauch von Pfefferminz das Image einer Süßigkeit verleihen soll, selbst für Kinder schwer verdaulich ist, endet das Souvenir daheim meist in einer Schublade. Wer jedoch gesundheitliche Risiken nicht scheut und ein Stück von der chemischen Keule abbeißt, erlebt eine Überraschung: Durch das Innere der Stange zieht sich – dank Erythrosin – in leuchtenden Buchstaben der Name der Stadt, in der die Scheußlichkeit erstanden wurde.

„Unsere Väter, unsere Großväter und sogar unsere Urgroßväter haben sich ihre Ferien an der See mit diesem saftigen und knackigen

Souvenir verschönert", behauptete der Tory-Abgeordnete Michael Welsh aus Lancashire. „Doch wenn es nach der Europäischen Kommission geht, wird diese besonders leuchtende rosa Farbe nicht mehr länger erlaubt sein." Dann brannten ihm die Sicherungen durch. „Ich halte hier in meiner Hand ein zum Tode verurteiltes Produkt", rief Welsh und schwenkte das englische Kulturgut hoch über dem Kopf. „Sein Verschwinden wird in den Badeorten Lancashires tiefe Trauer auslösen." Die Lebensmittel-Expertin der Tories, Caroline Jackson, pflichtete ihm bei: „Andere EG-Mitgliedsstaaten benutzen nicht soviele Farbstoffe, weil ihre Lebensmittelindustrie nicht so fortschrittlich ist wie unsere." Schuld daran ist zweifellos der Einfluß der Linken. „Ich habe die sozialistische Zukunft gesehen", orakelte sie. „Sie ist grau." Für die Abgeordneten der anderen EG-Länder war Jacksons seniles Geschwätz der beste Beweis, wohin der übermäßige Genuß von „Rock" führen kann – der britisch-europäische Erythrosin-Krieg ist kaum noch zu vermeiden.

26. April 1993

Hamburgermontage mit der Stechuhr

„60 Prozent mehr Rindfleisch als McDonalds", verspricht das Plakat im Fenster der Burger-King-Filiale in Cardiff. Die Waliser mögen Fast Food, fast an jeder Ecke in der Innenstadt haben sich irgendwelche Fleischbrötchenmonteure breitgemacht – gute Aussichten also für Jugendliche, einen Job zu finden. „Wir möchten, daß Sie für uns arbeiten", heißt es denn auch im zweiten Schaufenster bei Burger King. Ob jung, ob alt, ob männlich oder weiblich – spielt alles keine Rolle. Aber bescheiden müssen die BewerberInnen sein.

Burger King gehört dem britischen Getränkekonzern Grand Metropolitan, der sich auf schottischen Whisky spezialisiert hat und im vergangenen Jahr Gewinne von umgerechnet rund 1,5 Milliarden Mark vor Steuer erzielt hat. Die Direktoren wurden deshalb mit einer Erhöhung ihrer Bezüge um 14,5 Prozent belohnt. Das Unternehmen leistet sich auch eine Wohlfahrtsorganisation, den Grand Metropolitan Trust, der die offizielle Karriereberatung in Süd-London übernehmen wird, wenn sie demnächst privatisiert wird. Dann müßten die Whisky-Wohltäter ihren KlientInnen jedoch dringend davon abraten, einen Job bei Burger King anzunehmen. Die Angestellten der Rinderhackbraterei kommen nämlich mitunter nicht mal auf einen Stunden-lohn von einem mickrigen Pfund. Ein 17jähriger, der die elastische Ware in der Filiale in Glasgow zusammenbaute, warf schon nach drei Wochen das Handtuch, informierte jedoch zuvor die Presse von den Praktiken der Sklaventreiber. Zwar zahlte man ihm theoretisch gran-diose 3,10 Pfund pro Stunde, doch wenn wenig zu tun war, mußte er sich an der Stechuhr abmelden und auf eigene Kosten herumsit-zen, bis der nächste Run auf die Leckerbissen einsetzte.

„Einmal schickte man mich bereits eine Viertelstunde nach Beginn meiner Fünf-Stunden-Schicht nach Hause", sagte der 17jährige, „mehr als vier Stunden habe ich nie gearbeitet. Meistens arbeitete ich zwei von den fünf Stunden und saß den Rest der Zeit herum, ohne dafür bezahlt zu werden." Der Vater, ein Grundschullehrer, glaubte, sein Sohn habe etwas mißverstanden, als er von den Vertragsbedingungen erzählte. „Dann zeigte er mir seine Stechkarte, und ich war wütend", sagte der Vater. „Das wirft kein gutes Licht auf das Großbritannien von heute." 1986 haben die Tories die Lohnräte für Jugendliche abge-schafft, vor zwei Jahren auch für Erwachsene. Die Lohnräte wachten seit Anfang des Jahrhunderts über die Einhaltung von Mindestlöhnen, doch Arbeitsministerin Gillian Shephard erklärte sie zum Ana-chronismus.

Von der Labour Party ist in dieser Hinsicht auch nichts zu erwar-ten, sie schreckt aus Angst vor Jobverlusten vor einem konkreten Mindestlohn zurück. In den USA ist der Mindestlohn im April 1991 auf 4,25 Dollar die Stunde angehoben worden, im Staat New Jersey ein Jahr später auf 5,05 Dollar. Dennoch ist die Zahl der Arbeitsplätze in der Schnellfutterindustrie danach sogar gestiegen. Chris Pond, der Sprecher für die Niedriglohngruppen, sagte: „Großbritannien wird zum Taiwan Europas, wo es nicht mehr länger auf Qualität ankommt, sondern auf die Lohnkosten." Vielleicht sollte Burger King in Zukunft keine US-Hamburger verkaufen, sondern chinesische Frühlingsrollen. Mit 60 Prozent mehr Bambussprossen als McDonalds.

16. Oktober 1995

Eine abgestandene Regenpfütze als Aphrodisiakum

Schon wieder eine Gemeinheit aus Brüssel. Diesmal ist sie gegen englisches Bier gerichtet. In England darf jeder Kneipier, der durch

Verträge an eine Brauerei gebunden ist, außerdem ein ‚Gastbier‘ einer anderen Brauerei verkaufen. Darunter fallen aber nur Biere, die nicht gefiltert oder pasteurisiert sind, sondern im Faß weitergären. Diese Regelung diskriminiere Biere aus anderen EU-Ländern, entschied die EU-Kommission, denn solch ein ‚Real Ale‘ gebe es nur in Großbritannien. Es wird ohne Kohlensäure gezapft und schmeckt wie abgestandene Sockenwaschlauge.

Das sehen eingefleischte Fans freilich anders. Sie haben sich in der „Campaign for Real Ale“ (Camra) zusammengeschlossen und geloben, niemals ein Lagerbier – jenes geschmacksneutrale englische Helle – durch ihre Kehlen rinnen zu lassen. Mike Betts von der Woodforde-Brauerei in Norfolk, deren Gesöff beim „Großen britischen Bierfestival“ in London vorige Woche der Titel „Champion-Bier“ verliehen wurde, sagte: „Wir sind sehr besorgt.“ Er findet das Urteil unfair, weil niemand außerhalb Großbritanniens seine Sockenbrühe wolle und man deshalb auf den einheimischen Markt angewiesen sei. Merken die bisher wahrlich nicht verwöhnten britischen Bierfreunde auf einmal, wie Bier schmecken kann, sind die Marktanteile für ‚Real Ale‘ futsch, argwöhnt Betts wohl. Camra-Forschungsmanager Ian Howe fürchtet, das Urteil der Kommission könne für 200 kleine englische Brauereien den Todesstoß bedeuten. „Kein großer Verlust“, meinte der Wirt eines irischen Pubs in Kilburn, dem irischen Viertel Londons. „Müssen sie eben Guinness trinken, das täte den Camra-Schlaffis gut. In Uganda wurde es auf dem Schwarzmarkt als Aphrodisiakum verkauft.“ Das ist vorbei, nachdem Uganda vor kurzem als 48. Land in die Guinness-Familie aufgenommen wurde. Bis 1971 wurde das irische Nationalgetränk aus Kenia importiert, doch Diktator Idi Amin verhängte ein Embargo. Danach gab es Guinness nur noch als Schmuggelware.

Kaum hat die Brauerei in Kampala das erste Faß ausgeliefert, da ranken sich schon wieder Legenden um das Gebräu. Ein ‚Mulokole‘, ein wiedergeborener Christ, soll sein Priestergewand nach drei Flaschen Guinness verbrannt haben und in den Club der Sünder eingetreten sein. Andere berichteten, sie seien schon nach einer einzigen Flasche von Malaria geheilt worden. Ein 90jähriger fühlte sich in seine Jugend zurückversetzt. „Wenn wir früher mit einem Mädchen verabredet waren, haben wir vorher eine Flasche Guinness getrunken“, wird er in einer Zeitung zitiert. „Dann hat man ewig durchgehalten.“

Mit dem irischen Original hat die ugandische Variante wenig zu tun. Das in Kampala gebraute Guinness wird den „landesüblichen Trinkgewohnheiten" angepaßt. Die kleine irische Emigrantengemeinde in Kampala hält von dem Gebräu denn auch nichts. „Es schmeckt überhaupt nicht wie Guinness", sagte eine Entwicklungshelferin aus Dublin, „es erinnert an eine abgestandene, olle Regenpfütze". An ,Real Ale' also. Vielleicht kann Camra das Zeug ja als Aphrodisiakum vermarkten, wenn es als Bier nicht mehr zu verkaufen ist.

12. August 1996

Klarer Fall von McRinderhackwahn

Frankfurt an einem Samstagabend: Selbst McDonalds hat um 23 Uhr schon dichtgemacht. Ein sicheres Zeichen für fortgeschrittene Verdorfung. Solange sich nämlich noch potentielle Kundschaft auf der Straße herumtreibt, hält das US-amerikanische Spezialitätenrestaurant seine Fleischbrötchen bereit. Bei den Hungerlöhnen, die man den bemützten Angestellten zahlt, rechnet sich das allemal – vor allem, wenn die Konkurrenz längst die Fritteusen abgeschaltet hat.

Und wenn der lange Atem dank kurzer Löhne nicht ausreicht, um lästige Rivalen loszuwerden, fährt man eben schwerere Geschütze auf. Neuestes Opfer ist die Schottin Mary Blair. Sie betreibt in der englischen Grafschaft Buckinghamshire eine winzige Sandwich-Bar, die sie „McMunchies" genannt hat – auf deutsch etwa „McMampf". Ihr habe das Wort so gut gefallen, sagt sie, und außerdem wollte sie auf ihre schottische Herkunft hinweisen. „Mc" oder „Mac" ist gälisch und bedeutet „Sohn".

Schottische Herkunft? Die Rinderhackbarone aus den USA sind offenbar davon überzeugt, daß der Namensvorsatz „Mc" aus Illinois stammt und Eigentum von Firmengründer Ronald ist: „Sohn des Hackbratens." Sie warnten Blairs Rechtsanwalt, daß seine Klientin „etwas benutze, was ihr nicht gehört". McDonalds hat die Vorsilbe „Mc" als Warenzeichen schützen lassen und strebt weltweite Exklusivität an. Der „unerlaubte Gebrauch der Mc-Vorsilbe könnte die Öffentlichkeit verwirren", behaupten die Schnellfuttermonteure. Könnte sein: Bald wird die verwirrte Kundschaft irrtümlich in Apple-

Mac-Computer beißen und den Ex-Beatle Paul McCartney mit Senf und Mayonnaise bestreichen. Das gilt es zu verhindern.

Was nicht mehr zu verhindern ist, sind die unerlaubten umgangssprachlichen Verunglimpfungen des ehrenwerten Firmennamens. So steht „McJob" längst für mieserabel bezahlte Stellen mit hoher Fluktuation, was freilich nicht für McDonalds Rechtsanwaltsschar gilt. Deren Jobs sind langfristig gesichert: Bei „McLibel" – „Libel" ist eine Verleumdung oder Klageschrift – denkt man unweigerlich an den lächerlichen Prozeß, den die Brötchenbauer seit Jahren gegen zwei Umweltschützer führen. Dave Morris und Helen Steel hatten McDonalds in einem Flugblatt vorgeworfen, die Kundschaft langsam und die Umwelt weniger langsam zu vergiften. Um ihrem Anliegen Nachdruck zu verleihen, hatten sie einige häßliche Worte mit dem geschützten Warenzeichen versehen: „McDreck", „McKotz" oder so ähnlich. Nun hätte das Flugblatt weder dem Ruf, noch dem Umsatz des Unternehmens nachhaltigen Schaden zugefügt, wären die Fleischklopsbosse nicht zu ihren Anwälten gerannt. Klarer Fall von McRinderhackwahn.

Für die McDeppen gibt es noch viel zu tun, bis das globale Mac-Monopol durchgesetzt ist. Dann aber heißt die mittelitalienische Provinzhauptstadt südwestlich von Ancona schließlich „Erata", der 1469 geborene italienische Historiker würde zu „Chiavelli", das gebogene südamerikanische Haumesser wäre eine „Hete", auch gegen Shakespeare könnte man rückwirkend vorgehen: Sein albernes Drama müßte dann in „Beth" umbenannt werden. Die Burger-Installateure haben eine Macke. Sorry: eine „Ke".

21. Oktober 1996

Schau mir in die Augen, kleine Rindfleischsuppe

Das Timing war hundsmieserabel. Gerade hatten britische Wissenschaftler hinausposaunt, daß sich Menschenhirne in löchrige Schwämme verwandeln können, wenn ihre Besitzer Rinderwahnfleisch verzehren, da fand am selben Abend in London das „Festival of British Beef" statt. Kantinenköche, Großküchenchefs und Rindfleischlieferanten kamen vorige Woche im Queen Elizabeth Conference Centre zusammen, um sich gegenseitig Mut zu machen. Weil auch die Presse dabei war, schob man sich die Steaks demonstrativ und unter vollmundigen Entzückensschreien in den Rachen. Bei diesen Leuten kann BSE-Fleisch freilich nichts mehr anrichten – sie haben ohnehin ein Ding an der Glocke.

Anekdoten wurden auch erzählt: Kevin Taylor, Stellvertreter des staatlichen Veterinär-Münchhausens Keith Meldrum, berichtete, daß seine Frau in Restaurants gerne Aufsehen errege, indem sie ausländisches Rindfleisch in die Küche zurückgehen lasse. Woran die patriotische Esserin wohl die fremde Ware auf dem Teller erkennt? Umgekehrt ist es einfacher: Ein Bekannter kam neulich aus Manchester zurück und berichtete, daß ihn die Rindfleischnudelsuppe im Flughafenrestaurant mit wahnsinnigen Fettaugen angestarrt habe. Da nahm er lieber Lamm mit Pfefferminzsauce, eine andere Besonderheit der britischen Küche.

In London gab es zum Abschluß der Rindfleischfete dagegen eine Blindverkostung von Rindfleisch aus sechs Ländern. Jetzt raten Sie mal, welches Land gewonnen hat. Genau! Eine Umfrage hat vor einer Woche übrigens ergeben, daß die Briten ihre Eßgewohnheiten selber merkwürdig finden und immer stärker zur ethnischen Küche tendieren – zum Beispiel zu indischen Restaurants.

Während die Rindfleischbarone in London tote Kühe aßen, wurde in Coventry der Nationale Curry-Koch des Jahres gewählt. Seit das erste indische Restaurant 1911 in London öffnete, ist Curry fast zu einem Nationalgericht des Roast-Beef-Volkes geworden. Heute gibt es mehr als 8000 indische Restaurants in Großbritannien, und viele Pubs servieren mittags neben den genauso traditionellen wie ekelhaften Fleischpasteten und den elastischen Sandwiches auch Currygerichte mit Reis – aber ohne Rindfleisch, denn die Tiere sind in Indien heilig.

Deshalb bleibt den Indern eine weitere englische Spezialität erspart: Kartoffelchips mit Rindfleischgeschmack. Vor vier Jahren wollte die EU verschiedenen Chips-Sorten an den Kragen, doch die britische Regierung kämpfte um die kulturellen Errungenschaften der Nation und setzte Ausnahmegenehmigungen durch. Die Hersteller müssen lediglich alle Zutaten auflisten, weshalb man seitdem größere Tüten benutzen muß. Die Chance ist jedenfalls vertan: Über Nacht hätte die britische Regierung die schlimmsten Exzesse des englischen Geschmacks in den Mülleimer der Geschichte verbannen und die Sache obendrein auf die EU schieben können. Stattdessen muß die Insel nun für immer mit ihren kulinarischen Alpträumen wie britischer Schokolade, Krabbencocktailchips, giftgrünen Matscherbsen und rosa Würstchen leben. Dann schon lieber ein Wahnsinnssteak.

28. Oktober 1996

Auch von Büchern wird man satt

Die Wochen nach Weihnachten sind für den britischen Einzelhandel eine Zeit des Horrors. Die meisten Familien sind damit beschäftigt, den Weihnachtstruthahn und die Kosten für das Fest der Liebe zu verdauen. Für akademische Buchhandlungen ist das besonders bitter: Studenten haben keinen Pfennig mehr übrig für Fachbücher.

Dillon's und Blackwell's, die beiden größten akademischen Buchhandelsketten Großbritanniens, haben umgerechnet mehr als eine Viertelmillion Mark für eine Werbekampagne lockergemacht, um die Kundschaft an die Ladenkassen zurückzuführen. Im Mittelpunkt steht dabei freilich nicht geistige Nahrung, sondern handfestere Kost.

Jane Carr, Werbemanagerin bei Dillon's, wartete mit einem verblüffenden Untersuchungsergebnis auf: „Unsere Marktanalyse hat ergeben, daß Studenten ein sehr begrenztes Budget haben." Wer hätte das gedacht? Frau Carr hat ihre Feldforschung sogleich in die Praxis umgesetzt: „Statt Bücher zu verkaufen, müssen wir den Studenten klarmachen, daß sie für ihr Geld etwas geboten bekommen. Es ist wichtig, den Studenten zu zeigen, daß wir uns mit ihnen identifizieren." Also drückt man ihnen bei Dillon's eine stabile Papiertüte mit Bleistiften und Bieruntersetzern in die Hand, wenn sie ein Buch kaufen. Das ist nützlich: Ein Bier gehört auf einen Untersetzer, damit das akademische Buch nicht naß wird. Wenn man zuviel trinkt, kann man in die stabile Papiertüte kotzen. Und einen Bleistift braucht sowieso jeder. Blackwell's geht noch einen Schritt weiter: Die Ladenkette gibt zu jedem Buch eine Dose Baked Beans hinzu. Außerdem verlost das Unternehmen Gutscheine für einen Supermarkteinkauf im Wert von umgerechnet 4000 Mark.

Jane Carr trauert der guten alten Zeit nach. „Früher haben Studenten 20 Bücher auf einmal bestellt", sagt sie, „heute kaufen sie längst nicht mehr die gesamte Liste der vom Professor empfohlenen Bücher." Die Studentengewerkschaft veröffentlichte jedoch Zahlen, wonach Studenten noch immer umgerechnet mehr als tausend Mark im Jahr für Fachbücher ausgeben. Allerdings müssen viele in den

Semesterferien dafür arbeiten, weil die Zuschüsse zusammengestrichen wurden. Es gebe eben zuviele Studenten, seufzte sie.

Nun ist die britische Regierung auf einen Wahlkampftrick verfallen, womit sie gleich an mehreren Fronten Pluspunkte sammeln kann: Die Studenten sollen für jedes Buch, das sie kaufen, dieselbe Gewichtsmenge britischen Rindfleisches erhalten – wahlweise als Steak, Rinderhack oder Pastete. Von Joyce' *Finnegans Wake* könnte ein Literaturstudent wochenlang zehren, wer dagegen das Sozialprogramm der Tories zum Thema hat, muß doppelt darben.

Langfristig ein kluger Schachzug der Tories, bekommt man dadurch doch mehrere Probleme auf einmal in den Griff: Der Berg der 1,1 Millionen Kühe, die im Zuge der Rinderwahnsinnsbekämpfung getötet worden sind, wird zügig abgebaut, ohne daß man die lästigen Krematoriumskosten bezahlen muß; die Bauern sind zufrieden, und letztendlich bereitet dadurch auch die Akademikerschwemme keine Kopfschmerzen mehr: Die vom Rinderwahn dahingerafften Studenten können sich immerhin noch in der Creutzfeld-Jakob-Forschung nützlich machen.

10. Februar 1997

Kotzen ist Schummeln

Das Beste an der britischen Küche sind die indischen Restaurants. In Glasgow gibt es das Bombay Blues gleich neben dem Hauptbahnhof. Und das hat zwei Spezialitäten: Bluesmusik vom Band und ein Buffet mit Selbstbedienung. Für umgerechnet 20 Mark kann man essen, soviel man will.

„Das werden sie bereuen", sagte Tom, ein Kollege von einer schottischen Lokalzeitung. „Das Geld rentiert sich heute abend spielend, wenn wir mittags den Lunch ausfallen lassen." Als wir dann mit knurrenden Mägen im Restaurant standen, war kein Tisch mehr frei, und wir mußten uns zu sechs Herren setzen, die sich als professionelle Esser entpuppten. „Denen zeigen wir es", raunte Tom mir zu. Unglücklicherweise hörte das sein Tischnachbar und schlug eine Wette vor. Wenn wir mit ihnen mithalten würden, wollten sie unsere Essen bezahlen. Wenn nicht, ginge der Wein auf unsere Rechnung. Zu meinem Bedauern willigte Tom sofort ein.

Die erste Runde verlief problemlos: drei Tandoori-Keulchen, zwei Zwiebel-Bhajis und ein paar Pakoras. Danach war ich eigentlich satt. „So, jetzt wird richtig gegessen", meinte Douglas, wie der größte der sechs Vielfraße hieß. Er ging zum Buffet und kam mit einem Berg von Lamm-Korma zurück, dazu ein Nan-Brot. Wir mußten es ihm gleichtun. Danach ein Gemüse-Madras und ein Tikka Massala, alles mit Pilau-Reis und Nan-Brot. Die Noten berühmter Blues-Songs, mit denen die Wände dekoriert waren, begannen vor meinen Augen zu tanzen. Douglas hatte inzwischen ein Rindfleisch-Jalfrezi gewählt. „Rinder sind in Indien heilige Tiere", wandte ich ein, doch Douglas ließ das nicht gelten: „Das hier sind säkularisierte Inder. Guten Appetit!"

Ich versuchte, mich zur Toilette zu schleppen, war aber aufgrund der erhöhten Körperfülle zwischen Wand und Tisch eingeklemmt. Ohnehin hatte Douglas, vermutlich ein Gewichtheber, meinen Aufstehversuch argwöhnisch beobachtet. „Kotzen ist Schummeln", warnte er mich. Weil ich mich so amateurhaft anstellte, wollte er wissen, ob es in meiner Heimatstadt Dublin auch indische Restaurants gebe. „Doch, doch", sagte ich. „Das älteste hat allerdings gerade dichtgemacht. Und keinen Tag zu früh." Ich war vor einer Weile mit drei Bekannten im Koh-I-Noor: Wir hatten vier völlig unterschiedliche Gerichte bestellt, die völlig identisch schmeckten – nach einer Gulasch-Fertigsauce aus der Tüte. Die Bedienung machte keinen Versuch zu leugnen. Was wir denn erwarten würden, wenn doch der Koch krank sei?

Douglas ließ sich durch meine Geschichte nicht ablenken. Er hatte für Nachschub in Form eines Madras-Curry gesorgt. Ich versuchte, den vorigen Gang – das Shawarma – im Blumentopf zu vergraben, doch die Pflanzen waren künstlich. Zwei Nan-Brote hatte ich mir bereits in die Strümpfe geschoben. Als Tom, der bis dahin erstaunlich gut mitgehalten hatte, zur Toilette ging, kippte ich ihm in einem unbeobachtetem Augenblick meine gesamten Essensreste samt nagelneuem Madras-Curry auf den Teller und legte auch noch die beiden Nan-Brote aus den Strümpfen hinzu. Ich glaube, Tom verachtet mich seitdem. Aber er mußte den Wein bezahlen.

5. Mai 1997

Law and Order — britische Tugenden

Da lacht der Knacki

Der erste private Gefangenen-Eskortdienst Englands, Group 4, hält die Londoner Regierung weiterhin in Atem. Seit das Unternehmen am 5. April in den englischen Midlands für den Transport der Gefangenen zwischen Gericht und Knast verantwortlich ist, sind mindestens acht Häftlinge abgehauen oder versehentlich freigelassen worden. Darüber hinaus beschweren sich die Richter darüber, daß die Angeklagten – sofern sie sich noch nicht aus dem Staub gemacht haben – ständig zu spät vor Gericht erscheinen. Der Tory-Vorsitzende Norman Fowler gerät ebenfalls immer stärker ins Kreuzfeuer der Kritik. Er saß nämlich drei Jahre lang im Aufsichtsrat der holländischen Eskortfirma und ist heute bei ihr angestellt – wegen „seiner geschäftlichen Erfahrung, und nicht wegen seiner politischen Kontakte", behauptet die Firma frech. Die Labour-Abgeordnete Barbara Roche bezeichnete diese Behauptung als „lächerlich".

Am vergangenen Dienstag passierte dem Unternehmen nun ein weiteres Mißgeschick: Der Untersuchungsgefangene James Hogg wurde sturzbesoffen und bewußtlos in einem Gefangenentransporter gefunden. Der 38jährige hatte sich übergeben, wurde jedoch erst eine Stunde später zufällig entdeckt. Seine Aufpasser sollten ihn eigentlich ins Wolds-Gefängnis – einen Privatknast, der ebenfalls Group 4 untersteht – überstellen. Dort gaben sie zwar den Haftbefehl ab, vergaßen den Gefangenen jedoch im Transporter. Erst als sie bei ihrer nächsten Station, dem Gefängnis von Hull ankamen, wurde er gefunden. Hogg liegt seitdem auf der Intensivstation, und die Regierung hat schon wieder eine Untersuchung eingeleitet. John Bates, ein Sprecher von Group 4, sagte: „Wir wissen nicht, ob Drogen oder Alkohol im Spiel waren, weil das eine medizinische Angelegenheit ist."

Wenige Tage später ging abermals ein Gefangenentransport schief. Fünf jugendliche Untersuchungshäftlinge sollten eigentlich vom Moorlands-Gefängnis bei Doncaster zum Gericht in Bradford gebracht werden. Kurz vor dem Ziel begannen die Gefangenen, den Transporter wie ein Boot zu schaukeln, so daß er nicht durch die schmale Toreinfahrt des Gerichtsgebäudes fahren konnte. Die Group 4-Angestellten trauten sich nicht, die Tür des Transporters zu öffnen, weil sie zu Recht befürchteten, daß ihnen die Gefangenen dann abhanden kommen würden. Also fuhren sie wieder zurück

Law and Order – britische Tugenden

nach Moorlands. Dort wurden sie die Knackis jedoch auch nicht los, weil sie vergessen hatten, sich neue Haftbefehle zu besorgen. So machten sie sich erneut auf den Weg nach Bradford, und diesmal war das Glück ihnen hold: Die fünf Jugendlichen hatten vom Autofahren die Schnauze voll und ließen sich ins Gerichtsgebäude geleiten. Die Regierung – man ahnt es bereits – hat eine Untersuchung angeordnet. Endgültig zum Gespött des Landes hatte sich Group 4 bereits vor zwei Wochen gemacht, als ein streunender Fuchs drei berühmte Hühnchen fraß: Die Tiere waren bis zu ihrem tragischen Tod regelmäßig in der Sendung *The Big Breakfast* von Channel 4 aufgetreten. Group 4 war für ihren Schutz zuständig.

12. Mai 1993

Ein Brandmal für kriminelle Erbsendosen

Was für eine Dose Erbsen gut ist, kann auch einem Knacki nicht schaden. Zu dieser Überzeugung gelangte die Firma UK Detention Services, die das Privatgefängnis Blakenhurst in der Grafschaft Worcestershire leitet, das im Mai eröffnet wurde. Die dem Unternehmen ausgelieferten 649 Gefangenen werden künftig mit Strichcodes versehen, damit ihre Bewegungen im Knast besser kontrolliert werden können. Das funktioniert folgendermaßen: Die Wärter erhalten – genau wie Supermarkt-KassiererInnen – ein Lesegerät, das sie über das elektronische Brandzeichen führen. Sämtliche Informationen über den Gefangenen und seinen Aufenthaltsort werden dann automatisch an einen zentralen Computer gemeldet. Und es tut nicht mal weh: Der Strichcode wird den Gefangenen per Armband ums Handgelenk gelegt. Die Knackis dürfen sich freuen: „Wenn Mama zu Besuch kommt, finden wir den Gefangenen, ohne lang suchen zu müssen", sagte ein Firmensprecher. Auch beim Einkauf im Gefängnis-Supermarkt habe der Strichcode eindeutige Vorteile. An der Kasse werden erst die Waren per Scanner eingelesen und dann der Gefangene. „Der Strichcode zeigt umgehend, wieviel Geld der Gefangene auf dem Konto hat", sagte der Sprecher. Allerdings gab er zu, daß die Vorteile den Gebrandmarkten möglicherweise erst per Webekampagne nähergebracht werden müssen.

UK Detention Services ist ein Konsortium aus zwei britischen Bauunternehmen und der US-amerikanischen Correction Corporation of America (CCA), der bereits 21 Gefängnisse in den USA und Australien unterstehen. Anfang des Jahres leitete das britische Innenministerium eine Untersuchung ein, nachdem einer der CCA-Direktoren beschuldigt worden war, Gefangene in den USA mißhandelt zu haben. Dennoch hat das Konsortium bisher weit weniger Aufmerksamkeit erregt, als die Konkurrenz Group 4, die den zweiten englischen Privatknast Wolds leitet. Group 4 ist zum Gespött des Landes geworden, weil der Firma ständig Gefangene entwischen.

Die grandiose Strichcode-Idee hat nun auch UK Detention Services ins Kreuzfeuer der Kritik gerückt. Stephen Shaw, der Direktor der Stiftung für Gefängnisreform, befürchtet, daß das System zur Bestrafung mißbraucht werden kann. Offiziell dürfen Strafen zwar nur vom Innenministerium verhängt werden, doch der Gefängnisdirektor räumte ein, daß die Strichcodes auch dazu dienen, die „Gefangenen zur Arbeit zu ermutigen". Wenn der Knacki morgens lieber im Bett bleibt, erfährt der Computer das unweigerlich und kann den Betroffenen – ebenfalls per Strichcode – vom Besuch der Sporthalle, des Fernsehzimmers oder der Bibliothek ausschließen. Umgekehrt können „kooperative Gefangene" mit größerer Bewegungsfreiheit – natürlich innerhalb der Knastmauern – belohnt werden. Vielleicht können sich die Gefangenen das System ja auch zunutze machen, indem sie die Strichcodes im Gefängnis-Supermarkt vertauschen. Am Ende bewacht UK Detention Services womöglich 649 Dosen Erbsen, während sich die Knackis im Müllwagen aus dem Staub gemacht haben.

7. Juni 1993

Ein Goldzahn für ein Auto

Die Angestellten privater Sicherheitsfirmen, die Falschparker auf Privatgrundstücken mit Metallkrallen lahmlegen, gehören zu den meistgehaßten Menschen in England und Wales – in Schottland hat das höchste Gericht diese Praxis im vergangenen Jahr als „Erpressung und Diebstahl" definiert und verboten. Die modernen Wegelagerer, die von den Grundstücksbesitzern meist kein Geld nehmen, sondern lediglich von dem Lösegeld leben, das sie für die Freilassung der Blechkisten verlangen, kassieren nach Gutdünken zwischen 50 und 240 Pfund. Dabei bestehen sie auf Bargeld. Wer nichts dabei hat, muß ein Pfand herausrücken, damit das Auto freigegeben wird. Eine Frau aus London mußte ihren Goldzahn hinterlegen, ein Mann aus Liverpool seinen neuen Videorecorder. In einem Fall verlangte die Privatkralle gar das Kind einer Parksünderin als Geisel.

Um auf ihre Kosten zu kommen, gehen die Firmen recht listig vor: AutofahrerInnen behaupten, daß die Angestellten die Warnschilder abmontieren, um die Autos auf verbotenes Gelände zu locken. Kaum haben die Ahnungslosen geparkt, werden die Schilder wieder angeschraubt und der Wagen festgekrallt. Die Privatfirmen nehmen etwa 150 Millionen Pfund im Jahr ein. Nicht immer gelingt es den Krallenmenschen jedoch, sich mit der Beute aus dem Staub zu machen. Manch Opfer zieht vor den Kadi, und meistens lenken die Firmen vor der Verhandlung ein, weil sie keinen Präzedenzfall schaffen wollen. Die 45jährige Julie Jones aus Birmingham nahm sogar ihren Kleinwagen auseinander, um der Lösegeldzahlung zu entgehen.

Die Schwerbehinderte war per Eisenbahn von einer ärztlichen Untersuchung aus Sunderland zurückgekehrt. Ihr Mann Michael, der sie vom Bahnhof abholen wollte, hatte den Wagen so nah wie möglich am Ausgang geparkt. Als beide zum Auto zurückkehrten, hatte ein Angestellter der Firma Uro Securities den Wagen festgekrallt – trotz eines großen Behinderten-Aufklebers am Auto. Der überaus mißtrauische Mensch ließ sich nicht auf eine bargeldlose Transaktion ein, sondern verlangte „siebzig Pfund bar auf die Hand". Daraufhin rief Frau Jones die Polizei an, die ihr erklärte, daß sie die Zahlung umgehen könnte, wenn es ihr gelänge, die Kralle loszuwerden, ohne sie zu beschädigen. Das ließ sich die wütende Frau nicht zweimal sagen. Mit Hilfe ihrer Schwester und ihres Schwagers sowie zahlreicher Passanten und Taxifahrer löste sie die Radaufhängung, schob den Wagen zur Seite und zog das Rad dann lässig aus der unversehrten Kralle. Zum Abschied grüßte Julie Jones den gefoppten Krallenmonteur mit ausgestrecktem Mittelfinger.

Meistens geht die eigenmächtige Autobefreiung jedoch schief. Ein 42jähriger aus Leicester fand nach der Taufe seines Sohnes den Wagen angekrallt vor der Kirche. In der Hoffnung, mit plattem Reifen der Kralle zu entkommen, schlitzte er das Rad mit einem Schraubenzieher auf. Beim Anfahren verkantete sich die Kralle jedoch und riß den Kotflügel ab. Am Ende mußte der Mann nicht nur das Lösegeld, sondern obendrein für die beschädigte Kralle blechen.

26. Juli 1993

Ein Volk von Super-Schnüfflern

In England geht die Angst um. Als ob die gefürchteten Hooligans nicht schon genug Schrecken verbreitet haben, so tritt jetzt eine neue Spezies auf: der Super-Vandale. „Er geht durch Stahltüren und Steinwände", klagt Royston Potter, Kulturbeauftragter von Salford bei Manchester. „Nichts scheint sie aufzuhalten." Bisher mußte Potter sich in den gepflegten englischen Parkanlagen, die ihm unterstehen, lediglich mit Kleinigkeiten herumschlagen. „Eingetretene Zäune, umgegrabene Wiesen, zerstörte Parkbänke sowie rauchende und trinkende Jugendbanden", hieß es vor ein paar Monaten in seinem Bericht – Kinderkram im Vergleich zu seinen neuen Beobachtungen: Die Super-Vandalen haben die Toilettenhäuschen vollständig abgerissen, Glasscherben mit Sekundenkleber auf Rutschbahnen geleimt und aus sämtlichen Parkbänken einen Scheiterhaufen errichtet und angezündet.

Hinzu kommt, daß Potters Etat in den vergangenen drei Jahren um drei Millionen Pfund gekürzt worden ist, so daß das Geld kaum noch für die Gärtner, geschweige denn für die Parkwächter reicht. Doch die ehemalige Premierministerin Margaret Thatcher hat ihrem Volk nicht umsonst jahrelang die Notwendigkeit von Privatinitiative eingebleut. So verfiel Potter auf die Idee, die Bevölkerung Salfords als Super-Schnüffler für die Jagd auf die Super-Vandalen heranzuziehen. Er beantragte beim Stadtrat bescheidene 500 Pfund, damit Freiwillige mit Einwegkameras ausgerüstet werden können. Die James Bonds im Taschenformat sollen fortan durch die Parks schleichen und alles Verdächtige fotografieren.

Bei Erfolg soll das Super-Schnüffelprogramm ausgeweitet werden. Man könnte zum Beispiel alle BürgerInnen verpflichten, ständig eine Einwegkamera bei sich zu tragen und mindestens zehn Fotos pro Woche abzuliefern. Das würde jedoch vermutlich dazu führen, daß sich die Schnüffler am Ende gegenseitig verdächtigen und fotografieren, während die Super-Vandalen ungestört ganze Parkanlagen in Mondlandschaften verwandeln. Vielleicht bleibt das Projekt auch bereits in der Anfangsphase stecken. Eine Frau aus Salford wandte zu Recht ein, daß sie keine Lust habe, sich von den Super-Vandalen vermöbeln zu lassen, wenn sie Fotos von ihnen in flagranti macht.

Möglicherweise gibt es zu den Super-Schnüfflern jedoch eine Alternative: Die Polizei in Essex will im nächsten Monat eine Broschüre mit Tips für eine „defensive Bepflanzung" veröffentlichen. Darin rät sie den BritInnen, undurchdringliche Dornengewächswände um ihre Häuser anzulegen, um potentielle Einbrecher abzuschrecken. Doch Stechginster, Holunderbüsche und Brombeersträucher können nicht nur bei Privathäusern, sondern auch in öffentlichen Parkanlagen als pflanzliche Wachhunde eingesetzt werden, damit niemand die Gehwege verläßt. Schließlich sind die Gewächse im Unterhalt äußerst preisgünstig. Es wäre auch zu überlegen, ob man nicht um die gesamten EG-Staaten eine Dornenhecke ziehen könnte, damit sich illegale Einwanderer bereits beim Grenzübertritt im Gestrüpp verheddern. Gleichzeitig müßten die Waffengesetze freilich auf Heckenscheren und Unkrautvernichtungsmittel erweitert werden. Unerlaubter Besitz zöge zwei Jahre Knast im Rosengarten nach sich.

30. August 1993

Die Richter und die Untermenschen

Die EngländerInnen sind ein stolzes Volk. Völlig zu Unrecht, behauptet jedoch der *Daily Star.* „Gestern habe ich mich dafür geschämt, Engländer zu sein", schrieb Reporter Anthony Walton am Donnerstag. „Englands Name wurde von untermenschlichem Abschaum endgültig in den Dreck gezogen. Warum durften sie überhaupt nach Holland fahren? Die meisten dieser Schweinsgesichter müßten der Polizei doch längst bekannt sein." Walton weiß auch eine passende Strafe: „Sie verdienen die Prügelstrafe und sollten fünf Jahre lang Steine brechen. Mit ihren Köpfen."

Es geht wieder einmal um Englands Hooligans, die sich am Mittwoch in Rotterdam – schon vor dem entscheidenden Spiel, in dem sich ihr Team die Teilnahme an der Weltmeisterschaft im nächsten Jahr vermasselte – eine Schlacht mit einheimischen Fußballfans und der Polizei lieferten. Was die Boulevardpresse am meisten ärgerte, war die Tatsache, daß die „Zoo-Kreaturen" (*Daily Star*) von der Polizei in Rotterdam lediglich ausgewiesen wurden, ansonsten aber vermutlich ungeschoren davonkommen, weil sie in England keine Straftaten begangen haben: „Das wäre wirklich ein schändlicher Skandal."

Der Eifer, mit dem die Boulevardpresse über die Hooligans herfiel, stand in krassem Gegensatz zum Schweigen über einen tatsächlichen Skandal: die richterliche Entscheidung, die Anklage gegen die drei Polizisten, die 1974 Geständnisse aus den ‚Birmingham Six' gefoltert hatten, nicht zuzulassen. Die sechs in England lebenden Iren wurden damals zu lebenslanger Haft verurteilt, weil sie angeblich zwei Kneipen in Birmingham in die Luft gesprengt hatten. Als die sechs Männer vor zwei Jahren schließlich ihre Unschuld beweisen konnten, nannte das Gericht 16 Polizeibeamte, die ein „Netz der Täuschung und des Betruges" gesponnen hatten. Davon blieben gerade mal drei übrig, die jetzt angeklagt werden sollten. Richter Garland würgte den Prozeß jedoch ab, weil die „Publizität für die Birmingham Six und gegen die Polizisten" keine faire Gerichtsverhandlung zuließe.

Damit war selbst der senile Lord Denning nicht einverstanden. „Es ist ein entsetzlicher Gedanke, daß sowohl die ‚Birmingham Six', als auch die Polizeibeamten freigesprochen worden sind", sagte der 95jährige Ex-Richter. „Was soll die Öffentlichkeit jetzt von unserem Justizsystem halten?" Ach, Herr Richter. In den Augen der Öffentlichkeit hatte das Justizsystem bereits 1977 abgedankt, als der damals schon vergreiste Denning die Eröffnung des Prozesses gegen die prügelnden Polizisten ablehnte, weil es „eine entsetzliche Vorstellung" wäre, daß sich die Beamten des Meineids, der Gewalt und Einschüchterung schuldig gemacht haben könnten. „Dieser Fall beweist, was für ein zivilisiertes Land wir doch sind", setzte der Schwachkopf seinem Urteil noch die Krone auf.

Die Urteilsbegründung vom vergangenen Freitag stand ganz in Denningscher Tradition. Richter Garland gab der Presse die Schuld für die Publizität, die freilich erst zur Freilassung der ‚Birmingham Six' geführt hatte. Englands Serienmörder werden sich die Hände reiben: Je schrecklicher das Verbrechen, desto mehr berichtet die Presse darüber – und desto unmöglicher ist ein fairer Prozeß. Garland ließ den drei Polizisten obendrein übrigens sämtliche Kosten erstatten, während die ‚Birmingham Six' noch immer um die Entschädigung für 16 Jahre Knast kämpfen.

18. Oktober 1993

Der Kuß des Richters

Wer den Bock zum Gärtner macht, braucht für den Spott nicht zu sorgen. Als ob die für ihre Fehlurteile berüchtigte britische Justiz nicht schon genug diskreditiert wäre, hatte der unabhängige britische Sender ITV den pensionierten Bezirksrichter James Pickles eingeladen, um zum Frühstücksfernsehen über die neue „Law-and-order-Politik" der Tories zu reden. Dem 68jährigen stand der Sinn jedoch nach etwas anderem: Gleich zu Beginn der Sendung fragte er die Moderatorin Anne Davies, ob er sie küssen dürfe. „Ich habe das ja eben schon mal versucht", sagte er, „aber da haben Sie abgelehnt." Der Ko-Moderator Mike Morris, der das Thema wechseln wollte, wurde vom Richter abgekanzelt: „Der Sender spart offensichtlich am Personal, sonst wären Sie wohl kaum hier, oder?"

Danach beschwerte er sich vor laufender Kamera, daß ihm die Fernsehanstalt kein weißes Taschentuch für seine Brusttasche beschafft habe, da er sein eigenes zu Hause vergessen hatte: „Zum ersten Mal muß ich ohne weißes Taschentuch im Fernsehen auftreten, das ist unerhört." Sodann fragte er die Moderatorin nach einer Krankheit, die das Gedächtnis beeinträchtigt. „Es hört sich an, wie ein deutsches Wort. Es fängt mit ‚Al' an", sagte Pickles. „Alzheimer oder Alkoholismus vielleicht", half ihm Anne Davies. „Genau", konstatierte der Richter. „Habe ich alle beide."

Als Morris versuchte, Pickles auf das Thema der Sendung zurückzuführen, drohte dieser mit einer einstweiligen Verfügung: „Ich mag es nicht, herumkommandiert zu werden. Ich war Richter und bin es gewöhnt, Leute selbst herumzukommandieren." Schließlich gelang es Morris, der Technik ein Zeichen zu geben, so daß die Sendung durch Werbung unterbrochen wurde. Diese Gelegenheit nutzte Morris, um den Richter vor die Tür zu setzen.

Am Abend hatte sich Pickles wieder gefangen. Er gab eine Presseerklärung heraus, in der er sein Verhalten mit Arbeitsüberlastung entschuldigte. Er habe nämlich vorher seine Kolumne für *Daily Sport* schreiben müssen – eine Zeitung, in der es fast ausschließlich um nackte Frauen und gefährliche Außerirdische geht. „Ich war nicht betrunken und bin weder Alkoholiker, noch leide ich an der Alzheimerschen Krankheit", versicherte Richter Pickles. „Mein Sinn für Humor ist lediglich mit mir durchgegangen."

20. Oktober 1993

Eine Mausefalle für den Gerichtsvollzieher

Gerichtsvollzieher haben einen beschissenen Job – vor allem, wenn sie im Auftrag des britischen Transportministeriums unterwegs sind. Das Ministerium will nämlich die Verkehrsprobleme des Landes mit Hilfe von immer mehr und immer breiteren Autobahnen lösen. So soll der M 25, die Ringautobahn um London, auf der täglich während der Rush Hour alles zum Erliegen kommt, stellenweise auf 14 Spuren verbreitert werden. Zu dem autofreundlichen Programm gehört auch die Verlängerung des M 11 durch das Londoner East End. Das einzige Problem: Auf der fünf Kilometer langen Strecke stehen zur Zeit noch 350 Häuser.

Nun hegen die Ministerialbeamten nicht erst seit gestern den Wunsch, den schönen neuen Motorway zu bauen, sondern die Pläne gibt es schon seit 25 Jahren. Leider kam immer etwas dazwischen: Einmal waren es die vorgeschriebenen öffentlichen Anhörungen, ein anderes Mal die kleinliche Europäische Umweltkommission und last not least die Menschen in den zum Abriß verurteilten Gebäuden, die zwei Jahrzehnte lang eine Zermürbungstaktik angewendet haben: Sie reichten Petitionen ein, schrieben Briefe, becircten Abgeordnete und ließen Beschwerden los. Doch im Frühjahr wurde es ernst: Das Transportministerium begann, die Häuser räumen zu lassen, die man sich durch Grundstücksenteignung seit 1968 unter den Nagel gerissen hatte.

Die Beamten hatten die Rechnung jedoch ohne die BewohnerInnen gemacht. Kaum hatten die Gerichtsvollzieher ein Haus zugenagelt und versiegelt, da war es auch schon wieder bewohnt. Sehr zum Ärger der Beamten gibt es ein Gesetz, das den Abriß eines Reihenhauses verbietet, solange das Nachbarhaus noch bewohnt ist. Nicht verboten ist es allerdings, das Haus unbewohnbar zu machen. Zwar haben die BewohnerInnen inzwischen Unterstützung von erfahrenen Bürgerinitiativen aus anderen Stadtteilen erhalten, doch auch das Ministerium hat dazugelernt: Wenn ein Haus geräumt ist, wird sofort der Wachschutz beauftragt, um Besetzungen zu verhindern. Selbst auf den Freiflächen passen Wachmänner rund um die Uhr auf, damit niemand ein Zelt errichtet.

An Mick Thompson hat sich die Behörde bisher jedoch die Zähne ausgebissen. Vor zwei Wochen erhielt der ehemalige Bauarbeiter per Einschreiben den Räumungsbefehl mit einer Frist von acht Tagen.

Das war Zeit genug, um alles für einen würdigen Empfang der Gerichtsvollzieher vorzubereiten. Der Endfünfziger baute Fensterläden aus Holz und Stahl, die er mit Eisenträgern und Eisenbahnbohlen festklemmte. An der Decke brachte er ein hölzernes Fallgatter an, das bei Gefahr mit Hilfe eines komplizierten Flaschenzugsystems hinter die Eingangstür geschwenkt werden kann.

Sollte es den im Häuserkampf untrainierten Gerichtsvollziehern wider Erwarten gelingen, diese Hürden zu überwinden, kann Thompson durch ein kleines – mit weiteren Bohlen verschließbares Loch in der Holzwand – am Fuß der Treppe ins Obergeschoß abhauen. Dort hat er ein Faß mit 200 Litern Wasser deponiert. Sollte das Haus dennoch den Feinden in die Hände fallen, will Thompson auf das Dach klettern und sich erhängen. Einen Galgen hat er bereits gebaut. Bisher hat sich aber noch kein Gerichtsvollzieher blicken lassen. Ist ja auch ein Scheißjob.

1. November 1993

Was ist von einem Schwein anderes zu erwarten als ein Grunzen?

Die Nachricht, daß es im britischen Justizsystem von unfähigen und selbstherrlichen Greisen nur so wimmelt, ist nicht neu. Daß die Verantwortlichen aus den Skandalen um ihre Fehlurteile nichts gelernt haben, ist aber doch verblüffend. Vor fünf Jahren löste die Aufdeckung des Justizverbrechens an den ‚Guildford Four', denen Polizei und Richter 1974 die Bombenanschläge auf zwei Kneipen in die Schuhe geschoben haben, eine Lawine von Freisprüchen aus. Auch die ‚Maguire Seven' wurden rehabilitiert – eine konservative Familie, die nur deshalb jahrelang im Knast verbringen mußte, weil die Polizei aus einem der ‚Guildford Four' ein belastendes „Geständnis" herausgeprügelt hatte. Der Fall ist durch Jim Sheridans Film *Im Namen des Vaters* weltbekannt geworden.

Der frühere englische Oberrichter John May schrieb 1992 einen äußerst kritischen Bericht. „Ich bin zu der Überzeugung gelangt, daß die Maguire Seven die Opfer eines schweren Justizversagens geworden sind", hieß es darin. May zerpflückte die forensischen Beweise

und ließ keinen Zweifel daran, daß man die Familie zu Sündenböcken gemacht hatte, weil die wahren Täter nicht zu fassen waren.
Vor gut einer Woche ist ein neuer Bericht erschienen. Darin wird
der Begriff „Justizversagen" neu definiert, weil „im öffentlichen
Verständnis eine simplistische Schlußfolgerung" daraus gezogen
werde, die „zu einengend" sei. Mit anderen Worten: Die Leute sind
so blöd und glauben, daß ein Justizversagen vorliege, wenn ein
Unschuldiger jahrzehntelang im Knast sitzen muß. Doch weit gefehlt:
Es kann sich auch dann um ein Justizversagen handeln, wenn ein
Schuldiger jahrzehntelang einsitzen muß – nämlich dann, wenn „das
Ergebnis eines Strafprozesses anders gelautet hätte, wenn ein
bestimmtes Versagen des Justizsystems nicht aufgetreten wäre".
Hinter der verquasten Amtssprache verbirgt sich die Behauptung, daß
man die ‚Guildford Four' wegen eines „Formfehlers" freigelassen
habe, was aber noch lange nicht bedeutet, daß sie unschuldig sind.

Man könnte den Bericht abtun – was ist von einem Schwein schon
anderes zu erwarten als ein Grunzen? Der Autor des Berichts ist
jedoch derselbe John May, der vor zwei Jahren noch ganz anders
klang. Seine rasante Wende ist typisch für die gesamte britische
Justiz. Hatten die Richter nach den Freisprüchen der ‚Guildford Four',
‚Maguire Seven', ‚Birmingham Six', ‚Broadwater Three' und all der
anderen, denen sie Morde angehängt hatten, noch einen kollektiven
roten Kopf, so sind sie inzwischen längst wieder obenauf und zimmern an der Restaurierung ihrer Unfehlbarkeits-Aura. Niemand ist für
die Justizskandale zur Rechenschaft gezogen worden. Und in Zukunft
obliegen die Untersuchungen bei Verdacht auf Fehlurteile derselben
Polizeieinheit, die auch die ursprünglichen Ermittlungen geleitet hat.
Damit ist sichergestellt, daß kein Justizskandal mehr ans Licht kommt
– John May und Komplizen sei Dank.

Der einzige Richter, der all die Jahre nicht von seinem Weg
abwich, ist Lordrichter Denning: Der heute 92jährige wollte die
‚Birmingham Six' noch kurz vor ihrer Entlassung vor drei Jahren hängen, damit die rufschädigende Kampagne für ihre Rehabilitierung ein
Ende habe. Ein konsequenter Mann, dieser Denning.

11. Juli 1994

Eine Hundemarke für ausländische Sklaven

Die Sklaverei wurde in Großbritannien offiziell Anfang des 19. Jahrhunderts abgeschafft. Vor 15 Jahren wurde sie schrittweise wieder eingeführt – diesmal inoffiziell. Das Parlament verabschiedete damals eine kleine Gesetzesänderung mit großer Wirkung: Hausangestellte von reichen ausländischen Familien, die sich in Großbritannien niederließen, erhielten fortan keine Arbeitserlaubnis mehr. Dadurch wurden sie über Nacht zu Leibeigenen. Bei Mißhandlung durch den „Arbeitgeber" können sie sich zwar nach wie vor an ein Gericht wenden – allerdings nur in ihren Heimatländern.

Britische Gerichte fühlen sich erst dann zuständig, wenn ein Sklave seinem Besitzer davonläuft. Dann wird er nämlich automatisch zum illegalen Immigranten, gegen den die Gerichte gnadenlos vorgehen: Wer geschnappt wird, muß die Insel verlassen. Das Gesetz wurde damals geändert, weil man die ungelernten Kindermädchen, Hausdiener und KöchInnen am liebsten gar nicht erst ins Königreich hineinlassen wollte, es deren reichen Herrschaften – die natürlich höchst willkommen waren – aber nicht zumuten konnte, ohne billiges Personal den britischen Alltag zu bewältigen. So verwandelte das Parlament die Hausangestellten kurzerhand in Reisegepäck.

Die West-Londoner Hilfsorganisation Kalayan, die 1987 gegründet wurde, ist der Meinung, daß Großbritannien gegen die Hälfte der 30 Artikel in der Menschenrechtserklärung der Vereinten Nationen verstößt – und es wird immer schlimmer. Jedesmal, wenn das Gesetz von 1979 zu laut kritisiert wurde, überarbeiteten die Tories es. Mit jeder neuen Version verloren die ausländischen Hausangestellten aber weitere Rechte. Jetzt stempeln die Behörden einen Vermerk in den Sklavenpaß hinein, wonach der Inhaber weder bezahlte noch unbezahlte Arbeit annehmen dürfe. Ein zweiter Stempel sorgt für klare Verhältnisse: „Der Paßinhaber begleitet seinen Arbeitgeber." Eine Hundemarke würde denselben Zweck erfüllen.

Für die Sklavenhalter beginnen nach ihrer Ankunft in Großbritannien paradiesische Zeiten: Sie können ihren Angestellten beliebige Arbeiten zuweisen. „Zu Hause in Kuwait hütet das Kindermädchen die Kinder", sagt Hamit Dardagan von Kalayan. „Hier in Großbritannien muß sie plötzlich auch kochen, waschen und putzen, weil die Auswanderer-Familie im Normalfall nur eine begrenzte Zahl von Bediensteten mitbringt." Viele Hausangestellte dürfen nie das Haus verlassen und müssen auf dem Fußboden schlafen. Damit sie nicht auf dumme Gedanken kommen, zahlen die „Arbeitgeber" meist nur unregelmäßig und beschlagnahmen oft auch die Reisepässe.

Krank werden dürfen die Leibeigenen nicht, denn ein Arztbesuch kostet Geld – und die Besitzer scheuen diese „Reparaturkosten". Der Regierung ist das egal, denn es geht dabei ja nicht um Wahlstimmen. Auch Kalayan kann den ausländischen Sklaven nicht helfen, sondern sie lediglich über ihre Lage informieren. Die Organisation hat ein Informationsblatt veröffentlicht. „Je besser die Hausangestellten das Blatt verstehen", sagt Dardagan pessimistisch, „desto klarer wird ihnen, daß sie eigentlich überhaupt keine Rechte in diesem Land haben."

25. Juli 1994

Wagen 54 hat sich gemeldet

Wagen 54 hat sich endlich wieder gemeldet – aus dem Londoner Eastend. Die älteren unter den *taz*-LeserInnen werden sich vermutlich an die wunderbare US-amerikanische Fernsehserie *Wagen 54 ... bitte melden* erinnern, in der zwei dämliche Polizisten die Hauptrolle spielten. Da die Gauner noch dämlicher waren, gelang es den beiden Polizisten meist, sie zu schnappen.

Das war in den sechziger Jahren. Inzwischen sind die Nachfahren der beiden beamteten Deppen auf Streife in Tower Hamlets im Osten der englischen Hauptstadt – oder genauer gesagt: Sie stehen zur Zeit wegen einer detektivischen Meisterleistung vor Gericht, die den Spürsinn ihres kokainschnupfenden Landsmanns Sherlock Holmes glatt in den Schatten stellt.

Die Geschichte begann mit einem anonymen Anruf bei Lee St. Rose, dem Manager der Flying-Scud-Kneipe in Hackney. Der Anrufer behauptete, daß ein paar Männer, die kurz zuvor eine Schlägerei in dem Pub angezettelt hatten, sich zur Zeit im King's Arms in der Bow Street betrinken würden. St. Rose und sein Freund Michael Hamill, die gerade zum Joggen in den Park wollten, fuhren stattdessen mit dem Auto in die Bow Street. Auch die Polizei hatte einen anonymen Anruf erhalten: Angeblich planten zwei bewaffnete Gangster, das King's Arms zu überfallen. So stellte man eine Zivilstreife zur Beobachtung des Pubs ab. Als St. Rose und Hamill auftauchten, zählten

Law and Order – britische Tugenden

die Polizisten eins und eins zusammen – und kamen auf drei. Die beiden Jogger hatten im King's Arms keine bekannten Gesichter entdeckt und wollten nun ihr Fitneßpro-gramm im benachbarten Park absolvieren. Die Polizisten folgten ihnen mit dem Auto. Unglücklicherweise hatte der Fahrer die Breite des Fußweges überschätzt, so daß der Streifenwagen mit einer Parkbank kollidierte. Der Beifahrer sprang mit gezogener Waffe aus dem Wagen, um die vermeintlichen Räuber zu erschrecken. Im selben Augenblick fiel ein Schuß. Der Polizist brach mit einer Kugel im Bein zusammen, rappelte sich aber wieder auf und humpelte erstaunlich behende hinter den fliehenden Joggern her. Die Jagd durch die schmalen Straßen des Eastend dauerte fast eine Stunde, während der Polizist unaufhörlich auf die Flüchtenden feuerte – mit Erfolg: Er traf St. Rose drei Mal in den Arm und durchschoß ihm aus dreißig Meter Entfernung das Ohr. Zu guter Letzt gelang es dem Amateur-Wilhelm-Tell, die beiden Jogger zu überwältigen. Sie waren unbewaffnet. Es stellte sich heraus, daß der Polizist sich in der Aufregung selbst ins Bein geschossen hatte.

Um die Blamage in Grenzen zu halten, veranlaßten die Polizisten eine Razzia im Flying Scud, was die Sache freilich nur noch schlimmer machte. Ein Dutzend Beamte, in voller Kampfmontur und mit Maschinenpistolen bewaffnet, durchsuchten die Kneipe mit Schäferhunden und präsentierten am Ende stolz ein Betäubungsgewehr. St. Rose und Hamill wurden wegen unerlaubtem Waffenbesitz und versuchtem Raubüberfall angeklagt. Die Geschworenen amüsierten sich köstlich über den Fall und bescheinigten den Ordnungshütern einstimmig, das Betäubungsgewehr selbst in der Kneipe versteckt zu haben. St. Rose und Hamill kamen frei, waren inzwischen jedoch arbeitslos. Sie haben die beiden Polizisten auf Schadensersatz verklagt. Bis zum Urteil bleibt Wagen 54 in der Garage des Polizeireviers.

6. Februar 1995

Scotland Yard ist dümmer als die Polizei erlaubt

Wer das Finanzamt übers Ohr hauen will, braucht etwas Gerissenheit. Wer die Polizei um Millionenbeträge erleichtern will, benötigt dazu noch eine Portion Genialität. Manchmal reicht aber auch ein ehrliches Gesicht, wie im Fall von Tony Williams. Der 55jährige, der seit 1959 bei Scotland Yard in London arbeitete, galt als Inbegriff von Tugend und Rechtschaffenheit. Bis Mitte der achtziger Jahre war er das auch, doch nach seiner Scheidung geriet sein Konto wegen der Alimente in die roten Zahlen. Sein Traum vom Häuschen im schottischen Hochland rückte immer weiter in die Ferne.

Die Gelegenheit, ihn doch noch zu verwirklichen, ergab sich 1986: Scotland Yard richtete einen Sonderfonds für streng geheime Operationen ein. Dazu gehörte die Anschaffung und der Unterhalt eines Aufklärungsflugzeuges, mit dem IRA-Waffenlager ausgespäht werden sollten. Mit der Verwaltung des Fonds betraute man ausgerechnet Tony Williams. Der nahm sich davon zunächst 6000 Pfund für ein kleines Cottage in Tomintoul, dem höchsten Dorf der Highlands.

Weil das niemand merkte, wurde er waghalsiger. Er eröffnete Konten in Schottland und London, auf Jersey und bei Coutts, der Bank der Königin. Die Geldinstitute überhäuften ihn mit goldenen Kreditkarten, und Williams geriet in eine Art Kaufrausch: Er renovierte das Cottage für 400.000 Pfund, erstand ein Haus im vornehmen New Malden südlich von London, zwei weitere in Leatherhead und Haslemere in Surrey, eine Villa an der Costa del Sol und einen Landrover für seine Besitztümer in Tomintoul. Zu denen waren inzwischen zwei Hotels, ein Restaurant und ein weiteres Cottage hinzugekommen. In der Londoner Innenstadt mietete Williams eine Luxuswohnung für 5000 Mark im Monat, die er der Einfachheit halber per Dauerauftrag vom Scotland-Yard-Konto überwies.

Zu seiner eigenen Verblüffung kam ihm noch immer niemand auf die Schliche, so daß er nun alle Hemmungen verlor: Williams kaufte für 60.000 Pfund einen Adelstitel und hieß fortan Lord Williams von Chirnside. Das gefiel ihm so gut, daß er sich acht weitere Titel für 150.000 Pfund zulegte. In Tomintoul, wo er stets im Schottenrock herumlief, gründete er das Unternehmen Tomintoul Enterprises, investierte drei Millionen Pfund in den Ort und sponserte die traditionellen Highland Games. Die Sache flog erst auf, als eine Bank ihm die Geschichte mit dem reichen Onkel aus Norwegen nicht mehr abkaufte und Scotland Yard verständigte.

Die Kollegen erblaßten, als sie die Konten verglichen: Insgesamt hatte Williams von den sieben Millionen Pfund, die in den acht Jahren durch den Geheimfonds gelaufen waren, mehr als fünf Millionen für den eigenen Gebrauch abgezweigt. In Tomintoul lassen die Leute jedoch nichts auf ihren Lord kommen: Sie sehen das geklaute Geld als eine Art von staatlicher Subvention, die im schottischen Hochland allemal besser angelegt sei als bei Scotland Yard. Der Chef der örtlichen Brauerei hat Williams zu Ehren ein Festbier gebraut: ‚Laird of Tomintoul', sechs Prozent Alkohol. Der Namensgeber wird das Faß allerdings erst in siebeneinhalb Jahren anstechen können. Solange muß er nämlich hinter Gitter. Wo er die Strafe absitzen wird, ist dagegen unklar: Schließlich kennt niemand die geheimen Polizeiaktivitäten besser als Williams, und man möchte nicht, daß er sein Wissen mit seinen Zellennachbarn teilt.

29. Mai 1995

Eine Drogenparty am Ende der Welt

Es ist doch beruhigend, wenn sich Regierung und Opposition nicht nur einig sind, daß der Wiederherstellung von law and order Vorrang gebührt, sondern sich auf dem Gebiet der Verbrechensbekämpfung auch noch gegenseitig übertrumpfen wollen. Kaum hatte der Tory-Innenminister Michael Howard seinen Phantasien über einen Superknast im Stil von Alcatraz freien Lauf gelassen, da machte sein Labour-Kollege Jack Straw eine gemeingefährliche Gangsterorganisation aus: die Squeegie Merchants, die stets am hellichten Tag zuschlagen. Sie lauern an Ampeln, bewaffnet mit Wassereimern, Schwämmen und Gummiwischern, und schlagen bei Rot zu. Im Handumdrehen sind schmutzige Autoscheiben sauber, während die AutofahrerInnen die Gelackmeierten sind. Kurz- und Weitsichtige trauen sich tagsüber kaum noch auf die Straße, monierte Straw, weil sie Angst haben, daß ihre Brillen einer Zwangswäsche unterzogen werden könnten.

Die Polizei will angesichts der konzertierten Anstrengungen der Politiker nicht zurückstehen. So greift sie auch bei solchen Verbrechen erbarmungslos durch, die auf den ersten Blick geringfügig erscheinen. „Ich würde keinen Einsatz herunterspielen", sagte Sergeant Malcolm Gilbert von der Polizei in Orkney. Seiner Einheit war aufgrund eines anonymen Hinweises auf eine „Drogenparty am Strand" ein großer Fisch ins Netz gegangen. Der Wermutstropfen: Der Strand lag auf Eday, einer der nördlichsten Orkney-Inseln 25 Kilometer nördlich von der Hauptinsel – und dem Polizeirevier. Ganz schön raffiniert von der Drogenmafia, sich auf einem winzigen Eiland ohne Polizei, aber mit einem Laden, einem Hilfspostamt und 150 EinwohnerInnen zu verschanzen. Gilbert ließ sich jedoch nicht abschrecken: Mit zwei Kollegen und dem Drogenhund flog er nach Sanday, weil Eday keine Landebahn hat. Auf Sanday mieteten die Inselsheriffs ein kleines Holzboot, ruderten nach Eday hinüber und landeten im Schutz der Dunkelheit am Drogenstrand.

Die verdächtige Gruppe von sieben Erwachsenen und einer ganzen Reihe von Kindern hatte gerade ein Feuer entfacht und begann, tote Tiere zu grillen. Im Nu hatten die drei Beamten und der Hund das Lager umzingelt. Dann durchsuchten sie die Person, die anonym angezeigt worden war – und siehe da, die Drogendealerin hatte die Ware in einer wattierten Weste unter ihrer Jacke versteckt: 1,5 Gramm Cannabis. Geschätzter Marktwert, falls eine solche Kleinstmenge überhaupt verkauft würde: umgerechnet 18 Mark. Die Täterin, die 33jährige Dorfschullehrerin Sandra Logan, wurde flugs nach Kirkwall auf der Hauptinsel gebracht und vor Gericht gestellt. Zwar beteuerte sie, daß die Weste ihrem geschiedenen Mann gehörte, doch das Gericht schenkte ihr keinen Glauben. Man verurteilte sie zu rund 250 Mark Geldstrafe. Weil das als Vorstrafe gilt, war sie auch gleich ihren Job los. Die zwölf Schulkinder werden jetzt von einer Aushilfskraft unterrichtet, die jeden Tag aus Kirkwall anreist.

Der Steuerbevollmächtigte für die Orkney-Inseln, Keith Adam, räumte ein, daß die ganze Operation ein Vermögen gekostet habe, doch schließlich waren bei der geplanten Drogenparty auch Minderjährige anwesend. Wer weiß, was die Labour Party jetzt ausheckt, um sich von der entschlossenen Orkney-Polizei nicht die Law-and-order-Schau stehlen zu lassen. Vielleicht die öffentliche Auspeitschung illegaler Schuhputzer?

27. November 1995

Chelsea ist ein merkwürdiges Viertel

Englische Gerichtsprozesse sind manchmal recht unterhaltsam – vor allem, wenn ein Tory-Abgeordneter daran beteiligt ist. David Ashby ist ein besonders pläsierliches Exemplar. Der 55jährige hat die ehrwürdige *Times* verklagt, weil sie ihn als „homosexuell, verlogen und heuchlerisch" bezeichnet hat. Die letzten beiden Adjektive dürften auf die meisten Tory-Abgeordneten zutreffen. Geklagt hat er folge-

Law and Order – britische Tugenden

richtig auch nur wegen der Homosexualität, die ihm das Blatt nachgesagt hat. Sicher, er habe in Frankreich das Bett mit einem Bekannten geteilt, aber zum einen war das Bett sehr breit, zum anderen das Hotel ausgebucht. Der Zeitungsbericht sei ein Komplott seiner Ex-Frau Silvana.

Während der 30jährigen Ehe habe sie ihn öfter vermöbelt, verkündete Ashby, doch er liebe sie noch immer. Als er vor zwei Jahren aus dem gemeinsamen Haus in Putney auszog, besorgte er sich eine Wohnung ganz in der Nähe, damit er ihr „weiterhin den Rasen mähen, die Hecken schneiden und die Verstopfung des Waschbeckens beseitigen" konnte, sagte er. Sie sei jedoch ein undankbares Geschöpf und habe ständig „Schwuli" durch seinen Briefkastenschlitz gerufen. Einmal habe sie seine Wohnungstür eingetreten, sei in die Wohnung gestürmt und habe angefangen, die Tapete von den Wänden zu kratzen. Dann verlor sie vollkommen die Kontrolle über sich und drohte, in die Liberale Partei einzutreten, erzählte er entsetzt. Da rief er die Polizei.

Ein anderes Mal saß er mit einem älteren Kollegen, der gerade von einem Schlaganfall genesen war, vor dem Fernseher, als sie abermals die Tür eintrat – offenbar eine schlechte Angewohnheit, aber Silvana Ashby ist ja Italienerin. Dann brüllte sie: „Aha, jetzt fickst du also alte Männer!" Danach habe sie mit Tellern und Küchenmessern nach ihm geworfen, während er vergeblich versuchte, ihr den Kollegen vorzustellen. Der stand inzwischen vor dem nächsten Schlaganfall, meinte Ashby, und so flüchteten die beiden Männer ins Schlafzimmer.

Und was sei mit der Schwulenbar, in der er mit seinem blauen Anorak gesehen worden sei, fragte der *Times*-Anwalt. „Unmöglich", antwortete Ashby: Den Anorak trage er nur, wenn er mit seinem Hund Gassi gehe. In der Bar in Chelsea habe er sein dunkelgrünes Jackett getragen, habe aber nicht bemerkt, welche Art von Publikum in dem Laden verkehre. „Chelsea ist ein merkwürdiges Viertel", sagte er. „Dort gibt es haufenweise merkwürdige Leute." Die Geschworenen nickten verständnisvoll.

Dann holte Ashby zu seinem gewichtigsten Argument aus: Er stülpte sich eine rüsselartige Vorrichtung über den Kopf und stöpselte ein Kabel in eine Art Computer. Diese Maschine, die ihm Luft in die Nase bläst, trage er jede Nacht, weil er ohne sie nicht schlafen könne, nuschelte Ashby durch den Rüssel. Außerdem sei er impotent, fügte er hinzu. „Na und", konterte der *Times*-Anwalt, auch ein impotenter Rüsselträger könne mit einem anderen Mann das Bett teilen und seine Zuneigung zeigen. Die männlichen Geschworenen erblichen bei diesem Gedanken.

Noch ist das Urteil nicht gefällt, aber ungerecht wird es auf jeden Fall: Der *Times* ist eine Niederlage zwar allemal zu gönnen, doch Ashby verdient keinen Schadensersatz: Er müßte das Geld ohnehin bei der Pleiteversicherung Lloyds abgeben, weil er als Investor für deren Verluste haftbar ist.

4. Dezember 1995

Der Richter und seine Pappeln

Lord Denning hat einen ausgesprochenen Gerechtigkeitssinn. Zumindest, wenn es um seine Pappeln geht. Die hat er vor 30 Jahren am Rand seines riesigen Grundstücks im südenglischen Whitchurch selbst gepflanzt, und jetzt will man ihm ein Stück seines Gartens für einen Parkplatz abknapsen. „Das Grundstück war in furchtbarem Zustand, als ich es gekauft habe", sagt der 97jährige. „Ich habe es zum schönsten Garten Englands gemacht." Gegen den Zwangsverkauf will er gerichtlich vorgehen. Er kennt sich aus: Vor seiner Pensionierung war er einer der höchsten Richter Großbritanniens. „Ich verlasse mich auf das alte englische Rechtsprinzip: My home is my castle", sagt er. „Alles Land, das innerhalb des Zaunes liegt, gehört dazu."

Von Menschen hält der baumschützende Greis dagegen weitaus weniger als von seinen Pappeln. Über den englischen EU-Kommissar Leon Brittan sagte er: „Ich glaube, man wird bald merken, daß er ein deutscher Jude ist, der uns vorschreiben will, was wir mit unseren englischen Gesetzen machen sollen." Das weiß Denning besser – die ‚Birmingham Six' können ein Lied davon singen. Die sechs Iren, die 17 Jahre unschuldig hinter Gittern saßen, weil die Polizei ihnen einen Bombenanschlag in die Schuhe geschoben hatte, wollten 1977 gegen die Polizisten klagen. Denning lehnte die Eröffnung des Verfahrens gegen die prügelnden Polizisten ab: Sollten die sechs unterliegen, wäre ein Haufen Geld verschwendet, argumentierte er. Sollten sie jedoch gewinnen, dann wären die Beamten des Meineids, der Gewalt und Erpressung schuldig. Das sei „eine so entsetzliche Vorstellung, daß kein vernünftiger Mensch diesen Prozeß zulassen" könnte. Der

Richter hatte seine eigene Lösung: Er wollte die ‚Birmingham Six‘ noch kurz vor ihrer Entlassung 1991 hängen lassen. Die Bevölkerung wäre damit zufrieden, meinte er, und die rufschädigende Kampagne für die Rehabilitierung würde ein Ende habe.

Die sechs Iren warten noch heute auf eine Entschädigung. Ein medizinisches Gutachten hat vergangene Woche ergeben, daß das Trauma, das sie im Gefängnis erlitten haben, mit einer unheilbaren Hirnschädigung nach einem Autounfall vergleichbar sei. Die britische Regierung hat ihnen jetzt ein läppisches Angebot gemacht, das auf dem Einkommen basiert, das sie in Freiheit erzielt hätten. Die ‚Birmingham Six‘ werden dagegen klagen.

Denning hatte einmal darauf hingewiesen, daß die sechs Männer 17 Jahre lang auf Staatskosten bei freier Kost und Logis gelebt hätten. Der abscheuliche Alte steht mit seiner Meinung nicht allein. „Es ist unerhört", beschwerte sich der Tory-Abgeordnete John Carlisle vorige Woche, „daß sie mehr Geld vom Steuerzahler verlangen – ja, daß sie überhaupt Geld verlangen." Kollege Terry Dicks, dem in seiner Parlamentskarriere noch niemals ein eigener Gedanke gekommen ist, pflichtete ihm bei: „Sie haben keinen einzigen Penny verdient." Das findet auch Dame Jill Knight, ebenso dämlich wie adlig und deshalb Tory-Abgeordnete für Birmingham: „Sie sind äußerst fair behandelt worden, und nun wollen sie die britische Nation zum Gespött der Welt machen." Nicht nötig, Dame Jill. Dafür sorgen Leute wie Denning schon selbst. Möge ihm dieselbe englische Fairness zuteil werden wie den ‚Birmingham Six‘. Möge ein Blitz die Pappeln fällen. Oder ihn.

29. April 1996

Hohe und weniger hohe Politik

© TOM

Paddy Hosenrunter und die britische Schlammschlacht

Britische Parlamentswahlen sind eine großartige Erfindung. Immer wenn der Urnengang bevorsteht, stellen die drei großen Parteien ihre Debatten um die – ohnehin ständig geringer werdenden – politischen Unterschiede hintan und greifen stattdessen in die Kiste mit den schmutzigen Tricks. Die Nation nimmt dankbar Anteil an der unterhaltsamen Schlammschlacht.

Über den Labour-Vorsitzenden Neil Kinnock wurde jetzt „enthüllt", daß er in Wahrheit vom Kreml gesteuert ist – ausgerechnet Kinnock, ein (auf)rechter Sozialdemokrat bis in die Socken. Die Beweise sprachen jedoch für sich: Kinnock hatte den Moskauer Botschafter in London zu Gesprächen getroffen. Das hatte zwar auch Margaret Thatcher regelmäßig getan, doch zu ihrer Zeit blieb so etwas geheim. Andere Labour-Abgeordnete beklagten in letzter Zeit eine verdächtige Häufung von Einbrüchen in ihre Büros. Dabei blieben die Wertgegenstände stets unangetastet. Entwendet wurden lediglich Computer-Disketten mit Materialien zur Labour-Wahlkampfstrategie.

Wo Crime ist, darf freilich auch der Sex nicht fehlen: Den bisher größten Unterhaltungswert hatte der „Skandal" um den Chef der Liberalen Demokraten, Paddy Ashdown. In der vergangenen Woche wurde bei seinem Rechtsanwalt der Wandsafe aufgebrochen und verschiedene Dokumente gestohlen, darunter ein Memorandum über eine fünf Jahre zurückliegende Affaire mit seiner Sekretärin Tricia Howard. Noch am selben Abend bot der Dieb, der sich selbst als „Tory-Anhänger" bezeichnete, die Unterlagen dem Boulevardblatt *News of the World* an, das mit Freuden zugriff. Ashdown, der bis dahin als Inbegriff des treuen Familienvaters galt, wollte die Veröffentlichung durch eine einstweilige Verfügung verhindern. Rückendeckung erhielt er dabei von Abgeordneten aller Parteien – besonders von den verheirateten. Doch alles war vergeblich: Die Presse taufte den entlarvten Tugendbolzen umgehend ‚Paddy Pantsdown' (Paddy Hosenrunter).

Nur der unabhängige Fernsehsender Channel 4 versuchte, sich von der Schmutzkampagne zu distanzieren. Das ging jedoch daneben: Nachrichtensprecher John Snow hatte einen Filmbeitrag gerade mit den Worten angekündigt, daß der Dieb der Ashdown-Papiere fatal an den Geheimdienstagenten erinnere, der in den 60er Jahren eine Verleumdungskampagne gegen den damaligen Premierminister

Harold Wilson geleitet hatte, als im Bild Des Wilson erschien – der Berater Paddy Ashdowns. „Heh, Moment mal", brüllte Snow im Hintergrund. „Das ist ja der falsche Typ. Das ist doch nicht der verdammte Agent." Zwar wurde der Film sofort gestoppt, doch es war zu spät. Die Nachrichten waren schlagartig zur Satire geworden. Snow brachte fortan keinen Satz mehr heraus, ohne zu kichern.

Ashdown beschloß, die Flucht nach vorne anzutreten, um den Schaden zu begrenzen. In einer Bambi-verdächtigen Inszenierung trat er mit Frau Jane und Freundin Tricia reumütig vor die Kameras, betonte jedoch, das Ganze sei unter „Jugendsünde" abzubuchen. Jane habe vollstes Verständnis, fügte er hinzu und umarmte die pausenlos nickende Ehefrau. Der Trick funktionierte: Laut Meinungsumfragen war Ashdown in der Beliebtheitsskala am nächsten Tag um 13 Prozent gestiegen. Den Tories nahestehende Kreise dementierten inzwischen Gerüchte, wonach Premierminister John Major ein intimes Rendezvous mit seiner Sekretärin in einem Hotel im Londoner Vergnügungsviertel Soho unter Anwesenheit der Presse plane.

12. Februar 1992

Kinderküssende Kandidaten und eine Stimme für den Wahnsinn

In Großbritannien geht die Angst um. Kein Baby, kein Kind unter zehn Jahren ist mehr sicher. Der Hergang der Taten, die seit zwei Wochen aus allen Ecken der Insel gemeldet werden, folgt einem bestimmten Muster: Zwei Männer – die jedoch nie gemeinsam auftreten – mischen sich in dunklen Anzügen unter die Menge, greifen sich ein Opfer und küssen es ab. Sodann steigen sie in schwarze Limousinen und verschwinden genauso schnell, wie sie aufgetaucht sind. In Großbritannien herrscht Wahlkampf.

Aus unerfindlichen Gründen glauben Premierminister John Major und der Labour-Vorsitzende Neil Kinnock, daß beharrliches Schütteln ahnungsloser Spaziergängerhände in Birmingham sowie das Abküssen Minderjähriger in Edinburgh zusätzliche Wahlstimmen einbringen würde. Der Chef der Liberalen Demokraten, Paddy Ashdown, hält sich dabei etwas zurück. Schließlich ist ihm noch in frischer Erinnerung, welchen Medienwirbel im Februar die Enthüllung durch seine politischen Gegner auslöste, daß er in der Vergangenheit seine Sekretärin intensiv und regelmäßig geküßt hatte – noch dazu unter Ausschluß der Öffentlichkeit. Doch auch Ashdown zieht durchs Land, besucht unaufgefordert Firmen und Fabriken und schäkert mit der Belegschaft.

Was nützt jedoch die beste Werbeshow, wenn die Bevölkerung daran nicht teilhaben kann? Doch auch dafür ist gesorgt. Die Labour Party hat den Spielfilm-Regisseur Hugh Hudson (*Chariots of Fire*) angeheuert, um Kinnock richtig in Szene zu setzen: „Kinnock – The Movie." Die Tories antworteten mit John Schlesinger, der nicht zuletzt durch den Film *Midnight Cowboy* in Großbritannien bekannt geworden ist. Ob er aus dem eher farblosen John Major einen Tory-Cowboy machen kann, ist jedoch fraglich. Bei der Inszenierung der Vorstellung des „neuen" Wahlprogramms hat er jedenfalls versagt: Das Kabinett schlich leise in den Saal und nahm auf der Bühne hinter viel zu hohen Schreibtischen Platz, so daß vom Parkett aus nur noch die Köpfe zu sehen waren. Das Bild erinnerte fatal an eine Sitzung des alten Politbüros im Moskauer Kreml. Mit einem Unterschied: Die Londoner Männerriege hatte sich von den Hinterbänken eine Alibifrau geliehen, die mit dem Kabinett in der ersten Reihe sitzen durfte.

Ganz anders die Labour Party: Kinnock und sein Schattenkabinett, in dem gleich drei Frauen vertreten sind, sprangen zu den Klängen klassischer Musik leichtfüßig auf die Bühne und ließen sich vor einem gigantischen Bouquet roter Rosen fotografieren. Es ist das einzige Rot, das bei Labour noch übriggeblieben ist. Ansonsten beherrscht die moderne Technik den Wahlkampf. Sämtliche führende Labour-Politiker sind mit tragbaren Computern und mobilen Telefonen ausgestattet. Die Wahlstrategen hoffen, daß im Notfall – wenn Kinnock sich mal wieder in den eigenen Fuß schießt – der Schaden durch schnelle Kommunikation begrenzt werden kann. Und wenn alles schiefgeht, gibt es ja noch Hudson. Die Tatsache, daß Konservative und Labour zwei Spielfilm-Regisseure mit den Werbespots beauftragt haben, müßte eigentlich auch Gutgläubigen die Augen öffnen: Im Wahlkampf geht es um Fiktion, nicht um Dokumentation.

Der Preis für den phantasievollsten Wahlkampf gebührt zweifellos dem Rocksänger Screaming Lord Sutch und seiner „Official Monster Raving Loony Party". Der brüllende Adelige (Lord David Sutch) will über 50 KandidatInnen aufstellen – dann steht ihm nämlich ein

Fernseh-Werbespot zu. Und Sutch verspricht den „verrücktesten Wahlkampffilm aller Zeiten". Seine Partei stellte ebenfalls in der vergangenen Woche ihr Wahlprogramm vor. Die Kernpunkte sind Kastration über-amouröser Politiker, bleifreie Bleistifte für die Polizei und die Streichung der beiden schlimmsten Wintermonate, Januar und Februar, aus dem britischen Kalender. Für den – überaus unwahrscheinlichen – Fall, daß die „Official Monster Raving Loony Party" nach der Wahl das Stimmgleichgewicht im Parlament halten sollte, hat Sutch bereits den Preis für die Unterstützung der jeweiligen Regierungspartei genannt: mindestens einen Ministerposten für ein wahnsinniges Monster. Die Erfüllung dieser Bedingung dürfte weder den Tories, noch der Labour Party schwerfallen.

25. März 1992

Sagen Sie „Madam" zu mir

Der erste Schultag nach den Sommerferien ist eine aufregende Sache: Die Kinder freuen sich über das Wiedersehen mit alten Freunden und begrüßen neue Klassenkameraden. Genauso geht es im Londoner Unterhaus am ersten Sitzungstag nach den Wahlen zu. Gegenseitig gratulieren sich Alt-Parlamentarier, daß sie die unbequeme demokratische Prozedur heil überstanden haben, während die neuen Abgeordneten sich langsam an die bizarren Traditionen des Hauses gewöhnen müssen. Seit im Unterhaus Fernsehkameras zugelassen sind, kann die ganze Nation an dem unterhaltsamen Schauspiel teilhaben.

Im ersten Akt dieser Schmierenkomödie legte Premierminister John Major am Montag seinem erfolglosen Labour-Widersacher Neil Kinnock den Arm um die Schultern – ein Stilleben in Grau. Sodann ging es darum, den Parlamentssprecher zu wählen. Das Ritual dafür ist genau vorgeschrieben: Jeder Redner, der einen Kandidaten nominiert, muß zunächst darauf hinweisen, wie entsetzlich dieser Posten eigentlich sei. „Es ist der einsamste Job im Parlament", sagte Hinterbänkler Michael Neubert pflichtgemäß, bevor er den ehemaligen Nordirland-Minister Peter Brooke vorschlug. In den vergangenen 40 Jahren hatte die Nominierung eines Kandidaten der stärksten Partei für die Ernennung ausgereicht. Die Opposition warf angesichts des abgekarteten Spiels regelmäßig das Handtuch, so daß es gar nicht erst zur Wahl kam. Doch diesmal konnten sich die Tories nicht auf einen Kandidaten einigen, sondern stellten gleich fünf auf. John Biffen, ein Tory-Parlamentarier, nominierte sogar die Labour-Abgeordnete Betty Boothroyd, die im hohen Haus originellerweise als „BB" bekannt ist. Um Brookes Chancen zu verbessern, ließ Alterspräsident Ted Heath bei der Verlesung der Kandidatenliste die Namen der anderen Tory-Bewerber kurzerhand weg. Die Rechnung ging jedoch nicht auf: Aus Rache stimmten über 70 Tory-Abgeordnete für Betty Boothroyd. Die „Mutter aller Parlamente" – wie die Engländer das Unterhaus gern bezeichnen – hatte zum ersten Mal in ihrer Ge-schichte eine Frau an die Spitze gewählt. Und nicht nur das: „Fräulein Boothroyd ist außerdem die erste Sprecherin seit mehr als einem Jahrhundert, die nicht aus der Regierungspartei kommt, sowie die erste Ex-Stenotypistin und die erste Ex-Supermarkt-Kassiererin auf diesem Posten", stellte der *Guardian* im Stile des *Guinness-Buchs der Rekorde* fest. Und der *Independent* bewunderte ihre bemerkenswerte Weitsicht: „Die ehemalige Kassiererin sagte vor Jahren zu einem Abgeordneten: ‚Sagen Sie Madam zu mir'." Und jetzt ist sie „Madam Speaker". Na sowas.

Eine wichtige Tugend eines Parlamentssprechers ist Bescheidenheit. Brooke versuchte in seiner Wahlkampfrede den Eindruck zu erwecken, er halte sich für nichts weiter als „eine Laus am Rand der Bettdecke Ihrer Majestät". Das war jedoch zuviel des Guten. BBs Behauptung, sie sei aus tiefstem Herzen eine Hinterbänklerin, klang weitaus überzeugender. Doch damit nicht genug der Bescheidenheit: Es gehört zur Tradition des Parlaments, daß der gewählte Sprecher so tun muß, als ob er den Job nicht antreten wollte. Boothroyd spielte mit und ließ sich strampelnd von zwei Abgeordneten durch den Saal zu ihrem Thron zerren. Das Theater hat einen realen Hintergrund. Neun Speaker sind in der siebenhundertjährigen Geschichte des englischen Parlaments eines gewaltsamen Todes gestorben. Heutzutage ist der Job eines Trainers der englischen Fußball-Nationalmannschaft allerdings weit gefährlicher.

29. April 1992

Der balzende Minister und die Schauspielerin

Die Engländer sind ein Volk von Spannern. Nachdem die Boulevard-blätter die königliche Familie bis auf die Knochen ausgelutscht haben, sind nun die Parlamentarier an der Reihe, allen voran David Mellor. Der Minister für kulturelles Erbe hat sich in seinem Privatleben nämlich mit eher Zeitgenössischem beschäftigt. Genauer gesagt: mit der 30jährigen spanischen Schauspielerin Antonia de Sancha, deren größter Filmauftritt die Rolle einer beinamputierten Prostituierten war, die es mit einem Pizzalieferanten treibt. Behauptet der *Daily Mirror*. Und er weiß noch mehr: „Es geschah mitten in der Nacht. David Mellor kroch in ihr Schlafzimmer und begann, Shakespeare zu rezitieren. Sein blasses, nacktes Fleisch glühte im Kerzenschimmer."

Die skandalgestählten LeserInnen erfahren, daß der nationale Erbschaftsverwalter gleich in der ersten Nacht vier verschiedene Stellungen ausprobiert hat und danach von de Sancha übers Knie gelegt wurde. Am liebsten sprang Mellor im Trikot des FC Chelsea zur Schauspielerin ins Bett. Die *Sun*, deren LeserInnen über keinerlei Phantasie verfügen, präsentierte den Minister auf der Titelseite per Fotomontage im Chelsea-Outfit – mit Shorts allerdings, denn bei Schlägen unter die Gürtellinie reicht selbst die Vorstellungskraft der *Sun*-Leserschar. Nun sind auch noch Tonbänder aufgetaucht: Nachrichten, die der – verheiratete – Minister grob fahrlässig auf dem Anrufbeantworter seiner Freundin hinterlassen hat. Diese sammelte alles und spielte das unbeholfene Balzgeplapper ihren Freunden vor, die sich vor Vergnügen auf dem Boden wälzten – und alles brühwarm der Presse erzählten. In England, so scheint es, wimmelt es von falschen Freunden, die nur auf eine Gelegenheit warten, irgendjemandem ein Messer in den Rücken zu jagen. Darüber hinaus tauchen merkwürdigerweise bei jedem Skandal Tonbandmitschnitte von Privatgesprächen auf – sei es bei „Dianagate", beim Milliarden-schwindler Robert Maxwell oder jetzt beim obersten Traditionspfle-ger Mellor. Offenbar ist die Hälfte der Bevölkerung damit beschäftigt, die andere Hälfte auszuspionieren.

Der Versuch, nach französischem Vorbild ein Gesetz zum Schutz der Privatsphäre einzuführen, stieß auf erbitterten Widerstand. Wortführer der Spanner war ausgerechnet David Mellor. Vermutlich ohrfeigt er sich jetzt dafür zweimal täglich, denn die lächerliche

Affäre kann ihn seine Tory-Karriere kosten. Die *Daily Mail* hat in der vergangenen Woche behauptet, daß Mellors Freund, der Bauunternehmer Elliott Bernerd, dem Minister während des Wahlkampfes nicht nur seinen Mercedes, sondern auch seine Wohnung „als Liebesnest" überlassen habe. Im Gegenzug soll Mellor ein millionenschweres Bauprojekt zwischen Bernerd und dem Vorsitzenden des FC Chelsea, Ken Bates, vermittelt haben. Hat er dafür das Chelsea-Trikot erhalten?

Noch hält Premierminister John Major seine schützende Hand über den Traditionspfleger, doch am Wochenende ist der unscheinbare Regierungschef selbst zum Objekt der Boulevardblattbegierde geworden: Seine enge politische Vertraute, *Sunday-Express*-Chefin Eve Pollard, hat Prinzessin Anne als Lügnerin bezeichnet, weil diese bestreitet, ihre beiden Schwägerinnen Diana und Fergie „alberne Gänse" genannt zu haben. Die Queen zitierte Major am Samstag deshalb zu sich. Oder sollten die beiden es etwa auch heimlich treiben?

14. September 1992

Eine Tory-Hand wäscht viele andere

Was sind die italienischen Politiker doch blöd. Da lassen sie sich wegen ein paar läppischer Parteispenden eine Korruption anhängen, statt sich vorher bei ihren britischen Kollegen ein paar Tips einzuholen. Die Tories drehen ihr Ding nämlich so geschickt, daß sie hinterher noch behaupten können, alles geschehe zum Wohl des Landes. Premierminister John Major reagierte auf den Korruptionsskandal in Italien, indem er eine Offenlegung der Beziehungen zwischen der Regierungspartei und ihren Finanziers erneut ablehnte. Weder die Bekanntgabe ausländischer Spender, noch die geforderte Meldepflicht für Parteispenden über 500 Pfund kämen in Frage, tönte Major.

Darüber hinaus müssen nicht eingetragene Firmen weiterhin keine Revisionsberichte vorlegen und Firmen mit einem Umsatz von mehr als fünf Millionen Pfund im Jahr keine Bilanzen veröffentlichen. Zufällig trifft beides auch auf die Tories zu: Sie sind als einzige Partei in kein Register eingetragen, und ihr Umsatz beträgt mehr als fünf Millionen Pfund im Jahr. Sollte da ein Zusammenhang bestehen? Ein Großteil der Tory-Vermögenswerte befindet sich im Ausland. Über

Bankkonten in der Schweiz oder auf den Kanalinseln, die eigens für die Spender zur Umgehung der Steuer eingerichtet worden sind, wird das Geld dann nach Großbritannien geschleust – dank der „Lex Tory" auf ganz legale Art.

Dem britischen *Guardian* ist jetzt peinlicherweise die interne Tory-Bilanz für das vergangene Jahr in die Hände gefallen. Sie enthält obskure Spenden in Höhe von 17 Millionen Pfund. Ohne dieses Geld hätten die Konservativen mit ihrer maroden Parteikasse – sie haben 19 Millionen Pfund Schulden, die in der Tory-Sprache freilich „Defizit" heißen – höchstens ein paar Kleinanzeigen während des Wahlkampfes vor einem Jahr finanzieren können. Mindestens ein Teil der Spenden stammte von „ausländischen" Geschäftsleuten: Unternehmer, die offiziell keinen Wohnsitz in Großbritannien haben und deshalb von der Steuer befreit sind. Offenbar haben sie sich bei den Tories für diese überaus günstige Regelung mit kräftigen Spenden bedankt – eine Hand wäscht schließlich die andere. Allerdings geht das nicht immer gut: Einige berühmte Milliardäre – z.B. der Firma Guinness – mußten ein paar Milliönchen Strafe zahlen und zum Teil Knaststrafen absitzen, weil sie vergessen hatten, die Spenden in ihren eigenen Bilanzen aufzuführen.

Neun dieser großzügigen Spender hatte Major vor den April-Wahlen zum Dinner eingeladen, wo er ihnen abermals versicherte, daß an ihrem privilegierten Status nicht gerüttelt werde, solange die Tories das Sagen haben. Er hielt sein Versprechen: Als das Finanzamt eine Untersuchung über die steuerhinterziehenden Geldsäcke – insgesamt gibt es davon 4500 – einleiten wollte, schob Major dem geschwind einen Riegel vor. Sarosh Zaiwalla, ein Anwalt für internationales Recht und Gast bei Majors Dinner-Party, erläuterte: „Es ist wichtig, daß diese Männer wissen, ob sie auf ihr weltweites Einkommen Steuern zahlen müssen. Davon hängt es ab, ob sie große Geldsummen ins Land bringen." Alles zum Wohl von Königin und Untertanen, versteht sich. „Es ist von Vorteil, diese Männer in Großbritannien zu haben", behauptete Zaiwalla. „Es erzeugt weitere Geschäfte." Weitere steuerfreie Geschäfte, meinte er natürlich. Ach, was sind die Italiener blöd.

5. Oktober 1992

Wenn der Minister schon Minister wäre ...

Fast gleichzeitig ist in der vergangenen Woche das Thema Medienzensur in Großbritannien und Irland wieder auferstanden – allerdings aus unterschiedlichen Gründen. In London sorgt man sich um die Privatsphäre der Politiker und der königlichen Familie, nachdem sich in letzter Zeit die Berichte über ungebührliches Benehmen der Prominenz gehäuft haben und so manche hoffnungsvolle Karriere vorzeitig beendet worden ist. Jüngstes Opfer ist Prinz Charles, der die Windsors mit seinem biederen Telefonsex zum Gespött der Nation gemacht hat. Den Wortlaut des Gesprächs zwischen dem Thronfolger und seiner Freundin Camilla Parker-Bowles mußten die Untertanen freilich der Auslandspresse entnehmen. Erst gestern wagte eine englische Zeitung, das infantile Gebalze abzudrucken.

Wenn es nach dem Tory-Juristen David Calcutt geht, kann der blaublütige Don Juan in Zukunft unbehelligt seinem Hobby nachgehen. Ein Alptraum für die Boulevardpresse, sollten die schönsten Skandälchen zur Geheimsache erklärt werden. Und auch die seriösen Medien haben über Nacht die bürgerlichen Freiheiten entdeckt, an deren Grundfesten Calcutt offenbar rüttelt – als ob Zensur in Großbritannien etwas Neues wäre. Bisher waren davon jedoch bloß ein paar verrückte NordirInnen betroffen. So dürfen seit Jahren unter anderem keine Mitglieder Sinn Feins, des politischen Flügels der IRA, im britischen Rundfunk und Fernsehen zu Wort kommen, obwohl die Partei legal ist und jahrelang einen Westminster-Abgeordneten stellte. Das führte dann zu Situationen, die der unfreiwilligen Komik nicht entbehrten: Wann immer ein Sinn-Feiner auf dem Bildschirm auftauchte, wurde seine Stimme von einem Schauspieler synchronisiert.

In Irland traut man sich selbst das nicht. Sinn-Fein-Mitglieder dürfen im Staatsfunk nicht mal über Gartenzwerge sprechen, geschweige denn über Politik. Dafür sorgt seit 1974 ein Gesetz, das der damalige Labour-Postminister Conor Cruise O'Brien durchgesetzt hatte. Seitdem wurde das Gesetz stets am 20. Januar um ein Jahr verlängert. Das sollte nun anders werden. O'Briens Parteigenosse Michael D. Higgins, der am vergangenen Mittwoch zum Minister für Kunst, Kultur und die Gaeltacht gekürt wurde, erklärte umgehend, daß er das Gesetz abschaffen werde. Vielleicht, hieß es am nächsten Tag. Und noch einen Tag später: Er werde ernsthaft darüber nachdenken. Am Wochenende wurde er seiner Gewissensqualen enthoben. Es stellte sich nämlich heraus, daß seine Vorgängerin Maire Geoghegan-Quinn vom Koalitionspartner Fianna Fail, der bis vor sechs Tagen die Übergangsregierung stellte, das Gesetz heimlich schon am 6. Januar verlängert hatte.

Diesen Beschluß könnte das Parlament innerhalb von 21 Tagen aufheben. Das geht aber nicht, weil das neue Kabinett als erste Amtshandlung die Parlamentarier für einen Monat in den Urlaub geschickt hat. Und Higgins sind die Hände gebunden, weil sein Minister-Portefeuille offiziell noch gar nicht existiert. Neue Ministerien müssen nämlich erst formal vom Parlament abgesegnet werden – nach den Ferien. Bis dahin ist er lediglich für die Gaeltacht zuständig, jenes kleine Gebiet mit etwa 10.000 Menschen, die Irisch als Umgangssprache benutzen. So hat sich das Problem auf typisch irische Art in Luft aufgelöst. Von der neuen Koalitionsregierung sind noch große Dinge zu erwarten.

18. Januar 1993

Sodomie und Gruppensex im Unterhaus

Die Presseerklärung klingt vielversprechend: Im britischen Unterhaus soll eine „grausige und ekelerregende Ausstellung obszönen Materials" stattfinden. Legt Finanzminister Norman Lamont etwa vorzeitig seinen Haushaltsplan vor? Weit gefehlt. Es geht um harte Pornomagazine. Die Tory-Abgeordnete Ann Winterton will den Unterhaus-KollegInnen ihre schmutzige Heftchen-Sammlung vorlegen, damit die behüteten ParlamentarierInnen mit eigenen Augen sehen können, womit unter britischen Ladentischen gehandelt wird. Winterton zählt auf, was sie alles zu bieten hat: „Kindesmißbrauch, Sodomie, oralen Sex und sowohl homosexuellen, als auch heterosexuellen Gruppen- und Analverkehr." Für jeden Geschmack ist etwas dabei. Und den Abgeordneten, die alles zu kennen glauben, verspricht sie ein paar Überraschungen: „Das Material enthält noch andere gewalttätige und abnorme Sexualpraktiken. Es wäre aber unpassend, sie hier aufzulisten."

Der Werbetrick wirkt. Schon über 300 Abgeordnete haben Eintrittskarten für die grausige Ausstellung beantragt, um sich stellvertretend für die WählerInnen im heimatlichen Wahlkreis ekeln zu können. VolksvertreterInnen haben es nicht leicht. Sie sind vielbeschäftigt, so daß manche Debatte – etwa über die Zukunft der Bergarbeiter – vor leeren Rängen ausgetragen werden muß. Umso lobenswerter, daß sie in diesem Fall ihrer schweren Pflicht so zahlreich nachkommen. Will man über Kinderpornographie entscheiden, muß man schließlich das Material vorher gründlich studieren. Winterton bekennt: „Ich bin keineswegs prüde, aber ich war tief schockiert, daß solches Material nun zunehmend erhältlich ist."

Offenbar auch im Parlament, denn Wintertons Idee ist nicht neu: Bereits vor knapp drei Wochen trafen sich die Abgeordneten zum Fernsehabend. Auf dem Programm stand *Red Hot Dutch*, ein Hardcore-Pornokanal, der nicht nur in Großbritannien über Satellit empfangen werden kann. Dazu benötigt man allerdings einen Decoder mit gebührenpflichtiger Plastikkarte, die jedoch schon 20.000 BritInnen besitzen. Die übrigen 55 Millionen haben sich darüber aufgeregt. Der britischen Regierung sind die Hände gebunden, weil Satellitenprogramme laut EG-Vorschrift nicht mit den gesetzlichen Bestimmungen des Empfängerlandes, sondern lediglich des Sendelandes in Einklang stehen müssen – und das ist in diesem Fall Dänemark. Aber die Abgeordneten wollten zumindest sehen, was sie nicht verbieten können. Der Andrang war so groß, daß die Vorführung in einen größeren Tagungsraum verlegt werden mußte. Was danach mit dem Decoder geschah, ist nicht bekannt.

Nur Lamont hat bisher noch nicht geschaltet: Hier böte sich doch ein Weg aus der Rezession! Statt die Tickets auf Antrag zu verschenken, sollte er die Eintrittskarten zu gesalzenen Preisen verscherbeln und obendrein mit einer Vergnügungssteuer belegen. In den Ecken des Plenarsaales könnte er Separees einrichten – blauer Vorhang für die Tories, roter Vorhang für Labour. Und Margaret Thatcher ... nein, das ist jetzt wirklich grausig und geht zu weit. Aber nachdem keine seiner wirtschaftspolitischen Maßnahmen gefruchtet hat, gibt Lamont ja vielleicht am „Budget-Day" im nächsten Monat endlich die Parole aus: Bumsen für den Aufschwung.

22. Februar 1993

Jugendprobleme in der Geriatrie

Das britische Oberhaus ist genauso überflüssig wie das Königshaus, hat aber weit geringeren Unterhaltungswert. Vor kurzem debattierte die Fossilienrunde über ethnische Minderheiten, Jugendliche und innerstädtische Probleme. Ein potentiell spannendes Thema, zumal die Lords offenbar über den nötigen Sachverstand verfügen. „In meinem Beruf als Lehrer habe ich früher Jugendliche getroffen, meine Lords", entpuppte sich der 63jährige Lord Elton als Experte. Die Wiedereinführung der Wehrpflicht würde die Jugendlichen schon zur Räson bringen, gab er seine Erkenntnisse zum Besten. Der Bischof von Sheffield kennt Jugendliche nicht nur aus der Erinnerung, sondern trifft sogar heute noch gelegentlich auf sie: „Sie lungern auf der Kirchentreppe herum und trinken große Mengen Cider", entsetzte sich der Greis in Schwarz. Und wer nicht Cider trinkt, raucht Cannabis oder spritzt Heroin – der Bischof verbriet sämtliche Klischees, die er in der *Sun* aufgeschnappt hatte.

In diesem Augenblick erhob sich der vermutlich von Schlafstörungen gepeinigte Lord Bonham-Carter, murmelte etwas von „den Lehren von Los Angeles" und ließ sich wieder in den Sessel plumpsen, wobei er fatal an den bebrillten Alten aus der *Muppet's Show* erinnerte. Seine geriatrischen Kollegen brüteten minutenlang über den kryptischen Hinweis Bonham-Carters, bis sie von Baronin Hollis aus ihren Gedanken gerissen wurden. Die Baronin ist sozusagen das Küken des Altersheims: Sie ist unter 60 und kann mühelos zwei zusammenhängende Sätze formulieren, die sie hin und wieder gar mit einem Relativsatz garniert. Unglücklicherweise hält ihre Geisteskraft nicht mit ihrem rhetorischen Geschick mit. „Die Situation in den Innenstädten ist schlimm und wird immer schlimmer", plapperte sie vor sich hin.

Die Situation im Oberhaus wurde ebenfalls immer schlimmer: Lord Beaumont aus der Grafschaft Surrey im vornehmen Süden Londons ergriff das Wort. „Ich schaffe es nicht, von meinem Haus an diesen Ort zu gelangen, ohne Geld an Bettler loszuwerden", stöhnte er, bevor er einräumte, daß das auch eine positive Seite habe: „Wenigstens ist es gut für meine Seele." Die Bettler Londons werden es mit Freude vernehmen und alles daransetzen, um dem alten Herrn zu seinem Seelenfrieden zu verhelfen. Der aufregendste Diskussionsbeitrag des Tages kam von Baronin Seear. Sie rappelte sich erstaunlich behende aus ihrem Sitz auf und schrie: „Es ist doch unheimlich aufregend, einen Bruch zu machen!" Was hat die alte Dame bloß in ihrer Jugend getrieben? Mit ihren 79 Jahren kann sie sich jedenfalls wohl kaum noch an Regenrinnen hochhangeln. Bevor ihren KollegInnen die

Restphantasie durchging, erklärte ihnen die Baronin jedoch, daß sie lediglich auf die Langeweile hinweisen wollte, die Jugendliche ins Verbrechen treibe. Glücklicherweise waren im Oberhaus keine Jugendlichen anwesend – sie wären angesichts der senilen Debatte unweigerlich zu Gangstern geworden.

Wer hat eigentlich die Phrase von der Altersweisheit erfunden? Es kann niemand gewesen sein, der jemals einer Oberhausdebatte beigewohnt hat. Die Lords verschlingen übrigens knapp 40 Millionen Pfund im Jahr. Eine Sitzung kostet demnach etwa 100.000 Pfund. Die Jugendlichen in den Innenstädten werden gewiß davon profitieren.

19. April 1993

Die Supergurken des Monats

Irren ist zwar menschlich, doch was sich der Bezirksverband der Tories im englischen Billesdon geleistet hat, wird vermutlich eher als Idiotie in die Parteiannalen eingehen. Billesdon liegt in der Grafschaft Leicestershire, wo am 6. Mai Lokalwahlen stattfinden. Bisher besteht in der Bezirksverwaltung ein Patt: Sowohl die Tories, als auch die Koalition aus Labour Party und Liberalen Demokraten verfügen über 42 Sitze. Das sollte diesmal anders werden. Die Konservativen waren recht zuversichtlich, daß sie der Koalition ein paar Sitze abnehmen könnten, um die Grafschaft endlich unter ihre Fuchtel zu bekommen. Billesdon kam bei diesem Vorhaben eine Schlüsselposition zu – schließlich ist der Sitz bei den letzten Wahlen nur mit einer Mehrheit von 250 Stimmen an die Liberalen gegangen. Die Parteimaschine lief deshalb wie geschmiert. Die konservativen WahlhelferInnen waren in der vergangenen Woche aus dem ganzen Landkreis im Tory-Büro erschienen. Die Handzettel waren bereits gedruckt, die Freiwilligen wurden für die verschiedenen Viertel eingeteilt. Allein – es fehlte ein Kandidat für den Bezirksverordnetensitz.

In ihrem Eifer hatten die Parteifunktionäre vergessen, den Kandidaten im Rathaus anzumelden. Als man den kleinen Lapsus bemerkte, war es zu spät. Zwar machte sich sofort ein flinker Tory auf den Weg, verpaßte die Frist jedoch um eine halbe Stunde. Der Rathausbeamte ließ sich nicht erweichen und verweigerte die Annahme. „Man kann sagen, daß ich nicht besonders erfreut war, als ich von dem Desaster hörte", sagte der Tory-Bezirksvorsitzende Keith Chell.

„Die Erklärung ist ziemlich einfach: Jeder dachte, daß der andere den Nominierungsantrag abgegeben hatte."

Der Grafschaftsvorsitzende Bob Osborne, der sich bereits als Chef der Lokalregierung gesehen hatte, sah nun stattdessen seine Felle davonschwimmen. Sein Mitgefühl galt jedoch den WählerInnen von Billesdon, die jetzt nur noch zwischen Labour und Liberalen wählen können: „Es muß besonders enttäuschend für sie sein, daß sie dadurch um eine echte Wahl gebracht werden", klagte Osborne.

Sie werden es überleben, was man von Margaret Richards nicht mit gleicher Sicherheit sagen kann. Sie hatte erst am Morgen des verhängnisvollen Tages das Amt als Tory-Wahlkampfleiterin übernommen – gerade rechtzeitig, um die Katastrophe hautnah mitzuerleben. Der Bezirksverband will eine interne Untersuchung einleiten, sobald die Schamesröte in den Funktionärsgesichtern etwas abgeklungen ist. Experten prophezeien Willesdon eine außergewöhnlich niedrige Wahlbeteiligung.

27. April 1993

Papier ist unsäglich geduldig

Britische Politiker erfüllen ihre Pflichten fachkundig und fehlerfrei. Ihr einziges Manko ist möglicherweise zu große Bescheidenheit und Wahrheitsliebe. Zu dieser Erkenntnis gelangt man unweigerlich, wenn man die Memoiren abgehalfterter Tory-Politiker liest. Der Griff zur Schreibmaschine oder zum Diktiergerät ist offenbar hochgradig ansteckend: Inzwischen gibt es mehr als ein Dutzend Bücher über die „Thatcher-Jahre", geschrieben von ehemaligen Ministern und Staatssekretären. Papier ist freilich geduldig: Es gibt genausoviele Versionen der historischen Ereignisse, wie es Bücher gibt.

Die Werke folgen jedoch allesamt demselben Strickmuster: Der Autor zitiert die eigenen Reden sowie die positiven Reaktionen darauf, streut ein paar Danksagungen an Ehefrau und treues Personal ein und ergeht sich schließlich lang und breit über die geradezu genialen – doch von Kleingeistern mißverstandenen – Züge seiner Politik. Nach dem Rücktritt oder Rausschmiß eines Ministers vergehen keine 24 Stunden, bis der Betreffende einen lukrativen Buchvertrag unterzeichnet hat. Die Möchtegern-Schriftsteller stecken allerdings in einer Zwickmühle: Einerseits müssen sie ihre „Erinnerungen" so schnell wie möglich auf den Markt werfen, weil sich nach einem halben Jahr niemand mehr für den Unfug interessiert – und erst recht nicht dafür bezahlt.

Andererseits lauert die Blamage bei einem Schnellschuß hinter jeder Ecke: So lobte Ex-Minister Peter Walker „die hohe Qualität" des Maxwellschen Medienimperiums und Juniorchef Kevin Maxwells „große Fähigkeiten". Heute wissen wir, daß diese Fähigkeiten vor allem in der Vertuschung der Verluste des maroden Imperiums und in der Plünderung der Rentenkassen bestand. Mit seinem Urteil über Käse lag Walker genauso falsch: Lymeswold, der „erste britische Käse, der" – mit Walkers Hilfe – „in diesem Jahrhundert neu auf den Markt" kam, war schon wieder verschwunden, als das Buch veröffentlicht wurde.

Warum drängt es Politiker zur Selbstbeweihräucherung, auch nachdem sie abgewirtschaftet haben? Neben einem Platz in den Geschichtsbüchern, den sie sich von dem Geschreibsel erhoffen, das dann doch nur fürs Kuriositätenkabinett taugt, geht es vor allem um Geld. Um den Verkauf anzuheizen, muß man jedoch ein paar Gemeinheiten über ehemalige Kollegen verbreiten – oder zumindest so tun, als ob. Niemand kann das besser als der ondulierte Kotzbrocken.

Während die Tories in Blackpool tagten, wartete das Labour-Boulevardblatt *Daily Mirror* täglich mit neuen Details aus Margaret Thatchers Memoiren auf, die man sich angeblich unter den Nagel gerissen hatte – trotz schärfster Bewachung durch den ehemaligen Manchester Polizeichef John Stalker, der übrigens ebenfalls längst seine Memoiren veröffentlicht hat. Thatcher sollte laut *Mirror* darin ihren Nachfolger John Major als „intellektuelles Leichtgewicht" beleidigt haben. Als ihr Buch gestern endlich erschien, war davon jedoch keine Rede mehr: Major kam glimpflich davon, der *Mirror* war einer Falschmeldung aufgesessen – von wem lanciert? Thatcher kassierte 3,5 Millionen Pfund für ihre – lückenhaften – Erinnerungen. Der britischen Bevölkerung graust es vor dem Tag, an dem ihr blasser Nachfolger zum Bleistift greift.

11. Oktober 1993

Der unwiderstehliche Drang, sich lächerlich zu machen

Eine Woche kann ziemlich lang sein in der Politik – vor allem, wenn das Unglück es will, daß man britischer Premierminister ist. Wenn John Major demnächst Zeit hat, seine Memoiren zu schreiben, wird die vergangene Woche mindestens ein Kapitel einnehmen. Titel: „Der beschleunigte Abgang." Ein Nachfolger steht auch schon fest. Der rechte Tory-Flügel erkor am Wochenende den Staatssekretär im Finanzministerium, Michael Portillo, zu ihrem Wunsch-Brutus, der Major im Herbst stürzen soll. Mit einer kritischen Rede am Freitag hat Portillo seinem Chef das Messer jedenfalls schon ein kleines Stück in den Rücken gerammt. Bei Major liegen die Nerven blank. Selbst die Tory-Gazetten fallen inzwischen über ihn her. Sie berichteten am Samstag, daß der Premierminister bei einem harmlosen Presse-Diner angedroht habe, er werde „die Tory-Rechte ans Kreuz nageln". Dabei soll auch das böse „F-Wort" gefallen sein: „Fucking".

Unterdessen zerbröselt Majors Kabinett ihm in den Händen. Mußten im vergangenen Jahr zwei Minister und ein Staatssekretär den Hut nehmen, so geht es in diesem Jahr nahtlos weiter. Der Staatssekretär Tim Yeo trat zurück, weil er eine außereheliche, aber sehr fruchtbare Beziehung zu einer Parteifreundin unterhalten hatte. Die Tochter kam vor einem halben Jahr zur Welt. Kaum hatten sich die Wogen etwas geglättet, mußte Yeo eingestehen, daß er vor 26 Jahren schon einmal außerehelicher Vater geworden ist. Vor acht Tagen trat dann ein weiterer Staatssekretär zurück: Graf Caithness legte sein Amt nieder, nachdem seine Frau sich mit seinem Gewehr erschossen hatte. Wegen finanzieller Sorgen, sagten die Parteistrategen. Weil ihr Mann sie ständig betrogen hatte, sagten ihre Eltern.

Die Suppe hat sich Major freilich selbst eingebrockt: Auf dem Parteitag im vergangenen Oktober hatte er von „moralischer Erneuerung" gesprochen. Zurück zu den Grundwerten, alle Macht der Familie, nieder mit ledigen Müttern, so hießen die Parolen – und die verlogenen Staatssekretäre hatten öffentlich am lautesten dazu gejubelt. Der offenbar unwiderstehliche Drang, sich zum Gespött der Nation zu machen, zieht sich wie ein roter Faden durch die Reihen der Tories. So hätte die Nachricht, daß Hinterbänkler David Ashby seine Frau nach 20 Jahren Ehe verlassen hat, um mit einem Mann zusammenzuleben, wohl selbst in konservativen Kreisen höchstens indigniertes Stirnrunzeln hervorgerufen. Mit seiner Behauptung, er habe auf einer kulinarischen Frankreichreise das Bett mit einem anderen Mann nur deshalb geteilt, um Geld zu sparen, erntete er freilich schallendes Gelächter.

Major versuchte am Wochenende, die Dämonen, die er selbst gerufen hatte, schleunigst wieder loszuwerden. Es gehe gar nicht um die Moral einiger Tories, beteuerte er, sondern um Grundauffassungen in der Gesellschaft. Doch auch da haben die Tories Dreck am Stecken. Die Berichte über Wahlbetrug in den Londoner Bezirken Westminster und Wandsworth sind langfristig wahrscheinlich schädlicher als die Sex-Skandälchen einiger verlogener Minister. So sollen die Parteistrategen in den beiden Tory-Paradebezirken die Arbeitslosen scharenweise aus den Sozialbauwohnungen gedrängt und diese dann an treue Tory-Wähler verscherbelt haben, damit bei den Wahlen nichts schiefgehen konnte. Sollte diese Woche für Major etwa noch länger werden?

17. Januar 1994

Der geschenkte Gaul

Wenn erst mal der Wurm drin ist, funktioniert gar nichts mehr. Diese Weisheit, die eigentlich auf die englischen Fußballer zugeschnitten ist, gilt genauso für den britischen Premierminister. War schon die vergangene Woche für den ohnehin nicht erfolgsverwöhnten John Major ein Alptraum, so schließt sich diese nahtlos an. Am Montag mußte er vor dem Scott-Ausschuß aussagen. Dabei ging es um die britischen Waffenlieferungen an den Irak – trotz des Embargos. Auf seinem Tisch landen so viele Papiere, verteidigte sich Major, daß er erst im November 1992 Wind davon bekommen und eben diesen Untersuchungsausschuß eingesetzt habe. Deshalb wolle er nun von Scott informiert werden, und nicht umgekehrt. Die Presse war sich einig: Entweder lügt Major, oder er ist tatsächlich verblüffend inkompetent.

Ein schlechter Wochenanfang. Aber es kam noch schlimmer: Während Major bei Scott aussagte, enthüllte Entwicklungshelfer Tim Lankester vor dem Finanzausschuß des Unterhauses, daß die Finanzierung des unseligen Staudammprojekts Pergau in Malaysia nicht – wie bisher behauptet – von Außenminister Douglas Hurd, sondern von Major gegen den Rat der Experten durchgedrückt worden war. Die Fachleute hatten erklärt, der Staudamm sei unwirtschaftlich und umweltschädlich – und die britische Finanzspritze in Höhe von 234 Millionen Pfund deshalb reine Verschwendung. Ein Teil des Geldes kam freilich wieder zurück. Mit dem Bau wurde nämlich die britische Firma Cementation International beauftragt. Außerdem mußte Malaysia Waffen im Wert von 1,3 Milliarden Pfund von Großbritannien kaufen, um seine Dankbarkeit für die Entwicklungshilfe zu beweisen. Da sämtliche Dokumente zur Geheimsache erklärt wurden, wäre das Ganze wohl nicht aufgeflogen, wenn Lankester nicht ausgesagt hätte.

Selbst bei den Staatspräsenten hat Major eine unglückliche Hand. Werden andere Regierungschefs mit Diamanten oder anderen handlichen Wertgegenständen überhäuft, so ließ sich Major zu seinem 50. Geburtstag vom Präsidenten Turkmenistans ein Pferd andrehen. Zwar liegt der Geburtstag bereits zehn Monate zurück, aber die Geschichte ist noch längst nicht ausgestanden. Präsident Saparmurad Niyazovs großzügiges Geschenk beinhaltete nämlich nicht die Lieferung. Und Major legte bei der Abholung seines Pferdes nicht die geringste Eile an den Tag, was zu einer vorübergehenden diplomatischen Krise zwischen beiden Ländern führte. Auf dringenden Wunsch des Londoner Außenministeriums kümmerte sich Major dann endlich um sein Geschenk.

Der dreijährige Maksad – so heißt der Gaul – ist kein gewöhnliches Tier, sondern „der Rolls Royce unter den asiatischen Pferden", der mindestens 25.000 Mark wert ist. Ob Rolls Royce oder nicht: Zunächst mußte Maksad für drei Monate nach Moskau in die Quarantäne, wie es das britische Gesetz verlangt. Dann wandte sich Major an die Russian Horse Society, eine britische Firma, die sich auf den Import osteuropäischer Pferde spezialisiert hat. Der Besitzer der Firma ist ausgerechnet Ron Meddes, der seinen früheren Arbeitgeber um sechs Millionen Pfund betrogen hatte und dafür eine Weile hinter Gittern saß. „Schlüpfriger Pferdehändler macht Major zum Esel", titelte der *Daily Mirror* hämisch. Meddes will das Pferd in den nächsten Tagen aus Moskau abholen. Danach soll es der britischen Kavallerie übergeben werden. Das sei ein Fehler, sagt Meddes: „Ein Pferd wie Maksad ist dort völlig fehl am Platz." Macht nichts. Schließlich ist auch Major in der Downing Street völlig fehl am Platz.

20. Januar 1994

Ledige Mütter ziehen Verbrecher groß

„Zurück zu den Grundwerten" – statt Lob und Wahlstimmen bringt den Tories diese Parole nur Hohn und Spott ein. Es war aber auch geradezu fahrlässig, die eigene Partei als Hüterin der Moral und Retterin der Familie zu feiern, während Minister und Hinterbänkler gleichzeitig ganze Rudel außerehelicher Kinder in die Welt setzen. Daß sie selbst im Glashaus sitzen, wissen die Tory-Strategen eigentlich schon seit 30 Jahren – oder haben sie etwa ihren früheren Kriegsminister John Profumo vergessen, der 1963 über seine Affäre mit Christine Keeler gestürzt ist, weil das Fotomodell gleichzeitig mit dem Sowjetagenten Jewgeni Iwanow liiert war? Profumo arbeitet seitdem an einem Projekt für Arme im Londoner East End, Iwanow ist Anfang der Woche dem Suff erlegen.

Die ehemals gemeinsame Freundin der beiden hat sich jetzt zu Wort gemeldet und den Abdruck des Nacktfotos, das damals um die Welt ging, untersagt. Sie wolle mit der komischen Tory-Kampagne keinesfalls in Verbindung gebracht werden, ließ Keeler verlauten. Auch Sarah Keays, die ehemalige Sekretärin und Geliebte des ehemaligen Ministers Cecil Parkinson (die gemeinsame Tochter ist jetzt zehn Jahre alt), gab ungefragt ihren Senf zu der Regierungsstrategie: Sie sei ein „kranker Witz", den eine heuchlerische Regierung ersonnen" habe. Merken sie nicht, wie lächerlich es ist, fragte Keays, wenn sie sich im Parlament gegenseitig als „ehrenwert" titulieren?

Doch das war nur der Auftakt zu einem Rundumschlag: Keays geißelte geheime Parteispenden, den Verkauf von Sozialbauwohnungen für Wahlstimmen und den Tory-Plan, ledige Mütter zu „Sündenböcken für alles" zu machen.

Vor allem sind sie an der steigenden Kriminalitätsrate in Großbritannien schuld, wenn man dem erzreaktionären Innenminister Michael Howard glauben wollte. Der behauptet nämlich, daß die Kriminalität ihre Wurzeln im Zweiten Weltkrieg habe. Die Elterngeneration der sechziger Jahre sei laut Minister in Familien aufgewachsen, wo die Väter wegen des Krieges in vielen Fällen jahrelang abwesend waren. „Das hatte großen Einfluß auf den Respekt vor Autorität und den Sinn für Disziplin", fachsimpelte Howard.

Er stützte seine Erkenntnis auf eine „sorgfältige, maßgebende und beachtliche Untersuchung", die in Wahrheit freilich nicht nur schlampig recherchiert, sondern darüber hinaus auch willkürlich zurechtge-

Hohe und weniger hohe Politik

zimmert ist. Das Papier beruft sich auf eine Broschüre des rechten Instituts für wirtschaftliche Angelegenheiten, das sich ganz offensichtlich bei anderen Untersuchungen bedient hat – aber nur Material zitiert, das in das rechte Weltbild paßt.

Eine britische Untersuchung, die den Zusammenhang zwischen elterlicher Aufsicht und Jugendkriminalität erforscht hat, war 1985 vom Innenministerium – dem Howard nun vorsteht – in Auftrag gegeben worden. Dennoch erwähnte der Minister diese Studie mit keinem Wort – vielleicht deshalb, weil sie zu dem Ergebnis kam, daß zwischen Familien mit alleinerziehendem Elternteil und Kriminalität nicht der geringste Zusammenhang bestehe.

Howard ignoriert die Heiterkeit, die seine „Kriegskinder-Theorie" unter Experten ausgelöst hat. Harry Fletcher vom Verband der Bewährungshelfer sagte: „Howards Argument ist auch schon 1919 vorgebracht worden und war damals genauso blödsinnig. Im vergangenen Jahr haben die Tories noch Harold Wilson und seiner Politik in den sechziger Jahren die Schuld für die steigende Kriminalität gegeben. Jetzt sind sie schon bei Winston Churchill angelangt."

21. Januar 1994

„Sind Sie etwa heterosexuell?"

Schwule Tory-Abgeordnete müssen heiraten, wenn sie sich nicht sämtliche Aufstiegschancen in der Partei vermasseln wollen. Die Fraktionsführung der Konservativen im britischen Unterhaus hat einem Nachwuchspolitiker, dem Experten eine Ministerkarriere prophezeien, unmißverständlich klargemacht, daß er „sich anpassen" müsse. Die Parteioberen waren über seine enge Freundschaft mit einem anderen Tory-Abgeordneten besorgt. Säuberungen finden auch in Hinblick auf die Europawahlen im Sommer statt: Bei einer Sitzung am Wochenende wurde ein Kandidat gekippt, weil die Parteiführung seine Verlobung für einen Fake hielt. „Sie befürchteten, daß er schwul sei, und befragten seine Freunde", behauptete ein Sitzungsteilnehmer. „Die sagten, daß die Freundin möglicherweise nur zur Vertuschung seiner Homosexualität diene."

Die Tories haben panische Angst vor weiteren Skandalen, nachdem Enthüllungen aus dem Privatleben zahlreicher Abgeordneter das neue Tory-Programm der Lächerlichkeit preisgegeben haben. Mit diesem Programm wollten die Konservativen eine moralische Überlegenheit reklamieren, in die weder Schwule noch außereheliche Affären passen. Erst am Wochenende mußte ein weiterer Tory-Parteifunktionär seinen Hut nehmen, weil er laut *Sunday Mirror* sexuelle Beziehungen zu der Parteiangestellten Emily Barr unterhalten habe. Zwar betonte Booth, er habe die 22jährige lediglich geküßt, doch soll er ihr in Gedichten seine „ewige Liebe" geschworen haben. Der 47jährige Methodisten-Pfarrer Hartley Booth ist aber nicht nur verheiratet und hat drei Kinder, sondern darüber hinaus Nachkomme des Heilsarmee-Gründers und Abgeordneter für Finchley.

Die Parteiführung spielte die Geschichte als „unbedeutende Sünde eines unbedeutenden Politikers" herunter. Vermutlich hätte sich auch niemand dafür interessiert, wenn sich Booth nicht in der Vergangenheit als „Retter der Familie" aufgespielt und den Vorsitz einer entsprechenden Wohlfahrtsorganisation übernommen hätte. Der Vorsitzende der Tory-Bezirksgruppe Finchley, Ron Thurlow, sagte, mit Booths Rücktritt als Parlamentssekretär sei die Tory-Kampagne – Slogan: „Zurück zu den Grundwerten" – endgültig tot: „Die Partei sollte damit aufhören und endlich das Land regieren." Auch in den jüngsten Meinungsumfragen kann Premierminister John Major keinen Trost finden: Neun von zehn Befragten hielten die Tories nicht mehr für die moralisch sauberste Partei. Zwei Drittel bezeichneten die Partei gar als „verkommen und anrüchig". Und 40 Prozent kündigten an, daß die Skandalkette durchaus eine Rolle dabei spielt, wo sie bei den nächsten Wahlen ihr Kreuz machen werden.

Und am Montag droht den Tories weitere Unbill, wenn im Unterhaus das Gesetz über die Herabsetzung des Mindestalters für Homosexualität – bisher beträgt es 21 Jahre – debattiert wird. Die Satirezeitschrift *Private Eye* will diejenigen Abgeordneten outen, die gegen eine Herabsetzung auf 16 Jahre stimmen – deshalb wohl auch der parteiinterne Druck auf ledige Tory-Abgeordnete. Ein unverheirateter Staatssekretär sagte, daß ihm zwar niemand eine Verlobung befohlen hätte, man ihm jedoch den Rat gegeben habe, sich mit einer Freundin sehen zu lassen. Der schwule Ex-Abgeordnete der Tories, Matthew Parris, sagte dagegen: „So wie die Dinge zur Zeit liegen, scheint es mehr Probleme mit heterosexuellen Abgeordneten zu geben." Er schlug vor, das Ganze umzudrehen und die Kandidaten für die Europawahl zu fragen: „Du bist doch nicht etwa heterosexuell, oder?"

16. Februar 1994

Fünf Mark für einen guten Charakter

John Major will offenbar als vielseitigster Versager des Jahrhunderts in die Geschichte eingehen: Scheinbar mühelos gelingt es ihm, nun auch mit einer an und für sich unproblematischen Gedenkfeier eine Regierungskrise auszulösen. Am 6. Juni jährt sich der ‚D-Day' – der Tag, an dem die alliierten Truppen in der Normandie gelandet sind – zum fünfzigsten Mal. Major verordnete aus diesem Anlaß Straßenparties samt Kochwettbewerbe mit Kriegsrationen und der Wahl einer betagten ‚Miß 1944', während die Kleinen an den Stränden der englischen Seebäder die Invasion nachspielen können. Höhepunkt soll ein Fest für 300.000 Menschen im Londoner Hyde Park werden. Unglücklicherweise haben die Hauptdarsteller ihre Teilnahme bereits abgesagt: Die Kriegsveteranen ärgern sich über den Versuch, den Gedenktag für ihre toten Kollegen in ein Gelage umzufunktionieren. Ludovic Kennedy, Schriftsteller und D-Day-Veteran, fragte: „Kann man sich denn vorstellen, daß sich die Menschen komische Hüte aufsetzen und auf den Straßen tanzen?"

Nicht nur die Veteranen, sondern auch die Oppositionsparteien hegen den Verdacht, daß Major mit dem dekretierten Jubel die Moral im Volke anheben will, um das befürchtete Tory-Debakel bei den Europawahlen drei Tage später etwas abzumildern. Ian Sproat, der Staatssekretär im Ministerium für kulturelles Erbe, tat das als „kompletten Unsinn" ab: „Wir haben das Datum der Invasion nicht gewählt", sagte er. Ein Sprecher des Fremdenverkehrsamtes, das landesweit Schulkantinen im Stil der vierziger Jahre organisieren soll, sagte jedoch: „Sproat glaubt, er könne mit Hilfe dieses Rummels die Karriereleiter hinaufhuschen."

Der ehrgeizige Staatssekretär hat inzwischen schon ein neues Fettnäpfchen aufgetan, in das der Premierminister hineingetappt ist: den Sport. Er hat Major einen 30-seitigen Bericht zukommen lassen, den dieser zwar noch nicht gelesen habe, ihm jedoch voll und ganz zustimme, wie Downing Street bekanntgab. Es geht dabei um den Konkurrenzkampf im Schulsport, der gestärkt werden soll. Fußball, Hockey, Rugby, Netzball und Cricket sollen zu Pflichtfächern werden – aber nicht nur für die SchülerInnen, sondern auch für das Lehrpersonal. Die Religionslehrerin muß dann ebenso wie der Kunstlehrer zwei dieser Sportarten unterrichten, wenn Major seinen Willen bekommt. Irgendwann, so hofft er, ist mit den ständigen

Demütigungen Schluß. Möglicherweise kann man ja sogar einmal gegen Westindien im Cricket, dem englischen Nationalsport, gewinnen. Die erneute Niederlage gegen die ehemalige Kolonie vor vierzehn Tagen hat dem Nationalstolz einen argen Dämpfer verpaßt.

Aerobics, Tanzen, Gymnastik und ähnlicher Firlefanz ist dagegen out. Das sei „nicht so charakterbildend wie traditionelle Wettkampfsportarten", sagte Sproat. Gewerkschaftssprecher Nigel de Gruchy geht es dagegen eher ums Geld: „Wenn man den Lehrern eine angemessene zusätzliche Bezahlung anbieten würde, so könnte ich mir vorstellen, daß man eine Schlange von Bewerbern hätte, die so lang wie ein Arm ist." Metaphern gehören offenbar nicht zu de Gruchys Stärken, denn selbst wenn er Affenarme hätte, wäre die Schlange nicht länger als drei oder vier Personen. Doch mit der Bezahlung hat er recht: Die Lehrkräfte sollen für den zusätzlichen Unterricht umgerechnet fünf Mark in der Stunde erhalten. Aber vielleicht dient das ja ihrer Charakterbildung.

25. April 1994

Der Aorta-Faktor und die Verschuldung Sierra Leones

Klare Wahlkampfaussagen sind für die WählerInnen oft eine wichtige Hilfe bei der Entscheidungsfindung. Das haben die britischen Lokalwahlen am Donnerstag wieder einmal bewiesen. John Gummer, der konservative Umweltminister, verkündete in einer Rede Anfang April: „Freunde, ihr zahlt mehr für schlechtere Dienstleistungen, wenn ihr die Konservativen wählt." Hatte ihm jemand eine Wahrheitsdroge in den Tee getan? Seine Kollegen versuchten, die Scharte wieder auszuwetzen. Sie machten ein paar Labour-Verwaltungen ausfindig, die angeblich nicht nur Eishockeyteams, sondern auch Trauerkurse für schwarze Lesben finanziert hatten, berichtete Patrick Wintour im *Guardian*.

Vielfach veranschaulichen Vergleiche, was sonst eher abstrakt bleiben würde – vor allem, wenn es um Verschwendung von Steuergeldern geht. So haben die elf Tories in der Bildungsbehörde von London in einem Jahr insgesamt 17 Taxifahrten unternommen, teilte das Pressebüro der Konservativen Partei mit. Im selben Zeitraum seien die 45 Kollegen von der Labour Party 1800 Mal Taxi gefahren. Das war allerdings vor acht Jahren, aber Tories haben ein langes

Gedächtnis. Sie fanden auch heraus, daß die Bezirksverwaltung von Haringey mehr Schulden als Lettland hat, und Lambeth steckt tiefer in den roten Zahlen als Sierra Leone. Beide Verwaltungen werden, versteht sich, von Labour kontrolliert. Das ließ die Oppositionspartei nicht auf sich sitzen: Die Tory-Verwaltung von Westminster schulde pro Kopf mehr Geld als die Labour-Verwaltung von Birmingham, wehrte man sich. Mag sein, konterten die Tories erneut, aber nach zehn Jahren Sozialismus seien Birminghams Schulden fast drei Mal so hoch wie die Albaniens nach 40 Jahren Kommunismus. Na und? Labour hatte noch einen Trumpf im Ärmel: Major habe im vergangenen Jahr mehr Geld geliehen als China in den letzten 50 Jahren.

Die Liberalen Demokraten versuchten, mit einer Überschrift auf ihrem Wahlkampf-Flugblatt beiden etablierten Parteien gleichzeitig eins auszuwischen. Das ging jedoch voll daneben. „John Major will, daß Sie am Donnerstag Labour wählen", hieß die Überschrift kryptisch. Die Tories wollten die Verwirrung ausnutzen. „Labour hat die Liberalen angegriffen, weil sie die Konservativen unterstützen", verkündeten sie. „Die Liberalen haben Labour angegriffen, weil sie die Konservativen unterstützen. Wir werden Sie nicht angreifen, wenn Sie die Konservativen unterstützen." Das war denn auch nicht nötig. Noch nie haben weniger WählerInnen die Konservativen unterstützt als am Donnerstag.

In Schottland, wo den Tories eigentlich kaum noch etwas passieren konnte, weil sie ohnehin in fast keiner Bezirksverwaltung mehr vertreten waren, fielen sie hinter Labour, die Separatisten von der SNP und die Liberalen auf den vierten Rang zurück. Wenn die Tories bei den Europawahlen so weitermachen, ist Major geliefert. Dann schlägt vielleicht doch noch die Stunde des Industrieministers Michael Heseltine, der schon die Eiserne Brechtüte Margaret Thatcher abgesägt hatte. Wenigstens sei in diesem Falle der ‚Aorta-Faktor' ausgeglichen, meinte der *Guardian* gehässig, denn ebenso wie Heseltine hat auch Labour-Chef John Smith eine Bypass-Operation hinter sich.

9. Mai 1994

Mit der parlamentarischen Biergruppe auf Frankreichreise

Wer sich als Abgeordneter zum Wohle des Volkes abrackert, möchte etwas Anerkennung – am liebsten natürlich in klingender Münze. Britische ParlamentarierInnen nehmen aber auch gerne Wertsachen oder Naturalien. Während sich der Labour-Abgeordnete Tony Banks mit zwölf Gläsern Honig für seine Tätigkeit als parlamentarischer Berater der Londoner Imkervereinigung bescheiden mußte, kassierten seine Kollegen Satellitenschüsseln, Cartier-Füllfederhalter und wertvolles Porzellan. Labour-Mann Don Dixon ließ sich eine Frankreichreise von der „parlamentarischen Biergruppe" bezahlen. Das ist vermutlich eine Art Stammtisch – mit dem beneidenswerten Unterschied, daß die Trinker in diesem Fall für ihr Hobby bezahlt werden. Dixon behauptete, er sei in Frankreich einer britischen Bierschmugglerbande auf der Spur gewesen. In Anbetracht der labbrigen gelben Brühe, die in England als Bier gilt, können die Schmuggler wohl auf Notwehr plädieren.

Doch zurück zu den Unterhaus-Abgeordneten: Ihre heimlichen Leidenschaften und handfesten Finanzinteressen sind jetzt zum Teil ans Licht gekommen, weil die VolksvertreterInnen einen Fragebogen ausfüllen mußten. Dort sollten sämtliche Nebentätigkeiten und Zuwendungen aufgelistet werden, von „denen andere annehmen könnten, daß sie die Handlungen, das Abstimmungsverhalten oder die Reden im Parlament möglicherweise beeinflussen" – mit anderen Worten: Man wollte wissen, wer die Abgeordneten eigentlich bezahlt. Der Initiator der Fragebogenaktion, Dale Campbell-Savours, war hellauf begeistert. „Jetzt sind wir endlich in der Lage zu verstehen, warum sich die Leute bei bestimmten Themen so vehement ins Zeug legen", sagte er.

Die meisten stehen bei großen Firmen als „Berater" auf der Gehaltsliste. Außenminister Douglas Hurd trug in die Sparte Nebentätigkeiten in maßloser Selbstüberschätzung den Beruf Schriftsteller ein, bloß weil er einen schlechten Roman geschrieben hat. Gesundheitsministerin Virginia Bottomley weigerte sich bisher, den Fragebogen auszufüllen, doch das Anagramm ihres Namens verrät genug: „I'm an evil Tory bigot" – „Ich bin eine üble Tory-Blindgläubige". Nur John Major hat eine weiße Weste: Er ist Premier-minister und sonst gar nichts. Offenbar glaubt kein Unternehmen, daß er irgendwie nützlich sein könnte.

Während die Abgeordneten die Karten offenlegen mußten, können die Parteien weiterhin mit gezinktem Blatt spielen. Der zuständige Unterhaus-Ausschuß, in dem die Tories eine Mehrheit von einer Stimme haben, entschied, daß die Parteien weiterhin ihre Finanzquellen geheimhalten dürfen. Man forderte sie lediglich auf, hin und wieder freiwillig Namen zu nennen, damit die Korruptionsvorwürfe nicht allzu laut würden – wie im Fall des Großindustriellen Asil Nadir, der nach seinem betrügerischen Bankrott ins Ausland geflohen war. Zuvor hatte er freilich die Tory-Partei und einzelne Minister mit Geschenken überhäuft. Eine Offenlegung der Parteifinanzen sei sinnlos, behaupteten die Tories allen Ernstes, weil Leute wie Nadir immer Wege fänden, Vorschriften zu umgehen. Genausogut könnten Hehler die Legalisierung von Raubüberfällen fordern, weil sich skrupellose Gangster ohnehin nicht an Gesetze hielten.

4. Juli 1994

Mit den Tories ist es wie mit einem schlechten Waschmittel

Die Tories sind bankrott – und nicht nur politisch. Die Partei hat Schulden in Höhe von mehr als 16 Millionen Pfund, möglicherweise wird sie in knapp drei Jahren gar keinen Wahlkampf führen können. Diese erheiternde Nachricht stammt von verschiedenen ehemaligen Finanzexperten der Konservativen, die aus naheliegenden Gründen anonym bleiben möchten. Sie brachen nach eigenen Angaben in schallendes Gelächter aus, als Tory-Generaldirektor Paul Judge vor kurzem versprach, das Defizit bis 1996 abzubauen.

Das Gegenteil wird eintreffen, so prophezeiten die Experten. Die traditionellen Geldgeber verlassen nämlich scharenweise das sinkende Schiff, weil Premierminister John Major seinen Ruf als Versager täglich neu bestätigt. Die Konservativen haben sich bisher zu 60 Prozent durch Spenden großer Firmen finanziert. Damit ist es vorbei: Das Großunternehmen Taylor Woodrow hat die Zuwendungen von 125.000 auf 5000 Pfund gedrosselt; die Versicherungen Allied Lyons, Provident Financial und Willis Corroon, die über langjährige Erfahrung bei der Einschätzung von Risiken verfügen, haben die Zahlungen ganz eingestellt; die Wasserfirma Thames Water hat im vergangenen Jahr ebenfalls keinen Penny gestiftet. Im Vorjahr waren es noch 50.000 Pfund, aber damals ging es ja auch noch um den Zuschlag bei der Wasser-Privatisierung. Und statt Keksen gibt es bei den Tories künftig nur noch Krümel: United Biscuits hat das übliche Geldgeschenk von 130.000 Pfund auf weniger als ein Drittel einge- dampft. Ein früherer Parteimanager sagte: „Es ist wie bei einem schlechten Waschmittel: Wenn es keiner will, hat es keinen Sinn, darin zu investieren."

Selbst die Royal Bank of Scotland, bei der die Tories ihre Konten haben, ist vorsichtig geworden: Zwar hat man der Partei einen Über- ziehungskredit ohne nennenswerte Sicherheiten eingeräumt, aber dafür läßt man sie blechen: Der Zinssatz liegt um zweieinhalb Prozent über der Sockelrate. Es geht den Tories so schlecht, daß ein Abgeordneter aus den Midlands das Faxgerät für sein Büro aus eige- ner Tasche bezahlen mußte, obwohl er in seinem Wahlkreis lauthals um eine mildtätige Gabe gebettelt hatte – und das, nachdem Major die Bettler als „Beleidigung fürs Auge" verteufelt hatte.

Die englischen Zeitungen sehen bereits die Demokratie in Gefahr, weil die desolaten Finanzen der Regierungspartei „eine Einladung zur Bestechung" seien, wie der *Independent* orakelte. Das könnte in Zukunft den Verdacht nähren, daß „die Regierungspolitik danach bestimmt wird, wie man den Geldgebern einen Gefallen tun kann". Was an diesem Szenario neu sein soll, bleibt freilich ein Geheimnis – oder hat das Blatt die Bürgschaften für dubiose, aber spendenfreudi- ge Geschäftsleute, die Unregelmäßigkeiten bei den Privatisierungen von Staatsunternehmen und die kiloweise Verleihung von Orden an großzügige Individuen vergessen? Da sollten die Tories bei der Sanierung der maroden Parteifinanzen doch lieber Konsequenz wal- ten lassen: Wenn sie sämtliche Kabinettsposten privatisierten, bliebe ein hübsches Sümmchen für die Parteikasse übrig. Und glaubt denn jemand ernsthaft, daß ein Waschpulverfabrikant seine Sache schlech- ter machen würde als John Major?

22. August 1994

Eine Friedensdividende für Politiker und ihre Komplizen

Wunderbar: Die Regierungen in London und Dublin stimmen völlig darin überein, daß der Waffenstillstand der Irisch-Republikanischen Armee (IRA) unverzüglich zur weiteren Verbesserung der Situation genutzt werden müsse. Die schlechte Nachricht: Die Politiker meinen ihre eigene Situation. Sie haben sich im Windschatten der IRA-Erklärung die Diäten erhöht, weil sie völlig zu Recht davon ausgegangen sind, daß diese Nachricht im Zuge der Friedenseuphorie untergehen würde.

Die Unterhaus-Abgeordneten sind besonders geschickt vorgegangen: Ihr Einkommen ist seit vergangenem November mit dem Beamtensalär im höheren Dienst verknüpft. Während man gegenüber den Staatsdienern jedoch Zurückhaltung predigte und Gehaltserhöhungen ablehnte, diagnostizierten die Abgeordneten bei sich „Nachholbedarf" und genehmigten sich eine kräftige Zulage – allerdings in zwei Schritten, damit es nicht so auffiel. So sollten die Diäten im Januar zum zweiten Mal um 2,7 Prozent steigen. Da die Beamten jedoch inzwischen ebenfalls Erhöhungen um zwei Prozent durchsetzen konnten, schlugen die Abgeordneten diesen Betrag in der vergangenen Woche kurzerhand bei sich drauf. Ihre Einkommenssteigerung beträgt nun das Doppelte der Inflationsrate.

Mit solch kleinen Fischen geben sich die irischen Kollegen freilich gar nicht erst ab. Die Regierung in Dublin genehmigte sich Erhöhungen um bis zu 30 Prozent. Die Hälfte davon gibt es noch dazu rückwirkend ab 1. April. Premierminister Albert Reynolds streicht fortan knapp hunderttausend Pfund im Jahr ein – umgerechnet eine Viertelmillion Mark. Das entspricht einer Gehaltserhöhung von 17 Prozent. Sein Außenminister bekommt noch ein halbes Prozent mehr.

Bei ihren dunklen Geschäften sind die Iren jedoch taktvoller vorgegangen als ihre Gesinnungsgenossen auf der Nachbarinsel. Dort springt nämlich der Vorsitzende der Eisenbahnergewerkschaft, Jimmy Knapp, im Dreieck, weil seine Leute bereits seit sieben Jahren auf eine Lohnerhöhung warten. In Irland hat man einfach 650 hohe Staatsdiener zu Komplizen gemacht. Der Parlamentspräsident Sean Tracy, die höchsten Richter des Landes sowie der Generalstaatsanwalt Harry Whellehan, ein katholischer Fanatiker und übereifriger Abtreibungsgegner, streichen künftig ein Sechstel mehr Geld ein. Die Manager der maroden irischen Fluggesellschaft Aer Lingus bekommen gar 30 Prozent mehr. Das Ganze kostet die SteuerzahlerInnen umgerechnet mehr als sieben Millionen Mark. Dafür gibt es die nächste Erhöhung aber auch erst im Mai 1996.

Die Großzügigkeit stützt sich auf einen Bericht, den eine „unabhängige Kommission" im Regierungsauftrag erstellt hat. Darin heißt es, daß man die „Spitzenkräfte" anständig bezahlen müsse, damit sie nicht in den Privatsektor abwanderten. Spitzenkräfte? Die Arbeitslosigkeit liegt in Irland bei rund 20 Prozent, die Auswanderung ist in diesem Jahr wieder drastisch angestiegen, Staatsbetriebe operieren im Schatten des Pleitegeiers, und politische Beobachter werfen der Regierung unverhohlen Korruption vor. Wenn das die Spitzenkräfte sein sollen, dann gnade Gott den IrInnen, falls einmal die zweite Garde an die Macht kommen sollte.

5. September 1994

Der Kampf um die Unterhosen des Premierministers

Selbst für einen anständigen Sexskandal ist er zu farblos. Was die britischen Boulevardzeitungen in der vergangenen Woche über John Major enthüllten, taugt nicht einmal für einen Dreigroschenroman: Im Alter von 20 Jahren hatte der Premierminister ein Verhältnis mit einer 13 Jahre älteren, geschiedenen Nachbarin, deren Kinder „Onkel John" zu ihm sagten. „Major als Toy Boy", trompeteten die Gossenblätter, während seinen Parteikollegen höchstens ein Gähnen zu entlocken war. „Bei verschiedenen Stämmen ist so etwas gang und gäbe", meinte ein Tory-Abgeordneter.

Die inzwischen 65jährige Jean Kierans hat dreißig Jahre dichtgehalten. Herausgekommen ist die Geschichte nur durch Zufall: Der Journalist Michael Crick, der an einer Biographie des Tory-Schriftstellers Jeffrey Archer arbeitet, stieß bei der Recherche auf eine merkwürdige Adresse: Bei seiner ersten Unterhaus-Kandidatur hatte Major als Wohnort das Haus von Jean Kierans ins Wahlregister eingetragen. In Nullkommanix fanden die Boulevard-Journalisten heraus, daß die Ex-Liebhaberin heute in Streatham lebt – einem verschnarchten Londoner Vorort, der in den siebziger Jahren einmal in einer überregionalen Zeitung Erwähnung fand, weil ein Elvis-Presley-Doppelgänger von dort stammte.

Pech für die Presse, daß Jean Kierans noch immer dichthält. Dafür plaudern ihre beiden Kinder sowie Majors Jugendfreunde umso mehr: Sie habe ihn „Rover" genannt, er habe „Mabel" zu ihr gesagt. Weil es in seinem Elternhaus zu eng war, machte Rover seine Hausaufgaben bei der Nachbarin. Irgendwann sind sie in den gemeinsamen Urlaub nach Spanien gefahren – unter Aufsicht von

Hohe und weniger hohe Politik

Majors Mutter Gwen. Der Mutter war es freilich völlig schnuppe, ob Kierans mit ihrem John ins Bett ging. Aber daß sie ihm die Unterhosen wusch, ging dann doch zu weit. Das war schließlich Muttersache, und so entbrannte zwischen den beiden Frauen ein heftiger Streit um die Boxershorts des künftigen Premierministers.

Es war Jean Kierans, die Major einen Job in einer Bank verschaffte und ihn zum Eintritt in die Tory-Jugendorganisation überredete – eine Tatsache, die ihr einige Kolumnisten jetzt schwer ankreiden. Als Major seine Norma traf, beendete er das Verhältnis, schenkte der alten Freundin zum Abschied jedoch ein Reader's-Digest-Abonnement, das er pflichtbewußt Jahr für Jahr erneuerte. Dennoch fühlte Kierans sich verraten. „Geschieht ihr recht", schrieb der *Guardian* kaltherzig, „warum soll es ihr besser gehen als seinen WählerInnen?"

Auch in Irland hat die Kierans-Affäre für Wirbel gesorgt, denn man hat herausgefunden, daß die ehemalige Liebhaberin irischer Abstammung ist. „Möglicherweise hat diese Affäre bei ihm schon in jungen Jahren ein Interesse an Irland geweckt, das dem Friedensprozeß im Norden des Landes heute zugute kommt", dumpfbackte ein Journalist in einer Talkshow.

Weil die Kierans-Geschichte denn doch zu dünn ist, um auf eine Woche ausgewalzt zu werden, haben sich die britischen Boulevardblätter nun aufs Spekulieren verlegt: Es habe „drei Jeans gegeben, die sein Leben veränderten", meldete ein Blatt gestern. Wären es wenigstens Blue Jeans gewesen, bemerkte ein Kommentator sarkastisch, dann wäre er heute vielleicht nicht ganz so grau.

12. Februar 1995

Die normative Geheimwaffe und die Hinterköpfe

Der Herbst ist die Zeit der Parteitage in Großbritannien. Die Grünen und die Liberalen haben die Sache schon hinter sich gebracht. Heute fängt die Politshow der Labour Party im englischen Seebad Blackpool an, die Tories folgen nächste Woche in Bournemouth. Ob Premierminister John Major dann seine Geheimwaffe auspackt, ist ungewiß. Zu oft ist sie in letzter Zeit nach hinten losgegangen.

Bei den Wahlkampfstrategen der Konservativen hat sich die nicht von der Hand zu weisende Erkenntnis breitgemacht, daß sie im nächsten Frühjahr an der Urne mit ihrem Spitzenmann baden gehen werden. Deshalb setzen sie auf Norma Major. Die ist zwar genauso grau wie der Anzug ihres Mannes, aber dafür hat man Cherie Booth, die Frau des Labour-Chefs Tony Blair, zur Inkarnation des Bösen erhoben: eine Anwältin, igitt – man sieht ja, wozu das bei Bill Clinton geführt hat.

Leider patzt Norma andauernd. Als sie gefragt wurde, ob sie Cherie Booth einen Tip für das Amt als First Lady geben könnte, antwortete Norma: „Sie wird es auf ihre Art machen." Wird! Kein Konjunktiv! „Nicht mal Norma glaubt mehr an ihren Mann", frohlockte die Presse. Und dann kramte man die alte Geschichte aus, als sie vor vier Jahren an zwei aufeinanderfolgenden Tagen dasselbe blaue Kleid trug. „John gefiel es so gut", wälzte sie die Schuld auf den angetrauten Einfaltspinsel ab. Sie sehe aus wie eine Frau, die im Treibsand stecke, während ihr jemand die Mahnung der Leihbücherei für ein überfälliges Buch reiche, behauptet der Journalist John Walsh.

Und dann ist da noch die Geschichte mit der kleinen Porzellanpuppe, die sie immer noch verfolgt – unter Anteilnahme der Medien. Sie mußte die Puppe in die große Spielzeugkiste im Gemeinschaftszimmer legen, als sie im Alter von vier Jahren ins Heim kam. „Nein, das kann nicht richtig sein", echauffiert sie sich noch heute, „ich kann es nicht fassen, daß von einem verlangt wird, seine Porzellanpuppe zu all dem Müll zu legen." Warum hat John ihr bloß in all den Jahren keine neue Puppe gekauft? Nun wird sie in den Medien gehänselt, sie habe die „Ausstrahlung einer fanatischen Erbsenkocherin".

Dabei hat sie gerade ein Buch über Chequers veröffentlicht, den Landsitz britischer Premierminister seit 1921, als Lord Lee das Haus der britischen Nation schenkte. Lee hatte damals dunkle Vorahnungen. „Man kann leider nicht voraussagen, aus welcher Klasse die künftigen Machtinhaber dieses Landes stammen werden", schrieb er. Und nun schreibt ausgerechnet Norma Major über sein Haus, die Frau des Premierministers, der die klassenlose Gesellschaft propagiert. Sie selbst hat an der Macht des Gatten inzwischen Geschmack gefunden. „Das Tollste daran ist, daß man überall vorne sitzen darf", findet sie. „Es wird ein ziemlicher Schock für mich, wenn ich wieder auf all die Hinterköpfe starren muß." Angesichts dieses geballten Dünnpfiffs geht Tony Blair auf Nummer Sicher. Er hat mit dem Liberalen-Chef Paddy Ashdown einen Pakt geschlossen, der den beiden Ehefrauen Cherie Booth und Jane Ashdown den Mund verbietet

– jedenfalls in der Öffentlichkeit. Recht haben sie: Wenn es um politische Eigentore geht, brauchen Blair, Ashdown und Konsorten keine Hilfe von Frauen.

30. September 1996

Freund Hein ist gemeiner als die Labour Party

An der Wand des Vereinsheims für die Veteranen der Königlichen Britischen Legion in Surbiton hängt neben dem Queen-Porträt ein gerahmtes Foto von Major. Allerdings handelt es sich dabei nicht um den ehemaligen britischen Premierminister, sondern um seinen vierbeinigen Namensvetter: Major, das Rennpferd, gewann weitaus häufiger als Major, der Parteichef. Deshalb haben sich die geriatrischen Legionäre lieber den Gaul in ihre Club-Kneipe gehängt.

Trinkvereine erfreuen sich in Britannien großer Beliebtheit, jede Berufssparte und jede Sportart hat ihren eigenen Club. Manche Sportvereine scheinen zu einem einzigen Zweck gegründet worden zu sein – um eine Kneipenkonzession zu erhalten. Sie haben eins gemein: Die Getränkepreise sind niedriger als in normalen Pubs, das Durchschnittsalter dafür umso höher. Im Surbitoner Legionärsclub scheint manch tapferer Trinker noch die Burenkriege miterlebt zu haben.

Etwas weiter nördlich, in Huntingdon, gab es bisher einen ähnlichen Club: den Conservative Club, der auch einen gerahmten Major an der Wand hängen hatte. In diesem Fall den zweibeinigen, denn Huntingdon ist der Wahlkreis des ehemaligen Premierministers. Hier hat er seine beiden großen Siege, die Krönung zum Tory-Chef 1990 und den überraschenden Wahlsieg 1992, mit Trinkgelagen gefeiert. Auch sonst hat er oft auf ein Bier hereingeschaut, zuletzt am Samstag vor den Wahlen. Dann kam dieses dumme Wahlergebnis, und morgen beginnt die Suche nach einem neuen Parteichef.

Nicht nur Majors Tage sind gezählt, nun haben sie ihm auch noch seinen Trinkclub dichtgemacht. Überalterung, so lautete die offizielle Begründung. Freund Hein hat unter den Tories viel gründlicher aufgeräumt als die Labour Party. Zuletzt lag die Zahl der Mitglieder bei 500, doch kaum einer von denen schleppte sich in den Club. So stiegen die Schulden auf umgerechnet über 50.000 Mark. Der Vereinsvorsitzende Roger Juggins tat alles, um das Ende abzuwenden: Er schaffte Kabelfernsehen an, damit man am Wochenende die obligatorischen Sportübertragungen empfangen konnte; die Preise für das ebenso obligatorische Roast Beef zum sonntäglichen Lunch wurden herabgesetzt; und er führte im April ein ausländisches „Wahlspezialbräu" als Alternative zum englischen Dünnbier ein. „Ein tolles Bier", höhnte einer der Stammgäste. „Es ist sehr stark." Ganz im Gegensatz zu den Tories.

Die gerahmten Porträts vom Major, Thatcher und dem Ehepaar Windsor sind längst in Kisten verpackt, am Zapfhahn hängt noch eine traurige blaue Tory-Wahlrosette mit Majors Namen. Und der *Guardian* schüttete seine Häme darüber aus: Es sei der passende Epitaph für die Major-Jahre, so bemerkte das Blatt, daß die drei letzten Arbeitslosen, die dank der Tory-Regierung auf der Straße gelandet sind, ausgerechnet für John Majors Konservativen Club in Huntingdon gearbeitet haben. Vielleicht sollten die beiden Barmänner und der Gärtner in die Königliche Britische Legion eintreten. Dann bekommen sie im Club in Surbiton wenigstens verbilligte Getränke.

9. Juni 1997

Der Untergang des Hauses Windsor

Ein Brunnen für die Königin

Was schenkt man einer Frau, die schon alles hat? Einen bronzenen Springbrunnen. Das jedenfalls dachte sich die Engländerin Thelma Seear, die ihrer Königin Elisabeth zum morgigen 40. Thronjubiläum eine kleine Freude machen wollte. Die wasserspeiende Aufmerksamkeit mußte natürlich gut geplant werden. So gründete die Untertanin bereits vor fünf Jahren die „Brunnengesellschaft", machte Prinz Charles zum Schirmherrn und schrieb einen Wettbewerb aus.

Unter den 70 Vorschlägen, die Architekten aus ganz Großbritannien eingesandt hatten, wählte Thelma Seear den Entwurf von William Bertram aus: Ein knapp acht Meter hoher Brunnen in Form eines bronzenen Einhorns mit vergoldetem Horn und einem Ährenkranz um den Hals. Aus der Schnauze des zwei Millionen Pfund teuren Ungetüms sollte eine 14 Meter hohe Fontäne spritzen – umrahmt von einem Ring kleinerer Fontänchen, Wasserfällen und Dunstsprays. Das Geschenk für die Monarchin sollte ausgerechnet auf dem Parlamentsplatz in Westminster aufgestellt werden.

Verschiedene Wohltätigkeitsvereine hatten sich bereiterklärt, für die wasserlassende Geschmacklosigkeit öffentlich zu sammeln, und auch Prinz Charles hatte sein Plazet gegeben. Seine Mutter lehnte das Projekt jedoch ab: In Anbetracht der tiefen Rezession dürfe man der gebeutelten Bevölkerung nicht noch tiefer in die Tasche greifen. Darüber hinaus will sie erst ihr 50. Thronjubiläum groß feiern. Thelma Seear ist dagegen völlig uneinsichtig und will das verschmähte Geschenk so bald wie möglich auf seinem vorgesehenen Platz aufstellen: „Wir müssen nur genügend Zeit verstreichen lassen, damit der Brunnen nicht mehr in Verbindung mit dem Thronjubiläum gebracht wird."

Die britische Regierung nutzte am Montag die Bescheidenheit der Königin gnadenlos aus. Mit der fadenscheinigen Begründung, sie selbst habe ja ihren Willen zur Sparsamkeit in diesen schweren Zeiten unter Beweis gestellt, strich man ihr kurzerhand die Bewilligung für eine neue Yacht im Wert von 80 Millionen Mark. So muß die reichste Frau der Welt weiterhin auf ihrem 39 Jahre alten Kahn Britannia durch die Gewässer schippern. Ein boshafter Zeitgenosse machte den Vorschlag, aus Rache das alte Boot anstelle des Springbrunnens auf dem Parlamentsplatz aufzustellen. Unterdessen erinnerten unverbesserliche Anti-Royalisten daran, wie man einen

Der Untergang des Hauses Windsor

königlichen Ehrentag auch ohne große Kosten gebührend feiern kann. 1935 hatte nämlich ein gewisser Claud Cockburn anläßlich des 25. Thronjubiläums von George V. ein großes Transparent quer über die Straße gespannt: „Lang lebe unser gnädiger König." Als dieser die Jubelstrecke entlangfuhr, zog Cockburn an einer versteckten Schnur, so daß sich das Transparent entfaltete. In riesigen Lettern kam eine Majestätsbeleidigung zum Vorschein, die eine jahrelange Fahndung nach dem Täter auslöste: „25 Jahre Hunger, Krieg und Arbeitslosigkeit."

6. Februar 1992

Der „dumme Matrose" ist wieder solo

Über Nacht ist der britische Wahlkampf von den Titelseiten verdrängt worden: Bei Windsors hängt der Haussegen schief. Am Donnerstag ließ Königin Elizabeth bekanntgeben, was die Spatzen längst von den Dächern pfiffen: Die Traumehe ihres zweitältesten Sohnes Andrew mit Sarah Ferguson ist nach fünfeinhalb Jahren zu Ende.

Natürlich berichteten sämtliche Zeitungen seitenlang über die „königliche Tragödie". Die *Sun*, neben der selbst *Bild* wie eine Zeitung wirkt, verzichtete sogar auf das übliche Nacktmodell und druckte statt dessen ein möglichst unvorteilhaftes Foto von Sarah Ferguson ab. Doch freut sich das Blatt gleichzeitig darauf, daß der „geile Andy" nun wieder mit seinen Frauengeschichten Schlagzeilen liefern wird.

Freilich trug die Queen selbst entscheidend zu dem Medienwirbel bei. In einer weiteren – völlig unroyalen – Presseerklärung goß sie den Schmutzkübel über die ungeliebte Schwiegertochter aus. Sie habe nie zu den Windsors gepaßt. Ihr Benehmen in der Öffentlichkeit sei unter aller Sau gewesen. So habe sie ihren Mann gerne als „dummen Matrosen" bezeichnet und sich im Flugzeug vor versammelter Reporterschar eine Papiertüte über den Kopf gestülpt. Den Buckingham-Palast zum Überlaufen brachten wohl die Fotos, auf denen die Herzogin Arm in Arm mit einem texanischen Millionär zu sehen ist. Der Rachefeldzug der Queen ging jedoch selbst der *Sun* zu weit: „Wir wissen nicht, ob die Kritik an Fergie gerechtfertigt ist. Aber wir wissen, daß schmutzige Wäsche nicht in der Öffentlichkeit gewa-

schen werden sollte. Besonders dann nicht, wenn das königliche
Wappen darauf eingestickt ist."

Doch darin sind die Windsors ja geübt. Bei der Trennung von
Prinzessin Anne und Mark Philips vor drei Jahren machte man sich
auch gegenseitig in aller Öffentlichkeit fertig. Und wenn man der
Presse glauben darf, steht die nächste Scheidung bald ins königliche
Haus: Charles und Diana sollen sich schon ewig nicht gesehen
haben. Liegt es etwa an der schlechten Erziehung, daß die Kinder so
mißraten sind?

Die BBC nahm das Video von der Traumhochzeit zwischen
Andrew und Sarah Ferguson gestern vom Markt, obwohl gerade jetzt
die Nachfrage sprunghaft ansteigt. Möglicherweise können die restli-
chen Kassetten mit einem unterhaltsamen Scheidungsvideo über-
spielt werden. Ein Trost bleibt der Queen: Am Donnerstag gewann
ihr Pferd Whitechapel als Außenseiter das Rennen in Doncaster.
Vielleicht sollte sie ja den Gaul zum Thronfolger machen.

21. März 1992

Eine Überdosis Gummibärchen

Die Windsors, die britische Skandalfamilie Nummer eins, machen
schon wieder von sich reden. Nachdem Prinzessin Anne im April
geschieden wurde und der Buckingham-Palast die Trennung von
Prinz Andrew und Sarah Ferguson bekanntgab, liegt nun die Ehe des
Thronfolgers Prinz Charles und Lady Diana in Scherben. Das behaupten jedenfalls die Autoren von zwei neuen Büchern über das königliche Eheleben.

Laut Andrew Morton hat Diana fünf Selbstmordversuche hinter
sich – den ersten bereits kurz nach der Hochzeit. Damals gab es
einen heftigen Streit zwischen den Frischvermählten, worauf sich
Diana die Palasttreppe in Sandringham hinunterstürzte und später
von Charles' Oma, der Königinmutter, gefunden wurde. Die anderen
Male soll sie es mit einer Packung Paracetamol versucht haben, was
ähnlich tödlich ist wie eine Überdosis Gummibärchen. Dabei sorgte
sie sich jedoch stets um ihre öffentlichen Verpflichtungen: „Wenn ich
das nächste Mal eine Brücke eröffne, wird die Presse nur darauf warten, daß ich hinunterspringe", zitiert Morton die Prinzessin.

Ebenfalls dubios ist die Quelle von Nicholas Davies, dem Autor des zweiten Buches über den Ehekrach. Er hat die Selbstmordgeschichte offenbar in der Kurzmeldungsspalte der US-Zeitung *National Enquirer* gefunden. Dieses Blatt ist ein Füllhorn von Exklusivstories: Dieselbe Ausgabe macht mit einer Meldung über Menschen auf, die ihre eigenen Beine essen. Davies war Reporter bei Robert Maxwells *Daily Mirror*, bis ihn die Konkurrenz von der *Daily Mail* als Mossad-Agenten enttarnte. Das ist freilich vergeben und vergessen: Die *Daily Mail* bringt Davies' Buch als Fortsetzungsgeschichte.

Auch Mortons Buch wird zunächst stückweise veröffentlicht, bevor es am 16. Juni auf den Markt kommt. Die *Sunday Times* hat die Rechte für 260.000 Pfund erworben – genausoviel hatte die Zeitung damals für die Hitler-Tagebücher bezahlt. Morton ist gegenüber Davies im Vorteil: Er hat Dianas Vater, Earl Spencer, vor dessen Tod 80 bisher unveröffentlichte Privatfotos abgekauft. Das alleine garantiert, daß die Erstauflage von 300.000 Stück im Handumdrehen verkauft sein wird. Darüber hinaus hat der Verleger Michael O'Mara eine geniale Werbestrategie entwickelt. Er behauptet, daß US-amerikanische Zeitungen versucht hätten, seine Schriftsetzer zu bestechen, so daß er die Druckfahnen im Ausland verstecken mußte.

Bücher über die königliche Familie sind ein lukratives Geschäft. Da die Queen in dieser Hinsicht nichts hergibt und Charles' Geschwister schon abgegessen sind, hält man sich nun an den ewigen Thronfolger nebst Gattin. Lady Colin Campbell, die im April die stinklangweilige offizielle Diana-Biographie veröffentlicht hat, ist deshalb höchst alarmiert. „Die Selbstmordgeschichten sind dummes Geschwätz, nichts stimmt davon", sagt sie. Und sie muß es wissen, ist sie doch mit dem Königshaus verwandt, wie sie stolz betont. Tatsächlich war sie für ein paar Wochen mit dem Sohn des 11. Herzogs von Argyll verheiratet, dessen Vorgänger, der 9. Herzog, mit Prinzessin Loise, einer Tochter Königin Viktorias, verheiratet war. Ingrid Seward, die Autorin der ebenso langweiligen inoffiziellen Diana-Biographie, läßt dennoch kein gutes Haar an der blaublütigen Schriftstellerin: „Wie kann man diese Scheiße nur veröffentlichen?" Lady Campbell antwortete daraufhin erbost: „Meine gute Erziehung verbietet mir, irgend etwas über Ingrid Seward zu sagen." Dann tut sie es aber doch: „Was Frau Seward macht, ist nicht schreiben, sondern kotzen."

Der britische Glaube ans Königshaus ist offenbar unverwüstlich: zwei Drittel der Bevölkerung sind davon überzeugt, daß die Monarchie eine Scheidung Dianas vom henkelohrigen Thronfolger überstehen würde. Es ist zu befürchten, daß das stimmt.

9. Juni 1992

Nach dem Kuß wurde der Prinz zum Frosch

Die britische Königin Elisabeth II. feiert heute mit 55tägiger Verspätung offiziell ihren 66. Geburtstag. Long live the Queen – noch nie kam dieser Wunsch königstreuer Untertanen so sehr von Herzen wie jetzt. „Wer will schon einen gefühlskalten Dickkopf wie Prinz Charles als Staatsoberhaupt", sagt mein englischer Freund Richard mit sorgenvoller Miene – und vergißt dabei offenbar elf Jahre Thatcher-Herrschaft. Oder war das ondulierte Brechmittel gar nicht Königin? Wie dem auch sei: Die überwältigende Mehrheit der englischen Bevölkerung gibt dem Thronfolger die Schuld an der Ehekrise und Dianas angeblichen Selbstmordversuchen. Als die Prinzessin am Donnerstag ein Hospiz für Krebskranke eröffnete, schwenkten ihre Fans ein großes Plakat: „Diana, we love you." Diana brach auf der Stelle in Tränen aus. Die anwesenden Fotografen konnten ihr Glück kaum fassen: Die königliche Ehestory, die schon fast abgemolken war, hatte noch einmal auflagensteigernden Auftrieb erhalten.

Nachrichten aus dem Buckingham-Palast sind allemal spannender als irgendein Krieg in Jugoslawien. Die EngländerInnen sind besessen von ihrer Monarchin samt Familie, und alle fühlen sich als Eheberater berufen. „Charlie, schmus mit ihr", riet die *News of the World* in der vergangenen Woche. Aber der will ja nicht, klagen andere Boulevardblätter. Die Traumhochzeit im Juli 1981, die einen nationalen Rührungstaumel auslöste, entpuppte sich schon sechs Monate später als Alptraum, wissen die Buckingham-ExpertInnen. Als Diana damals ihren Prinzen küßte, verwandelte der sich in einen Frosch, lautet ihre Diagnose. „Dallas" ist längst durch „Palace" abgelöst. Doch je mehr die Medien die königliche Familie sezieren, desto schneller platzt der königsblaue Lack ab: Anti-Monarchisten werfen ihnen Steuerhinterziehung, Arroganz und Schmarotzertum vor. Häßliche Worte. Meinungsumfragen vom Februar 1991 belegen, daß nur noch 55 Prozent der Bevölkerung glauben, die Monarchie werde die nächsten 50 Jahre überleben. Zwölf Monate zuvor waren es noch 69 Prozent.

Die sommerlochgeplagten Medien haben inzwischen auch in einem anderen hohen Haus eine Ehekrise ausgemacht: Als Premierminister John Major vorübergehend über dem kolumbianischen Dschungel vermißt wurde, was einen Kurssturz an der Londoner Börse verursachte, besuchten seine Kabinettsminister Peter Lilley und Michael Portillo eine Konferenz von Euro-Gegnern. Angeblich haben beide sogar einen dänischen Sprachkurs belegt, was umso verwerflicher ist, nachdem die Dänen bei der Fußball-Europameisterschaft am Donnerstag den Engländern einen Punkt abgeknöpft haben.

Vielleicht ließen sich beide Krisen ja durch eine einfache Umwidmung im Gebäudenutzungsplan bereinigen: John Major und Norma ziehen als Königspaar in den Westminster-Palast ein. Dann herrscht endlich Ruhe: Das Ehepaar Gräulich ist nicht mal zu einem Mini-Skandal fähig. Peter Lilley wird mit der dänischen Königin-Tochter vermählt und nach Bornholm abgeschoben. Der alte Haudegen, Außenminister Douglas Hurd, wird Königinmutter. Die bisherige Königinmutter – das bei weitem beliebteste Familienmitglied – wird Alterspräsidentin des Buckingham-Parlaments. Der linke Labour-Abgeordnete Tony Benn, der seit Jahrzehnten für die Abschaffung der Monarchie kämpft, muß zur Strafe ebenfalls nach Buckingham, wo er die Opposition bildet und endlich für eine hehre Sache – die Abschaffung des Parlaments – eintritt. Und Thatcher wird Königin der Falklands – sie ist ohnehin gerade dort und feiert den zehnten Jahrestag der Befreiung vom argentinischen Joch. Long live the Queen.

15. Juni 1992

Der Untergang des Hauses Windsor

Der britischen Königin ist der Urlaub in ihrem schottischen Schloß Balmoral gründlich versaut. Nachdem seit Wochen täglich neue Geschichten aus dem Intimleben ihrer beiden Schwiegertöchter auftauchen, bleibt nun selbst ihre Mutter nicht mehr verschont: Die Greisin, der die Öffentlichkeit längst einen Heiligenschein verpaßt hat, soll vor 50 Jahren ein Mensch wie du und ich gewesen sein. Die Queen habe deshalb Premierminister John Major zu sich bestellt, heißt es.

Vermutlich soll ihr der Meister der Unauffälligkeit verraten, wie er es schafft, trotz seines hohen Amtes von der Presse ignoriert zu werden.

Der königliche Dauerskandal hat nämlich weniger mit einer plötzlichen Explosion der Triebe im Buckingham Palast, als vielmehr mit sinkender Auflage der Boulevardblätter zu tun. Der Pressekrieg wurde vor zwei Wochen vom *Daily Mirror* eröffnet, der tief in den roten Zahlen schwimmt, seit sein Verleger Robert Maxwell über Bord gegangen ist – und mit ihm die Pensionskasse. So kamen dem *Mirror* die Fotos der barbusigen Fergie, Herzogin von York, und ihres Finanzberaters John Bryan gerade recht. Nichts lieben die BritInnen mehr, als Enthüllungen über sexuelle Perversionen, solange man sich das eigene Laken dabei nicht schmutzig machen muß. Die Volksseele ist sich einig: Es ist der Gipfel der Perversion, daß sich die Herzogin von Bryan die Füße küssen ließ. Die Antwort von Rupert Murdochs *Sun* erfolgte postwendend. Das Schmierenblatt veröffentlichte am nächsten Tag die Abschrift eines Telefongesprächs, das Prinzessin Diana angeblich mit dem Auto-händler James Gilbey geführt hat. Die *Sun* hat eigens eine „Dianagate"-Telefonleitung eingerichtet, auf der die 23minütige Turtelei in voller Länge zu hören ist. Davon machten schon am ersten Tag 72.000 LeserInnen Gebrauch. Der Versuch, Gilbey zu interviewen, ging allerdings schief: Der *Sun*-Reporter raste frontal in Gilbeys Auto und mußte ins Krankenhaus eingeliefert werden. Doch damit nicht genug: In dieser Woche will das Blatt Fotos veröffentlichen, auf denen eine bekleidete Diana und ihr Reitlehrer James Hewitt mit nacktem Oberkörper zu sehen sind. Umgekehrt hätte es den Fotografen wohl zum Millionär gemacht. Hewitt ist nicht nur „Held des Golfkriegs", sondern auch romantisch: Er hatte damals seinen Challenger-Panzer nach dem Lieblingskleid der Prinzessin „Blue Velvet" getauft. Die irakische Zivilbevölkerung wird es mit Rührung vernehmen.

Da hatte die Volksoma Nummer Eins, die Königinmutter, einen besseren Geschmack bewiesen. Das königliche Fossil soll sich während des Zweiten Weltkriegs mit einem 20jährigen Soldaten vergnügt haben, behauptete das *Socialist Magazine* in der vergangenen Woche. Der Toyboy war Mitglied der Kommunistischen Gesellschaft an der renommierten London School of Economics. Da er noch immer „mitten im akademischen Leben" stehe, halte man seinen Namen geheim. Die *taz* hat ihn freilich aus zuverlässiger Quelle erfahren: Erich Hopsbaum oder so ähnlich.

Der Untergang des Hauses Windsor

Und der Queen steht weitere Unbill ins Haus: Ende September veröffentlichen Nigel Blundell und Sue Blackhall ihr Buch *The Fall of the House of Windsor*, das sich vor allem auf Prinz Philip konzentriert. Er soll im Mittelpunkt des „Skandals aller Skandale" stehen, der alle bisherigen Enthüllungen in den Schatten stellt. Hat er es etwa mit den königlichen Corgi-Hündchen seiner Gattin getrieben?

31. August 1992

Das triste Ehepaar aus dem tristen England

„Es war neun Uhr morgens in der Woche vor Weihnachten", berichtete der englische *Daily Mirror* vorgestern. „Karl lag auf seinem Bett und war schlecht drauf." Er hatte gerade erfahren, daß ihn seine Frau mit einem Autohändler betrog. „Es gab nur eine Person, die ihn wieder aufrichten konnte – seine langjährige Vertraute, die Soldatenfrau Camilla. Das intime Gespräch dauerte eine Stunde." Nach dem Telefonsex versuchte man verzweifelt, ein Treffen zu verabreden. „Aber es gab ein Problem." Der Soldat war zwar auf Reisen, aber Camillas verdammte Kinder hatten Ferien.

Die Einleitung eines Groschenromans? Genau. Aber einer, der in einem Dutzend Variationen von einem Millionenpublikum gelesen wird. Die *Sun*, die tief unter der Gürtellinie angesiedelt ist, überläßt nie irgendetwas der Phantasie der LeserInnen. Während der *Mirror* beim Wort „aufrichten" eher an die Gemütsverfassung dachte, verlegte die *Sun* gestern das Paar knutschend hinter das Sofa im Buckingham-Palast. Denn Karl ist niemand anders als Charles, Prinz von Wales, und Camilla seine Jugendfreundin, die mit dem Brigadier Andrew Parker-Bowles verheiratet ist. Die royale Ehekrise sorgt seit Monaten für ungeahnte Auflagensteigerungen. Die Gefahr, die in der vergangenen Woche vorübergehend drohte, ist längst gebannt, der „Versöhnungstrip" der Wales' nach Korea souverän als Propagandaübung entlarvt.

Indizien gibt es zuhauf. Nachdem Charles sich ins Goldene Buch der Stadt Seoul eingetragen hatte, reichte er seinen ebenso goldenen Füller an seine Frau Diana weiter. Die wies das edle Schreibgerät nicht nur zurück und bediente sich eines ordinären Kugelschreibers, sondern trug sich mit doppelt so großer Schrift wie ihr Gatte ins Buch ein. Aber es kam noch schlimmer: Als sie am selben Nachmittag koreanische Krabben mit Hilfe von Stäbchen in sich hineinschob, beteuerte ihr Gastgeber, daß diese Speise dem Ehepaar Glück und Zufriedenheit bescheren werde. Diana ließ den Krabbencocktail unverzüglich fallen. Ihre Ausrede: Sie wolle sich den Appetit auf das Mittagessen nicht verderben. „Sie frißt doch sonst wie ein Sumo-Ringer und hätte leicht noch einen kleinen Koreaner vernaschen können, ohne sich den Appetit auf das Dum Sim zu ruinieren", schloß die britische Presse die Beweisaufnahme. Danach schlich sich die Prinzessin aufs Klo und kotzte die beiden Krabben wieder aus. Ihr großohriger Gemahl lungerte noch ein oder zwei Minuten vor der Damentoilette herum, bevor er schließlich ins Auto stieg. Die von den eheglückstiftenden Krabben befreite Diana mußte die Beine in die Hand nehmen, sonst würde sie heute noch auf einem koreani-schen Klo sitzen. Die Frage, ob die beiden auf ihrer Reise in einem Doppelbett geschlafen haben, konnte nicht schlüssig beantwortet werden. Ein Informant der *taz* will die gefütterten Hausschuhe von Camilla Parker-Bowles vor der königlichen Suite gesehen haben.

Die KoreanerInnen sind nicht nachtragend. Am letzten Tag des königlichen Besuchs schleppten sie die Krabbenkotzerin nebst Ehe-mann in den buddhistischen Tempel Pulguk-Sa aus dem sechsten Jahrhundert. Dort tischten sie vier Priester auf, die gestenreich für ein bißchen Sonne im tristen Alltag des tristen Ehepaars aus dem tristen England beteten. Offenbar hatte man oben den Satellitenempfänger gerade auf RTL geschaltet. Jedenfalls fing es umgehend an, in Strömen zu gießen.

13. November 1992

Die retrospektive Komponente der Subsidiarität

Kaum haben sie sich getrennt, da gehen sie gemeinsam essen: Prinz Charles und Prinzessin Diana speisten am Freitag auf der königlichen Yacht Britannia, auf der sie vor elf Jahren ihre Hochzeitsreise ver-bracht hatten. Diesmal ging es allerdings weniger romantisch zu: Nicht nur Charlies Eltern, Schwester und Tante waren dabei, sondern auch zwölf Staats- und Regierungschefs sowie ebenso viele Außen- und Finanzminister. Die Queen hatte die ganze Bagage anläßlich des EG-Gipfels in Edinburgh auf ihren Kahn eingeladen. Charles und Diana speisten an getrennten Tischen: Die Prinzessin nur einen

Fußtritt von ihrer Schwiegermutter entfernt und Charles am Katzentisch neben Helmut Kohl.

Die BritInnen nehmen es Diana übel, daß sie am Samstag der erneuten Hochzeit ihrer Schwägerin Anne fernblieb, obwohl die ebenfalls in Schottland ausgetragen wurde. Bei einer Umfrage sprachen sich 80 Prozent der Befragten gegen eine zukünftige Königin Diana aus, obwohl das theoretisch auch bei einer Trennung zulässig wäre. Genausowenig will das Volk allerdings Prinz Henkelohr zum Monarchen. Er soll zur Oma nach London ziehen, war der allgemeine Tenor. Die hat aber offensichtlich die Schnauze von der Familie voll: Sie ließ sich nur widerwillig und kurz bei Annes Hochzeit blicken.

Da die ungewohnte Auskunftsfreudigkeit der Windsors neuerdings im starken Gegensatz zur klandestinen Verschwiegenheit der Euro-Politiker steht, liefen die Zerrüttungs-Dossiers über die Familie Queen den Berichten vom EG-Gipfel den Rang ab. Das Wappen der britischen EG-Präsidentschaft hatte symbolischen Charakter: ein zahnloser Löwe, dem zwölf Sterne wie beim Alkoholrausch um den Kopf kreisen. Die mehr als 2000 Journalisten, die sich in einer zum Pressezentrum umgebauten Turnhalle um die knappen Arbeitsplätze balgten, waren für jede Nebensächlichkeit dankbar. Doch die gipfelnden Politiker samt ihrer Sprachrohre hielten dicht.

Auf die Spitze trieb es der griechische Außenminister Papaconstantinou: Zunächst ließ er Hunderte JournalistInnen, die eines Wortes über Mazedonien harrten, anderthalb Stunden in einem völlig überfüllten Raum warten. Dann steckte er den Kopf zur Tür hinein und rief: „Ich sage nichts." Kein Wunder, daß selbst die belanglosen Meldungen der Nachrichtenagenturen unter der Hand gehandelt wurden. Ein EG-Beamter verteilte ein Papier über Subsidiarität an ausgewählte Presseleute, als handle es sich dabei um ein Staatsgeheimnis.

Das Papier enthielt verblüffende Details: Demnach sollen die „Haltung von Tieren in Zoos", die „Frequenzbänder für die koordinierte Einführung des digitalen Nahbereichsfunks" und sogar die „gemeinsame Bestimmung des Begriffs Gemeinschaftsreeder" nicht wie vorgesehen von der EG-Kommission vorgeschrieben werden. Darüber hinaus gebe es laut Regierungssprecher Dieter Vogel auch eine „retrospektive Komponente der Subsidiarität" – soll heißen: Überflüssiges aus der Vergangenheit wird gestrichen. Möglicherweise

auch die „Mehrwertsteuer auf Bordbedarf". Die Queen würde es freu-
en: Dann käme sie in Zukunft bei Gelagen mit EG-Politikern auf
ihrem Boot billiger davon...

14. Dezember 1992

Ein Tampon darf nicht König werden

Sind beim britischen Geheimdienst MI-5 verkappte Republikaner am
Werk? Die Schnüffler sollen ein intimes Telefongespräch zwischen
Prinz Charles und seiner langjährigen Freundin, Camilla Parker-
Bowles, abgehört und den Tonbandmitschnitt an die Presse lanciert
haben. Das behauptet jedenfalls Lord Rees-Mogg, der ehemalige
Herausgeber der *Times*. Der Inhalt der „Camillagate"-Bänder, der vor-
gestern in einem australischen Magazin abgedruckt wurde, läßt das
Liebesgeflüster der Charles-Gattin Diana mit ihrem Freund, das ein
pensionierter Lehrer im vergangenen Jahr aufgezeichnet hatte, wie
faden small talk erscheinen.

„Ich möchte mich deinen ganzen Körper entlangfühlen", balzt
Charles in das Telefon. „Hoch und runter, rein und raus. Vor allem
rein und raus." Das stößt bei Camilla auf offene Ohren: „Das ist
genau das, was ich jetzt brauche." Der Erfolg seiner plumpen
Anmache überrascht Charles offenbar selbst: „Tatsächlich?" Derart
ermutigt, geht er noch einen Schritt weiter: „Das Problem ist, daß ich
dich mehrmals in der Woche brauche." Aber Camilla will mehr.
„Mmm", stöhnt sie. „Ich brauche dich die ganze Woche. Immer." Da
hat der Prinz eine Idee: „Ich werde einfach in deiner Hose wohnen,
das wäre viel einfacher." Camilla ist begeistert: „Oh, du kommst als
Schlüpfer wieder auf die Welt." Beide lachen. Aber dann tauchen bei
Charles Bedenken auf: „Bei meinem Glück komme ich als Tampon
wieder, Gott behüte." Da geht Camilla endlich ein Licht auf: „Du bist
ein kompletter Idiot." Die Erkenntnis hält jedoch nicht lange vor:
„Oh, was für eine wunderbare Idee. Vielleicht könntest du als
Schachtel wiederkommen?" Der Wattekopf versteht nicht: „Was denn
für eine Schachtel?" Camilla: „Als Schachtel Tampons, das hält länger
vor." Das leuchtet Charles ein: „Das ist wahr." Zwei Seelen im
Gleichklang. Und er stammelt: „Ich liebe dich und ich bin so stolz auf
dich." Aber Camilla ist bescheiden: „Sei nicht albern, ich habe ja
nichts geleistet." Doch der Thronfolger besteht darauf: „Deine große

Leistung ist es, mich zu lieben." Da hat er recht, das ist wirklich eine erstaunliche Leistung. Aber Camilla spielt es herunter: „Oh Darling, das ist leichter, als vom Stuhl zu fallen." Oder vom Thron?

Charles und Camilla können sich nicht voneinander losreißen. Die Verabschiedung zieht sich hin. „Gute Nacht." – „Gute Nacht." – „Gute Nacht." – „Ich will nicht Aufwiedersehen sagen." – „Ich auch nicht, aber du mußt jetzt schlafen." Damit er ein großer, starker König wird? „Tschüß, mein Darling." – „Gute Nacht." – „Gute Nacht, gute Nacht." – „Gute Nacht." – „Tschüß, tschüß." – „Gute Nacht." Da reicht es Camilla: „Tschüß. Jetzt drück auf den Knopf." Das löst bei Charles infantile Phantasien aus: „Ich werde auf die Titte drücken." Camilla schmilzt dahin: „Oh, Darling, ich wünschte, es wäre meine." Das wünscht sich Charles auch: „Fester und fester." Drücken, oder was? „Ja, drück die Titte", gähnt Camilla. „Gute Nacht." – „Gute Nacht." Undsoweiter...

Der Abdruck des Gesprächs hat im Buckingham-Palast rote Köpfe hervorgerufen. Und bei Charles rote Ohren – aber vielleicht lag das auch am Sturm auf Shetland, wo er die Bevölkerung gerade wegen der Ölpest tröstet. Nur Diana grinste pausenlos, als sie der Leyland-Fabrik in Lancashire vorgestern einen offiziellen Besuch abstattete. Bei der Queen setzt sich so langsam der Verdacht durch, daß das „annus horribilis" 1992 in diesem Jahr womöglich noch übertroffen werden könnte. Untertanen und Presse sind sich einig: So ein Schweinchen darf nicht König werden. Ein Labour-Abgeordneter sagte, daß die Monarchie binnen eines Jahres abgeschafft werden kann. Gott behüte. Wer soll denn dann für all die unterhaltsamen Geschichten sorgen, wenn nicht der Buckingham-Sündenbabel?

15. Januar 1993

Ein neuer Kahn für die Königin

Liest John Major die *taz*? Jedenfalls hat der britische Premierminister prompt auf unsere Forderung vom vergangenen Mittwoch reagiert: Er will Königin Elisabeth eine neue Yacht im Wert von 80 Millionen Pfund spendieren, nachdem das Verteidigungsministerium den königlichen Kahn Britannia aus Altersgründen als Reserve-Militärkrankenhaus ausgemustert hat. Was nicht gut genug für die Armee ist, kann auch nicht gut genug für die Queen sein!

Freilich hat das Geschenk ein paar Haken: Sie muß es sich nicht nur mit den Kapitänen der Industrie teilen, die das neue Boot als Konferenzzentrum mieten können, sondern es ist darüber hinaus auch kleiner als die Britannia, weil eine Yacht in dieser Größe 200 Millionen Pfund gekostet hätte. Das ist aufgrund der Rezession und der angeschlagenen Popularität der Windsors aber nicht drin. Doch selbst der schlichte Kahn hat bereits Kritiker auf den Plan gerufen. Sie bezeichneten das Projekt als „überflüssige Extravaganz" und wiesen darauf hin, daß man für das Geld 500 Schulen reparieren oder zwei neue Krankenhäuser bauen könnte. Was soll die Queen aber mit zwei Krankenhäusern? Sie stimmt mit Major darin überein, daß eine königliche Yacht „eine Notwendigkeit und kein Luxus" sei. Ein Regierungsbeamter, der an der Planung mitarbeitet, ist sogar davon überzeugt, daß der schwimmende Palast die britische Schiffbauindustrie aus der Talsohle führen werde. Und nicht nur das: Wenn die einheimischen Unternehmen den Kahn mieten können, um Produktwerbung zu betreiben, werden die Exporte unweigerlich in die Höhe schnellen. Das Gerücht, daß die Queen im Mietpreis inbegriffen sei, um zum Beispiel für Bristol Cream Sherry Reklame zu machen („Wenn ich meine mißratenen Kinder vergessen will, greife ich stets zu hundert Prozent britischem Hochprozentigen"), wies ein Palastsprecher jedoch energisch zurück.

Stattdessen hat die Königin eine andere Einkommensquelle aufgetan. Sie will jetzt die *Sun* auf Schadensersatz verklagen, weil das Boulevardblatt ihre Weihnachtsansprache geklaut und zwei Tage vor dem Fest abgedruckt hat. Dadurch sei den Untertanen im gesamten Commonwealth das Weihnachtsfest verdorben worden – ihre Rede sei für das Volk schließlich der Höhepunkt der Feiertage, behauptete die Queen bescheiden. Doch diesmal haben sich drei Millionen Menschen weniger als im Vorjahr das königliche Gewinsel über das „annus horribilis" angetan. Das schreit nach Rache. Es ist nicht das erste Mal, daß die *Sun* den Windsors finanziell unter die Arme greift. 1988 hat das Gurkenblatt ein Foto von Prinzessin Fergie mit Tochter Bea aus Prinz Philips Privatalbum entwendet und abgedruckt. Wie sie an das Bild herangekommen ist, konnte bis heute nicht geklärt werden. Jedenfalls mußte die *Sun* 100.000 Pfund an mildtätige Organisationen zahlen, die von der Queen benannt wurden.

Den für den Redenklau zu erwartenden Geldsegen sollte sie in ihr neues Boot stecken, will die Regierung doch die Einrichtung aus der

40 Jahre alten Britannia wiederverwerten. Die neue Yacht soll übrigens erst in zehn Jahren vom Stapel laufen. Hoffentlich macht die Queen noch solange, sonst reißt sich der Thronfolger das Schiff unter den Nagel, um sich auf hoher See ungestört mit seiner Freundin Camilla Parker-Bowles über Watteprodukte unterhalten zu können.

8. Februar 1993

Charles ergreift einen anständigen Beruf

Der britische Thronfolger Prinz Charles, dessen Aufstiegschancen durch die Telefonsex-Affäre mit Camilla Parker-Bowles stark gelitten haben, versucht sich neuerdings in einem anständigen Beruf – als Schauspieler. Gestern gab er sein Debut im walisischen Fernsehen. Schließlich ist er im Nebenberuf Prinz of Wales und mußte deshalb auch Walisisch lernen.

Wie die meisten Neulinge fing auch Charles klein an – im wahrsten Sinne des Wortes: Er ist in dem Kinderfilm *The Legend of Lochnagar* keine zehn Zentimeter groß. Der Film basiert auf dem Märchen *The Old Man Of Lochnagar,* das der Thronfolger zur Unterhaltung seiner kleinen Brüder geschrieben hatte. Das Märchen wurde 1980 in Buchform veröffentlicht. Für die Verfilmung hat es die Muppets-Veteranin Jocelyn Stevenson umgeschrieben. „Es war sehr einfach, mit dem Prinz zusammenzuarbeiten", sagte sie. „Er meinte, daß ihm meine Geschichte gefallen habe und er am Ende weinen mußte." Das hält sie zwar für gelogen, aber „es war doch nett, daß er es gesagt hat, oder?" Aber klar.

Die Geschichte handelt von einem alten Mann, der in einer Höhle wohnt und eine Badewanne installieren will. Die Arbeiten stören einen Marder, und am Ende wird das ganze Gormland überflutet. Das Märchen hat freilich auch eine Moral, erklärt der Prinz: Alles, was man tut, hat auch auf andere eine Wirkung und dadurch auch auf die Umwelt. Drum merke, es handelt sich um ein grünes Märchen. Eigentlich ist es ein Zeichentrickfilm, bei dem Charles lediglich als Erzähler auftreten sollte. Bei der Diskussion um die Schlußszene bat er den Produzenten Dave Edwards jedoch, ihn für diese Szene auf die Größe der Gorms einzuschrumpfen. Edwards fragte verblüfft, ob das ernst gemeint sei. Nach langer Pause antwortete Charles selbstkritisch: „Es ist an der Zeit, daß der Prinz of Wales zurechtgestutzt wird." Edwards soll vom Buckingham-Palast ein nennenswerter Betrag angeboten worden sein, damit er den Prinz im Westentaschenformat belasse.

Edwards war von Charles jedoch hellauf begeistert und ist nach eigenen Angaben noch royalistischer als zuvor: „Er ist gar nicht formal. In einer Szene tritt der alte Mann in Unterhosen auf. Wir hatten uns einen Slogan überlegt, der auf die Unterhose sollte, doch Charles schlug vor, zu schreiben: ‚Im Auftrag Ihrer Majestät‘. So haben wir es dann gemacht." Und auch Chris Grace, Trickfilm-Direktor bei Channel 4, ist dem Prinz inzwischen verfallen, weil er bei den Dreharbeiten eine Fünfjährige umarmt hat, die sich bei ihrem Text ständig verhaspelt hat und kurz vor einem Tränenausbruch stand. „Wir fragten uns manchmal, ob wir mit derselben Person drehten, über die wir sonst immer in der Zeitung lesen", sagte Grace. Hatte er erwartet, daß Charles die Fünfjährige zur Strafe eine Treppe hinunterschubsen würde?

Der Märchenfilm wird heute abend im schottischen Fernsehen wiederholt – in Gälisch. John Smith von der BBC in Edinburgh mußte Charles darin unterrichten. „Er kann Gälisch nicht fließend, aber er hat alle Anstrengungen unternommen, damit seine Aussprache nicht kritisiert wird", sagte Smith. „Der Dialog dauert fünf Minuten, aber er hat das lieber sieben Mal aufgenommen, als es falsch zu machen. Er nimmt seinen Titel sehr ernst." Charles ist nämlich nicht nur Prinz of Wales, sondern auch Lord der schottischen Inseln. Morgen abend läuft der Film in der BBC auf Englisch. Das kann er wenigstens – wenn auch mit einem Upper-Class-Akzent, der klingt, als ob er einen Sack Murmeln im Mund hätte.

13. April 1993

„Sie hören alle Windsors ab"

Die englische Öffentlichkeit ist schwer erschüttert. Erst im vergangenen Jahr hatte John Major die Existenz des Geheimdiensts MI-5 offiziell zugegeben, und jetzt stellt sich heraus, daß die Schnüffler schon seit einer Ewigkeit fremde Leute belauschen – und nicht etwa irgendwelche Leute, sondern die gesamte königliche Familie. Das geschehe zwar zu ihrem Schutz, aber ohne ihr Wissen, verkündete der *Daily Mirror* gestern und erklärte die Affäre zum nationalen Skandal. „Es ist erschreckend", winselte *Mirror*-Reporter James Whitaker. „Sie hören alle Windsors ab – angefangen bei der Queen."

Wie bei Lauschangriffen in England offenbar üblich, sind die Tonbänder umgehend einem Reporter in die Hände gefallen: James Whitaker. Der alte Heuchler hat aus dem angeblichen Material in Windeseile ein Buch gemacht – *Diana versus Charles*. Nach Andrew Mortons „true story" nun die „real story". Die Kuh ist längst noch nicht abgemolken, und wenn Morton Multimillionär geworden ist, will Whitaker das auch werden. Er hat darüber hinaus eine „vertrauliche James-Whitaker-Telefonleitung" eingerichtet. Gegen bare Münze, versteht sich. Für eine Minute seiner Peep-Show müssen Gutgläubige umgerechnet 1,20 Mark berappen.

Während Morton in seinem Buch über die Beziehungskrise des Thronfolgers und seiner Gattin Stellung für Diana bezogen hat, haut Whitaker alle beide in die Pfanne. Charles habe im November 1980 mit Hilfe der Armee eine Frau in den königlichen Eisenbahnzug schmuggeln lassen. Das war zwar längst bekannt, doch war die faszinierte Nation bisher davon ausgegangen, daß es sich dabei um Diana handelte. Schließlich waren die beiden verlobt. Weit gefehlt, enthüllt Whitaker: Es war Camilla Parker-Bowles, mit der Charles später Telefonsex betrieben hat. Sogar noch zwei Tage vor der Hochzeit habe sich Camilla in das Bett des Thronfolgers im Buckingham-Palast geschlichen. Ihr Ehemann, der Major, tröstete sich unterdessen mit Charles' Schwester, Prinzessin Anne, und Diana traf sich regelmäßig mit ihrem Freund James Gilbey bei San Lorenzos, einem italienischen Restaurant in Knightsbridge.

Am Mittwoch druckte der *Mirror* einen Streit zwischen Charles und Diana um das Sorgerecht für die beiden Söhne William und Harry ab. Gestern nun die Fortsetzung: Das Blatt schob ein Gespräch zwischen Diana und einer Freundin nach, in dem die Prinzessin sagt, daß sie „seit zehn Jahren die größte Rolle meines Lebens" gespielt habe. „Ich sollte Schauspielerin werden", habe sie hinzugefügt. Angeblich wollte sie sich mit den beiden Kindern heimlich aus dem Staub machen.

Der *Mirror* liefert gleich den Beweis, daß die abgehörten Gespräche authentisch sein müssen: Sie hätten auf dem königlichen Landsitz Highgrove stattgefunden, und der ist nur einen Steinwurf vom MI-5-Hauptquartier entfernt. Offenbar traut der *Mirror* den englischen Spitzeln keinen allzu großen Aktionsradius zu. Jedenfalls hat das Boulevardblatt jetzt die Schnauze voll und fordert Innenminister Kenneth Clarkes Kopf. Der hat nämlich erklärt, das Ganze ginge ihn nichts an, weil „die nationale Sicherheit nicht in Gefahr" sei. Der *Mirror* hegt jedoch nun den Verdacht, daß die Geheimdienste ihre eigenen Gesetze machen. Im Leitartikel läßt das Blatt die Katze jedoch aus dem Sack: „In einer demokratischen Gesellschaft hat jeder Bürger das Recht, Bescheid zu wissen, und nicht nur ein paar Spitzel mit einer widerlichen Spanner-Mentalität." Genau! In einer Demokratie darf jeder Spanner sein, auch ein widerlicher *Mirror*-Reporter.

14. Mai 1993

Die letzte Schamgrenze fiel

Die Tränen über Lady Dianas sechsmonatige Repräsentationspause waren in den Gesichtern der britischen Boulevardpresse kaum getrocknet, da überraschte die Prinzessin am Montag mit einem Auftritt bei einer Reklameveranstaltung. Es ging dabei um die Taufe eines Flugzeugs, das sich Virgin-Boß Richard Branson gerade zugelegt hatte. Diana mußte eine Flasche Champagner gegen den Airbus werfen und einen kleinen roten Vorhang beiseite ziehen, der den Namen des Flugzeugs verdeckte: Lady in Red.

Auf diesen Moment hatte Chris de Burgh nur gewartet: Der dumpfbackige irische Sänger, der sich mit seinem Klavier hinter dem Flugzeug versteckt hatte, war nun nicht mehr zu bremsen und trällerte seinen Erfolgshit, nach dem der Flieger benannt worden war. Unterdessen besprühte Branson die Prinzessin mit Champagner, legte ihr seinen Arm um die Schulter und machte ihr das zweifelhafte Kompliment, daß sie genauso schön wie sein Airbus sei. Bei Diana fiel nun auch die letzte Schamgrenze, und sie versprach Branson im Gegenzug den Schnittmusterbogen ihres Kostüms, damit die Virgin-Stewardessen würdig eingekleidet werden können.

Die englische Boulevardpresse jaulte vor Begeisterung. „Soll das die Frau sein, die sich aus der Öffentlichkeit zurückziehen will?" fragte der *Daily Express* und gab gleich selbst die Antwort: natürlich nicht!

In Wirklichkeit steckt ihr Ehemann, der Thronfolger, hinter der Entscheidung, weil er die Schnauze voll davon hat, daß Diana ihm ständig die Schau stiehlt. Das Blatt wußte „von engen Vertrauten des

Prinzen", daß Charles so schnell wie möglich die Scheidung einreichen will, nachdem ihm der Erzbischof von Canterbury versichert habe, daß er trotzdem König werden könne. Der *Daily Mirror* berichtete gestern gar auf der Titelseite, daß Charles nicht nur Diana loswerden will, sondern auch seine Geliebte Camilla Parker-Bowles, als deren Tampon er eigentlich – laut abgehörtem Telefongespräch vom vergangenen Jahr – reinkarniert werden wollte. „Er opfert der Krone seine Liebe zu Camilla", rührseligte der *Mirror.*

Das will der Erzdiakon von York jedoch verhindern. George Austin, der von seinem Chef, dem Erzbischof von York, nach einer Charles-Dickens-Figur „fetter Knabe" gerufen wird, kritisierte Charles am Dienstag in der BBC: „Charles hat sein Ehegelübde, das er vor Gott abgegeben hat, gebrochen. Wie kann er dann in die Westminster-Abtei gehen und den königlichen Schwur ablegen?" Bei so viel königlichem Boulevardtratsch wollte auch der seriöse *Guardian* nicht zurückstehen und portraitierte gestern den dicken Diakon.

Der *Independent* berichtete zwar ebenfalls über George Austin, ignorierte jedoch die Diana-Story, weil der Chefredakteur bei der Gründung der Zeitung vor sieben Jahren versprochen hatte, den Windsors keine Zeile zu widmen. Statt dessen mußte man sich nun mit einem Aristokraten aus dem zweiten Glied begnügen. Der steinreiche Marquis von Bristol, der vor ein paar Jahren seinen Kühlschrank mit einem Schuß aus einem großkalibrigen Gewehr öffnete, um ihm eine Flasche erstklassigen Champagner zu entnehmen, hat sein Vermögen für Heroin und Kokain verpulvert. Dafür muß er zehn Monate in den Knast.

9. Dezember 1993

The Queen is not amused

Das Leben der britischen Königin war ja in letzter Zeit auch zu ruhig gewesen, nachdem Sohn Charles „endgültig" zugunsten des Throns auf seine Freundin Camilla Parker-Bowles verzichtet hatte. Da war so etwas wie der „Luftangriff auf den Buckingham-Palast", wie die britische Presse es nannte, zu erwarten gewesen: Am Samstag früh tauchte ein halbnackter Paraglider über London auf, umkreiste den Palast minutenlang und landete schließlich auf dem Dach. Dort zog er sich die Hosen aus – und siehe da: Er war bis zur Hüfte grün angemalt. Bei seiner Verhaftung stellte sich heraus, daß es sich bei dem ungebetenen Besucher um den US-Amerikaner James Miller alias „Fan Man" handelte, der im vergangenen November beim Boxkampf zwischen Riddick Bowe und Evander Holyfield in Las Vegas im Ring gelandet und von den Zuschauern bewußtlos geschlagen worden war. Königin Elisabeth reagierte gelassener und lehnte es angeblich ab, Luft-abwehrkanonen auf dem Buckingham-Dach installieren zu lassen.

Ohnehin kann die Queen froh sein, daß sie überhaupt ein Dach über dem Kopf hat. Sonst hätte ihr das Finanzamt nämlich nicht bescheinigen können, daß sie über einen festen Wohnsitz in Großbritannien – genau genommen sogar über mehrere – verfügt und britische Staatbürgerin ist. Diese Bescheinigung ist bares Geld wert: Vor einem halben Jahr hat Enharmonic, ein Pferd der Queen, beim Rennen im spanischen San Sebastian umgerechnet etwa 150.000 Mark gewonnen. Der Veranstalter wollte das Geld zunächst jedoch nicht herausrücken, weil er ohne königliche Wohnsitzbescheinigung gegen die spanisch-britische Steuerkonvention verstoßen und Ärger mit dem Finanzamt bekommen hätte, wie er behauptete. Es war deshalb bereits zu diplomatischen Verwicklungen gekommen. Die Queen hat bei der Sache Schwein gehabt: Erst im vergangenen Jahr hat sie sich dazu entschlossen, freiwillig Steuern auf einen kleinen Teil ihres Einkommens zu zahlen. Bis dahin war sie den britischen Steuerbehörden unbekannt und hätte den spanischen Gewinn nicht einstreichen können. Ehrlich währt eben doch am längsten.

Die Queen kann das Geld gut gebrauchen, sind doch nicht alle Menschen so ehrlich wie sie selbst. Elisabeth mußte das am eigenen Leib erfahren. 1978 hatte sie den rumänischen Staatschef Nicolae Ceaucescu zum Ritter ehrenhalber geschlagen – auf Empfehlung des damaligen Außenministers David Owen, der sein immer noch hervorragendes Urteilsvermögen zur Zeit in Bosnien unter Beweis stellt. Nach Ceaucescus eher unrühmlichem Ende wurde ihm die Ritterwürde posthum aberkannt, doch die rumänischen Behörden haben die damit verbundenen goldenen Insignien bis heute nicht herausgerückt. Sie können sie nicht finden, beteuerte der rumänische Botschafter in London händeringend. Immerhin handelt es sich dabei um einen mit goldenen Rosen und Saphiren verzierten Kragen, mit dem „ein fettes Parteimitglied wahrscheinlich auf Partys vor seinen Freunden herumstolziert", wie der Botschafter vermutet. Die Rumänen sollten sich ein Beispiel an der Queen nehmen: Sie hat gleich nach der rumänischen Revolution den „Stern der sozialistischen Republik Rumänien erster Klasse", den ihr Ceaucescu geschenkt hatte, an die rumänischen Behörden zurückgeschickt. Vielleicht hätte sie ihn ja stattdessen auf dem Dach installieren lassen sollen – zur Irreführung bei Luftangriffen.

7. Februar 1994

Lady Di und Prinz Charles – Schlagzeilen ohne Ende

Wer hat behauptet, daß das englische Königshaus die Boulevardpresse scheue? Ganz im Gegenteil: Thronfolger Charles und seine von ihm getrennt lebende Frau Diana benutzen die Groschenblätter, um sich gegenseitig mit Verleumdungskampagnen zu überziehen. Die Zeitungen spielen dankbar mit, wie sich in der vergangenen Woche zeigte: Es verging kein Tag ohne eine neue Schlagzeile über das ehemalige Traumpaar.

Zunächst war der henkelohrige Prinz dran. Berichte über sein Einkommen, das in den letzten 20 Jahren um tausend Prozent gestiegen ist, gefährdeten ernsthaft seine Image-Aufbesserungskampagne, die er gerade erst mit dem öffentlichen Verzicht auf seine Freundin Camilla Parker-Bowles eingeleitet hatte. Ursprünglich wollte er als deren Tampon wiedergeboren werden, wie er ihr zum Entsetzen der mithörenden Nation telefonisch gestanden hatte. Nachdem die *Daily Mail* dann auch noch ausplauderte, daß seine Berater ein geniales, aber ethisch äußerst fragwürdiges System zur legalen Steuerhinterziehung ersonnen hatten, geriet er in punkto Popularität gegenüber Diana schwer ins Hintertreffen.

Doch wozu hat man Werbestrategen im Freundeskreis? Die steckten der Presse, daß Diana im vergangenen Jahr 161.000 Pfund für Kleidung und Schönheitspflege ausgegeben habe – das sind über 400.000 Mark, darunter 20.000 Mark für „alternative Mittel", wie die Boulevardblätter hämisch berichteten. Raucht die Prinzessin etwa Dope? Jedenfalls war ihr karitatives Image vorübergehend angeschlagen. Eine Zeitung bezeichnete sie gar als „doppelzüngig".

Offensichtlich hatte Diana jedoch die Rufmordkampagne seitens ihres Gatten vorausgeahnt und einen Trumpf im Ärmel behalten. „Diana rettet Ertrinkenden aus einem See", titelten die Zeitungen am Mittwoch, obwohl das Ereignis schon fünf Tage zurücklag. Nun war die Lady nicht etwa in den See gesprungen, um den obdachlosen Alkoholiker Martin O'Donoghue an Land zu ziehen – das hatte sie einem 29jährigen finnischen Studenten überlassen. Aber Diana hielt derweilen den Mantel des Studenten. Außerdem rief ihr Chauffeur per Autotelefon einen Krankenwagen. Schon lag sie in der Volksgunst wieder vorne. Vom Besuch ihres Mannes in Petersburg nahm kaum noch jemand Notiz, obwohl gleich zum Auftakt zwei winzige Bömbchen in der Innenstadt explodiert waren. War das womöglich auch eine PR-Aktion? Noch nie war es für die Boulevardpresse so einfach, an königlichen Klatsch heranzukommen – und noch dazu aus zuverlässiger Quelle. Diana hatte der *Daily Mail* im Februar sogar ein Interview gewährt – allerdings inkognito: Die Zeitung mußte behaupten, sie habe die Informationen von „einer Freundin der Prinzessin".

Max Clifford, der berüchtigte PR-Stratege, der sich auf die Vermarktung von Skandalen im Buckingham-Palast und Westminster-Parlament spezialisiert hat, bemerkte anerkennend, daß auch Charles endlich den Wert von Public Relations erkannt habe und versuche, Dianas Popularität ein paar Dellen zuzufügen. „Aber seine Strategie ist völlig falsch", klagt Clifford. „Dabei steht sehr viel auf dem Spiel: Es geht um die Zukunft der Monarchie." Clifford rät dem Thronfolger zu ein bißchen Demut: „Er sollte in einem Fernsehinterview gestehen, daß er Fehler gemacht habe und das Scheitern der Ehe seine Schuld sei. Die britische Öffentlichkeit fliegt geradezu auf ein wenig Bescheidenheit." Vielleicht könnte er ja auch ein paar Steuern zahlen. Das kommt bei der Öffentlichkeit auch immer gut an.

24. Mai 1994

Prinz Lallbacke und die Relativitätstheorie

Der Gemahl der britischen Königin hält sich meist im Hintergrund – und das ist für den ohnehin angeschlagenen Ruf der Windsors gut so. Wenn Prinz Philip nämlich den Mund aufmacht, wie vor kurzem zu seinem 73. Geburtstag, kommt Flachsinniges heraus. So forderte er die Abschaffung der Steuerfreiheit für Wohltätigkeitsverbände, von denen es immerhin 170.000 Stück in Großbritannien gibt. Sicherlich sind viele schwarze Schafe darunter, doch die Begründung, die Philip – im Nebenjob ist er Herzog von Edinburgh – lieferte, kann nur jemandem einfallen, der seit Jahrzehnten isoliert in seinem Wolkenbuckingheim lebt und sich immer nur mit seinesgleichen abgibt: Armut, so tönte der Queengatte, sei „nicht mehr länger absolut, sondern sie ist relativ geworden".

Wahrscheinlich war dem Dutzend RentnerInnen, die im vergangenen Winter aus Mangel an Heizmaterial in ihren Wohnungen erfroren sind, relativ kalt. Und die acht Jahre, die SozialhilfeempfängerInnen in den Ghettos von Sheffield und Glasgow früher sterben als Durchschnittsverdienerinnen im wohlhabenden Südostengland, verkürzen wenigstens die relative Leidenszeit. Ein großer Hamburger mit Milkshake und Pommes frites ist dagegen relativ viel, selbst wenn die Kosten dafür das Kindergeld übersteigen. Noch nie hat sich die Ungleichheit in der britischen Geschichte so verschärft wie in den vergangenen 15 Jahren.

Philip geht es zum Glück aber relativ gut. So besitzt er mehr als 500 Rolex- und Cartier-Uhren aus reinem Gold. Viele davon sind mit klobigen Diamanten besetzt. Der Wert der Uhren beträgt umgerechnet etwa acht Millionen Mark. Freilich hat sich der Prinz seine Chronometersammlung nicht vom Munde absparen müssen, sondern sie bei zahlreichen Auslandsreisen abgestaubt. Die Uhren ruhen in Samtkästen in Reih und Glied auf einem Kellerregal im Buckingham-Palast und werden ständig gewartet. „Ein erhebender Anblick", schwärmte ein Palastdiener, „doch er ist nur wenigen Menschen zuteil geworden." Jedes Stück ist katalogisiert, damit Philip die richtige Uhr bei der nächsten Begegnung mit dem Spender tragen kann. „Er schaut dann mehrmals demonstrativ auf die Uhr, um seine Dankbarkeit zu zeigen", verriet der Diener. Welche Uhr Prinz Lallbacke bei seiner Geburtstagsrede trug, ist nicht bekannt, aber er machte all jenen, die „für nicht lebenswichtige Dienste nicht zahlen können oder wollen", unmißverständlich klar, was die Stunde geschlagen hat. Wozu hat der Mann eigentlich Berater? Hat ihn denn niemand daran erinnert, daß er mit der reichsten Frau der Welt verheiratet ist und selbst 360.000 Pfund Apanage im Jahr kassiert? Steuerfrei, versteht sich.

Doch möglicherweise hat Philip selbst den Hinweis auf eine umfassende Lösung gegeben: steuerfrei soll nach seinem Willen bleiben, wer „freiwillig irgend etwas tut, wodurch öffentliche Gelder" eingespart werden können. Zahlt man also für seine Blinddarmoperation aus eigener Tasche und schickt seine Kinder auf Privatschulen, wird man vom Fiskus nicht behelligt. Philips Vorschlag könnte sich freilich als Schuß in den eigenen Fuß erweisen: Wer den Prinzen und seine parasitäre Familie zum Teufel jagt, müßte demnach sein Leben lang keine Steuern mehr bezahlen.

18. Juli 1994

Ohne Empire braucht man keine imperiale Großfamilie

Die englische Queen ist nicht zu beneiden: Alle sind hinter ihrem sauer Ersparten her, zuletzt auch die Liberalen Demokraten. Sie wollen die zehn Millionen Pfund (rund 25 Millionen Mark) eindampfen, die Elisabeth und zehn nahe Verwandte als Aufwandsentschädigung für die Erfüllung königlicher Pflichten erhalten. Paul Keetch von den Liberalen meinte, da das Empire futsch sei, benötige man auch keine imperiale Großfamilie mehr.

Aber auch Elisabeths eigenes Portemonnaie ist in Bedrängnis. Der parlamentarische Rechnungsausschuß hat vor kurzem moniert, daß die Königin zwanzig Millionen Pfund im Jahr für den Unterhalt der fünf staatlichen Paläste im Großraum London – außerdem hat die Königin zwei eigene Schlösser in Balmoral und Sandringham – ausgibt. Ihre Telefonrechnung beträgt alleine 766.000 Pfund für 116 Anschlüsse und 24 Faxleitungen. Aber die Queen läßt sich nicht lumpen: Sie steuert 20.000 Pfund aus eigener Tasche für Privatgespräche bei – etwa für die obszönen Anrufe ihres Ältesten, der wohl ewig Thronfolger bleiben wird?

52.000 Pfund Steuergelder gehen im Jahr für Schönheitsreparaturen drauf. Das ist zwar nicht der Rede wert, doch der Rechnungsausschuß hob hervor, daß die königliche Familie nur acht von insgesamt 285 Wohnungen in den fünf Staatsschlössern bewohne. In den übrigen Appartments residieren Verwandte und Bedienstete, deren Nähe für das Wohlbefinden der Königin unerläßlich ist – zum Beispiel der königliche Buchbinder und sein Stellvertreter. Was wäre denn, wenn sich beim neuen Roman von Lord Archer, den Elisabeth vor dem Einschlafen liest, die Bindung lockert und die Seiten lose auf das königliche Kissen fallen? Genauso wichtig sind die 13 pensionierten Offiziere, die im Windsor Castle wohnen, weil sie dort jeden Sonntag in Uniform an der Morgenmesse teilnehmen müssen. Und sollen vielleicht der Gemäldewart, der Siegelaufbewahrer, die Robenhüterin und der Bote für die Leibgarde in Mietwohnungen ziehen? Was wäre dann, wenn die Queen nachts ein Gemälde kaufen oder einen Brief schreiben wollte?

Ein wenig übertrieben ist jedoch das Windsor-Appartment des Marquis von Cholmondeley. Der adlige Schnorrer hat vor vier Jahren umgerechnet eine Viertelmilliarde Mark sowie zwei Paläste geerbt, seine Kunstsammlung ist knapp 40 Millionen Mark wert. Als Gegenleistung für das kostenlose Wohnrecht muß er einmal im Jahr, wenn die Queen das Parlament eröffnet, rückwärts vor ihr hergehen. Der Labour-Abgeordnete Alan Williams will ihn vor die Tür setzen lassen – und den Rest der königlichen Sippschaft ebenfalls. Lediglich der Buckingham-Palast soll ihr bleiben. Den will Williams' Parteikollege Mo Mowlam jedoch in ein Museum umwandeln. Sollten beide Labour-Leute ihren Willen bekommen, wäre die Queen so gut wie obdachlos.

Zu allem Überfluß hat auch Jonathan Aitken, der neue Tory-Staatssekretär im Finanzministerium, den Nassauern den Kampf angesagt. Der 52jährige Multimillionär, der zwei schöne Häuser mit 16 Schlafzimmern besitzt, wetterte Anfang des Monats gegen „gewisse Leute, die es sich auf Kosten der Steuerzahler zu behaglich" machten. Manche von denen haben sogar Häuser mit Gästezimmern, staunte Aitken. Er sprach von den SozialhilfeempfängerInnen, denen er jetzt das Wohngeld kürzen will.

26. September 1994

Die Queen ist eine Quasselstrippe

Queen Elisabeth hat eingewilligt, ihre Kontoauszüge zu veröffentlichen. „Wir glauben an Offenheit", sagte ein Sprecher des Buckingham-Palasts, „und wir haben nichts zu verbergen." Eine lobenswerte Einsicht, doch sie kommt zu spät. Die Untertanen wissen längst, wieviel auf der Habenseite steht – schließlich werden die 20 Millionen Pfund (rund 50 Millionen Mark) von den Steuern abgezweigt.

Inzwischen kennt man auch ein paar Zahlen auf der Sollseite. Es ist nicht nur bekannt geworden, daß „Lilibet" – so nennt ihr Ehemann die Königin – im Jahr für mehr als eine Dreiviertel Million Pfund telefoniert, sondern auch die geheime Nummer ihres Privatapparats ist jetzt allgemein zugänglich. Das hat freilich nichts mit der versprochenen Offenheit – „Ruf doch mal an" – zu tun, sondern ist einem Hacker zu verdanken, der den Haupt-Computer von British Telecom angezapft und die Details per Datennetz rund um die Welt geschickt hat.

Es ist nur eine Frage der Zeit, bis gewiefte Hacker herausfinden, wieviel die Königin für den Unterhalt ihrer fünf Schlösser und rund hundert anderer Gebäude sowie für Gas, Strom und Wasser berappt. Daraus ließe sich dann ableiten, wie oft sie badet und wieviele Liter Tee sie verbraucht – die gläserne Queen: Wenn die Windsors im Juli zum ersten Mal Einblick in ihre Konten gewähren, ist das längst ein alter Hut. Interessanter wäre ein Blick in ihr Sparbuch, aber das bleibt tabu: Die Notgroschen einer alten Frau gehen niemanden etwas an.

Doch zurück zum Hacker. Seine Aktivitäten haben bei British Telecom rote Ohren ausgelöst, denn er hat nicht nur die Geheimnisse der königlichen Familie ausgeplaudert, sondern auch die Privatadressen von Politikern und hochrangigen Militärs, die Standorte von Atomraketen und die Decknamen von Außenbüros der Geheimdienste. In Belfast sollen zahlreiche Mitglieder der Irisch-Republikanischen Armee (IRA) seitdem stumm in ihr Bier weinen, weil sie mit den Informationen wegen des Waffenstillstands vom August nichts mehr anfangen können.

Besonders peinlich für Telecom ist die Tatsache, daß das vor zwei Jahren privatisierte Unternehmen zu den wichtigsten Regierungsberatern in Sicherheitsfragen gehört. Offenbar hat man die eigenen Empfehlungen sträflich ignoriert und die Computer-Passwörter neben die Geräte an die Wand geklebt. Die Telecom behauptet dagegen, daß „keine Sicherheitsvorschriften verletzt worden" seien und deshalb „kein Angestellter zur Rechenschaft gezogen" werde. Man darf gespannt sein, was bei der Untersuchung herauskommt: Sie wird von British Telecom durchgeführt.

Vielleicht stellt sich ja dabei heraus, daß die enttarnten Opfer selbst schuld sind. Telecom hat nämlich vor kurzem eine umstrittene Neuerung eingeführt: Wenn das Telefon klingelt, erscheint in einem Sichtfenster die Nummer des Anrufers. Der Angerufene kann dann

Der Untergang des Hauses Windsor

entscheiden, ob er den Hörer abheben will. Tut er es nicht, dann speichert das Telefon die Nummer des Anrufers sowie die Uhrzeit. Will man das verhindern, so muß man eine dreistellige Kennziffer vorwählen. Hat die Queen das nicht gewußt und ihre Privatnummer versehentlich auf Tausenden von Telefonen deponiert? Bei einer Jahresrechnung in Höhe von einer Dreiviertel Million Pfund muß sie ziemlich viel telefoniert haben.

5. Dezember 1994

Wird Großbritannien eine Republik?

Die Queen könnte ihren Laden dichtmachen, wenn es nach der britischen Bevölkerung ginge. Bei einer Umfrage des *Guardian* stellte sich jetzt heraus, daß nur noch gut ein Drittel mit der Monarchie zufrieden ist, während 28 Prozent die Umwandlung Großbritanniens in eine Republik befürworten. Zwar glauben drei Viertel der Befragten, daß die Windsors in zehn Jahren noch immer im Amt sein werden, doch nur ein Drittel rechnet damit auch in fünfzig Jahren.

Mehr als die Hälfte machen Prinz Charles für die royale Misere verantwortlich, seiner Frau Diana geben aber bloß 14 Prozent die Schuld. Lediglich Königin Elisabeth kommt bei der Umfrage ungeschoren davon: 72 Prozent meinen, daß sie gute Arbeit leistet, nur ein Prozent hält sie für monarchieschädlich. Eine deutliche Mehrheit will ihr jedoch an den Geldbeutel: Die 50 Millionen Pfund im Jahr, die für die Windsors aus dem Staatssäckel abgezweigt werden, sollen auf die Hälfte eingedampft werden. 56 Prozent der Befragten halten auch 750 königliche Angestellte für einen maßlos übertriebenen Luxus, genauso viele finden die königliche Luftflotte (drei Flugzeuge, zwei Hubschrauber) überflüssig.

Allein die über 65jährigen meinen, daß die königliche Familie ihr Geld wert sei, doch selbst diese Altersgruppe tritt für Kürzungen ein. Obwohl die Queen im Zuge ihrer Imageverbesserungskampagne vor kurzem entschieden hat, daß künftig nur noch sie selbst, ihre Mutter und Prinz Philip für öffentliche Verpflichtungen aus Steuergeldern bezahlt werden, fordert die Bevölkerung weitere Kürzungen: Nur rund ein Achtel gönnt ihrem Ehemann und ihrer Mutter das Geld. Die Windsors niederen Ranges – wie das Ehepaar Kent, das jedes Jahr die Tennistrophäen in Wimbledon überreicht, und die Prinzessinnen

Margaret, Alexandra und Alice – sollen erst recht nichts mehr bekommen. Sie werden zur Zeit von Elisabeths Privatschatulle freigehalten. Die Queen füllt ihre Schatulle mit den Mieteinnahmen aus dem riesigen Grundbesitz der Krone. Dazu gehören weite Teile der Londoner Innenstadt, mehr als 100.000 Hektar Farmland, die Hälfte des gesamten Küstenvorlandes sowie die 20 Kilometer breite Meereszone rund um Großbritannien. Sie kassiert für jeden Fisch, der dort gefangen wird. Außerdem besitzt die Krone die berühmte Pferderennbahn in Ascot sowie Supermärkte, Tankstellen, Busbahnhöfe und Bürohäuser. Hinzu kommt der Privatbesitz der Königin: unter anderem Herzogtümer in Lancaster und Cornwall, die umgerechnet 17 Millionen Mark im Jahr abwerfen, sowie die Schlösser Balmoral und Sandringham.

Kein Wunder, daß sich bei der *Guardian*-Umfrage 53 Prozent dafür aussprachen, die fünf staatlichen Schloßanlagen der Windsors – der Unterhalt der hundert Gebäude mit insgesamt 6000 Zimmern kostet 20 Millionen Pfund im Jahr – auf zwei zu reduzieren. Der *Guardian* beauftragte den englischen Architekten Will Alsop, eine Alternative für den Buckingham-Palast zu entwerfen. Alsop würde den Palast „wegen der britischen Spielleidenschaft" in ein Casino verwandeln. Mit dem Profit will er eine Wasserstraße einschließlich einer Wasserbrücke über die Themse bauen. Darauf sollen „Wasserbusse" zwischen den wichtigsten Eisenbahnhäfen verkehren, damit das „durch den Palast zerrissene Zentrum Londons zusammenwächst". Wie wird die Bevölkerung darauf reagieren? „Wenn wir erst mal eine Republik sind", so prophezeit Alsop, „dauert es höchstens eine Generation, bis die Windsors aus dem öffentlichen Gedächtnis verschwunden sind."

11. Januar 1995

Der Esel und seine Mutter

Eigentlich hätte sie es ja wissen müssen: Telefone bringen den Windsors nichts als Ärger ein. Doch Königin Elisabeth hat die Fernsprechanlage entgegen den Empfehlungen ihrer Berater nicht aus dem Buckingham-Palast herausreißen lassen, nachdem ihr Sohn und ihre Schwiegertochter bei ziemlich unroyalen Konversationen ertappt worden waren. Charles hatte gegenüber Freundin Camilla die

Befürchtung geäußert, als deren Tampon wiedergeboren zu werden, und Diana hatte sich von einem vermeintlich wildfremden Mann als „Squidgy" titulieren lassen. Nun hat es die Queen selbst erwischt. Eine Woche hat der kanadische Discjockey Pierre Brassard an seiner Falle gebastelt. Als Kanadas Premierminister Jean Chretien unerreichbar in Quebec – ein telefonloses Paradies für fernsprechgeschädigte Windsors? – weilte, schlug Brassard zu: Er ahmte die versoffene Chretien-Stimme täuschend echt nach, rief im Buckingham-Palast an und ließ Elisabeth versprechen, die Bevölkerung von Quebec, die heute über die Unabhängigkeit der Provinz abstimmt, zur kanadischen Einheit zu ermahnen. Das mache sie doch gerne, gurrte die Queen und nahm Chretien die Anspielung auf „französische Küsse" nicht weiter krumm. Die Frage nach dem Wohlbefinden der Familie beantwortete sie, wenn auch nicht ehrlich, so doch souverän: „Very well, thank you."

Der Ruf der Königin sei dahin, schäumte die *Daily Mail*, die seit zehn Jahren auflagensteigernden Rufmord an ihrer Familie betreibt. Elisabeth habe sich auf das politische Schlachtfeld begeben, und das werde „erschütternde Folgen für die Zukunft des Commonwealth" haben. Der *Daily Telegraph* meinte, die Queen sei nicht mehr in eine solche Verlegenheit gebracht worden, seit sich ihr Mann Philip auf einer Chinareise 1980 lauthals über die vielen „Schlitzaugen" gewundert habe. Und die Labour Party macht Premierminister John Major für die Affäre verantwortlich, weil er nicht besser auf die Monarchin aufgepaßt habe. Der königliche Pressesprecher nannte das Telefongespräch dagegen unterkühlt einen „bedauerlichen Zwischenfall". The Queen is not amused.

Die Bevölkerung dagegen sehr. 1,4 Millionen KanadierInnen, die dem 15minütigen Gespräch am Radio lauschten, wälzten sich vor Lachen am Boden. Wie hatte Windsor-Biograph A.N. Wilson so treffend geschrieben? „Der ideale Monarch wäre jemand, der wie Queen Elizabeth II. eher farblos wirkte und der die Demut hätte, die Aufmerksamkeit nicht auf sich zu lenken." Und den Scharfsinn, sich nicht von kanadischen Discjockeys hereinlegen zu lassen.

Die Angelegenheit zeigt, welche Möglichkeiten für Stimmenimitatoren in der Geschichte offengestanden hätten: Cäsar hätte mit Brutus-Stimme die Pläne der Verschwörer erkunden, Churchill mit Stalins Stimme bei Hitler den geheimen Zusatzparagraphen des Hitler-Stalin-Pakts herausbekommen können. Für die absehbare

Zukunft ist dieser Weg verbaut, MonarchInnen und PolitikerInnen sind gewarnt. Ihre fernmündlichen Gespräche werden sich von nun an jedoch mühsam gestalten. Wie will Helmut Kohl am Telefon beweisen, daß er in Wirklichkeit nicht Frank Elstner ist? Übrigens hatte Prinz Charles auf die Frage, wie er seine Rolle gelernt habe, einmal geantwortet: „So wie die Esel lernen: indem sie ihren Müttern zusehen."

30. Oktober 1995

Die „Teflon-Monarchin" ist 70

Ganz schön mieser Job, aber eine muß ihn ja machen. Gestern ist sie 70 geworden: Lilibet II., wie die Queen von ihrem Ehemann genannt wird. Wie nicht anders zu erwarten, kamen die Speichellecker aus allen Richtungen angekrochen. Nur der *Guardian* tanzte aus der Reihe: „Dieser Haufen? Brauchen wir die? Haben wir diese Familie etwa auf dem Hals, bis sie in Massen abdanken oder der Pöbel den Buckingham-Palast stürmt?"

Soweit ist es freilich noch lange nicht. Im Gegensatz zum Rest der Familie ist ihr Ruf noch nicht ruiniert. Dabei ist sie so einfühlsam wie ein Pitbull-Terrier. „Sie ahnen gar nicht, wieviel Arbeit es macht, einen privaten Golfplatz in Schuß zu halten", waren ihre ersten Worte zu ihrem Tischnachbarn beim Lunch im Buckingham-Palast. Diese opulenten Mahlzeiten sollen eigentlich dazu dienen, sie ein wenig mit normalen Menschen vertraut zu machen. Aber welcher normale Mensch interessiert sich schon für eine starrsinnige Alte mit Trivialwortschatz, die in der Vergangenheit lebt? Ihre Untertanen auf Barbados jedenfalls nicht mehr. Als sie dort frei in der Menge herumlief, pickte sie die wenigen Weißen zum Händeschütteln heraus und ignorierte die Schwarzen. Na ja, wer weiß, wo die ihre Hände vorher hatten.

Nicht nur als Monarchin, sondern auch als Mutter ist sie eine Niete. Ihren Kindern gegenüber hat sie sich nie zu einer Gefühlsregung hinreißen lassen. Nach einer ausgedehnten Commonwealth-Rundreise begrüßte sie den winzigen Prinz Charles mit Handschlag. Heute ist das Verhältnis noch abgekühlter. Immer wenn Charles sich die königliche Eisenbahn ausborgen will, erfindet seine Mutter flugs eine Ausrede, so petzte ein Berater des ewigen Thronfolgers.

Kein Wunder, daß in dieser verkorksten Familie die Ehen serien-mäßig scheitern. Vorigen Mittwoch hat nun auch der Scheidungs-prozeß zwischen Fergie und Prinz Andrew begonnen. „Aber wir blei-ben die bestesten Freunde", versicherte Fergie und bewies damit, daß sie zumindest sprachlich gut zum Windsor-Clan paßt. Daß ihr „Finanzberater" an ihrem Zeh nuckeln durfte, verletzte allerdings die königlichen Etikette. Die Queen rächte sich fürchterlich: Fergie muß künftig mit 500.000 Pfund im Jahr auskommen. Das schafft sie nie. Bereits im Januar war ihr Dispolimit in Höhe von einer Million über-schritten, und sie wurde von einer Freundin auf Rückzahlung gelie-hener 100.000 Pfund verklagt. Aber Elisabeth muß eben auch sparen, nachdem das Volk nicht für den Wiederaufbau ihres abgebrannten Schlosses aufkommen will. Dabei zahlt sie doch seit ein paar Jahren Steuern, wenn auch nur auf einen Bruchteil ihres Einkommens.

Die eine geht, die andere kommt. Es ist erstaunlich, daß sich schon wieder jemand anschickt, in dieses Horrorhaus einzuheiraten. Prinz Edward, der jüngste, hat sich im Februar mit Sophie Rhys-Jones verlobt. Diesmal will man die Fehler der Vergangenheit vermeiden. Rhys-Jones soll einen Berater bekommen, der mit ihr den königli-chen Knigge büffelt. Ein paar Dinge hat sie schon gelernt: Sie zieht sich ständig um, steht immer zwei Schritte hinter ihrem künftigen Ehemann und redet nur mit der Schwiegermutter in spe, wenn sie angesprochen wird. Wenn sie sich bei der „Teflon-Monarchin" – laut *Guardian* bleibt der Schlamm, mit dem ihre Familie beworfen wird, an Lilibet nicht kleben – einschmeicheln will, sollte sie sich darüber informieren, wie man einen privaten Golfplatz in Schuß hält.

22. April 1996

Der generalüberholte Prinz

Untertanen können ja so gemein sein. Neulich bei der Fernseh-debatte über die Zukunft der britischen Monarchie hat das Publikum dem Thronfolger ein Meer von roten Karten gezeigt, als gefragt wurde, ob Charles King werden solle. Der ewige Prinz reagierte um-gehend: Er scharte seine Berater um sich und entwarf einen Fünfjahresplan. Bis zum Jahr 2002, wenn seine Mutter ihr goldenes Thronjubiläum feiert, will er sein Image aufpolieren. Ändern will er sich freilich nicht, denn er macht im Prinzip alles richtig: Seine

Kampagnen für benachteiligte Jugendliche und für eine umwelt-
freundliche Architektur sind im Grunde populistisch. Bloß das doofe
Volk kapiert nicht, daß er eigentlich einer von ihnen ist.

Die prinzliche Generalüberholung soll die Massen erleuchten,
damit sie begreifen, daß er einen prima König abgeben würde. Auf
dem Programm stehen zunächst ein paar kleinere Staatsbesuche in
Vertretung seiner Mutter, damit er ein bißchen üben kann. Vielleicht
in die Südsee nach Tonga zu Nachhilfestunden bei König Tupou IV.,
dem beliebten und charismatischen Monarchen? Beides Eigenschaften, mit denen Charles nicht gerade gesegnet ist.

Seinen Vater sollte er bei diesen Ausflügen jedoch zu Hause lassen, weil der jeden mühsam erkämpften Pluspunkt postwendend
zunichte machen würde. Von allen Mitgliedern der Königsfamilie ist
Philip der treffsicherste, wenn es um Fettnäpfchen geht. Man hat den
Eindruck, der langnasige Zyniker hat weder den Untergang des britischen Weltreiches, noch die Vercartoonisierung der Windsors mitbe-
kommen. Auf einer Chinareise 1980 wunderte er sich über die vielen
„Schlitzaugen". Die Schotten wurden ebenfalls Opfer seines differen-
zierten Weltbilds. In Oban im Hochland fragte er einen Fahrlehrer:
„Wie halten sie die Eingeborenen nur solange vom Schnaps fern, daß
sie die Fahrprüfung bestehen?" Und auf den Cayman-Inseln fragte er:
„Stammt ihr nicht alle von Piraten ab?" Vor ein paar Jahren wollte er
die Steuerfreiheit für Wohltätigkeitsorganisationen abschaffen lassen,
weil „Armut inzwischen ein relativer Begriff" geworden sei.

Nun – Philip ist relativ reich, dafür ist sein Hirn aber relativ klein.
Im Dezember mischte er sich in die Unterhausdebatte über das
Verbot von Handfeuerwaffen ein. Das Thema war auf die Tages-
ordnung gekommen, weil ein Verrückter im schottischen Dunblane
sechzehn Schulkinder und ihre Lehrerin erschossen hatte. Der
Queengemahl tönte, Schußwaffen seien keinen Deut gefährlicher als
Cricketschläger und Hobbyschützen genauso harmlos wie Golf-
spieler. „Das sind doch vollkommen vernünftige Leute", sagte der
königliche Einfaltspinsel. „Wenn ein Cricketspieler sich dazu ent-
schließt, eine Schule zu stürmen und ein paar Leute mit seiner
Cricketkelle zu erschlagen, was ja ziemlich einfach wäre, würden
Menschen dann dafür plädieren, Cricket zu verbieten?"

Er sollte seine Theorie an seinem Enkel ausprobieren. Der 14jähri-
ge William, ältester Sohn des Thronfolgers und deshalb selber
Thronfolger, erlegte im Dezember zum ersten Mal einen Hirsch, und

die ganze Windsor-Baggage war stolz auf ihn. Das nächste Mal sollte man ihn mit einem Cricketschläger in den Wald schicken. Oder besser noch in den Buckingham-Palast.

20. Januar 1997

Triviale, Hirntote und eine Herzkönigin

Nun ist sie tot und begraben. Und makellos. Diana soll in der Vergangenheit ein paar Dummheiten begangen haben? Ach wo. Seit vorigem Sonntag sehen wir alles in einem anderen, heiligrosa Licht. „Sie hat mit ihren Söhnen während deren Kindheit pausenlos liebevoll geschmust", schrieb Linda Lee-Potter in der *Daily Mail* vor einer Woche. Ärgerlich, daß manche Leute noch Ausgaben des Boulevardblatts aus den Tagen vor Beginn der Sankt-Diana-Zeitrechnung haben. Das Satiremagazin *Private Eye* berichtete genüßlich, daß Frau Lee-Potter fünf Tage zuvor in derselben Zeitung geschrieben hatte: „Der Anblick eines windigen Playboys, der eine spärlich bekleidete Diana angrapscht, muß für Prinz William abstoßend und erniedrigend sein. Seit Jahren hat sie Prinz Charles kritisiert, weil er als Vater distanziert und abweisend war. Langfristig war er aber der verantwortungsbewußtere Elternteil und hat mit Sicherheit weniger Schaden, Schmerz und Beklommenheit verursacht."

Nicht mal beim Sterben kooperierte Diana mit den Zeitungen. Als sie vor acht Tagen um vier Uhr früh für tot erklärt wurde, waren die Sonntagsblätter bereits an die Kioske ausgeliefert – und enthielten eine ganze Reihe Artikel, deren Autoren sich im nachhinein die Haare gerauft haben. Die Journalisten hatten beim Schreiben freilich nicht geahnt, daß sie im Begriff waren, eine Heiligenschändung zu begehen. Die entsetzte Nation mußte am nächsten Morgen das Geläster über ihre tote Herzkönigin lesen.

„Sie gefällt sich wohl in ihrer Rolle als Märtyrerin", schrieb Petronella Wyatt mit erhobenem Finger im *Express on Sunday*. „Gott stehe ihr bei, falls sie jemals ihr Glück findet – sie würde sich elend fühlen." In derselben Ausgabe rächte sich Thatchers früherer Pressesprecher Bernard Ingham für Dianas Tory-Kritik. „Diana und Dodi sind füreinander geschaffen", sagte er. „Beide haben mehr Heu als Hirn."

Schlechtes Timing, Bernard. Tote erklärt man posthum nämlich meist für klug und weise, selbst wenn sie zu Lebzeiten Riesentrottel waren. Schließlich können sie nun ja keinen Unfug mehr erzählen. Ingham war aber nicht der einzige, der vorigen Sonntag wohl am liebsten seine Schreibmaschine im Garten vergraben hätte. „Schade, daß Gucci keine Designer-Gesichtsreißverschlüsse herstellt", bedauerte Carole Malone im *Sunday Mirror*. „Prinzessin Diana könnte dann jedesmal, wenn sie ihren Mund aufmachen will, ihn mit dem Reißverschluß gleich wieder zumachen. Ich fürchte, die Prinzessin leidet unter dem Maul-öffnen- bevor Hirn-eingeschaltet-Syndrom – eine Krankheit, die vor allem die Trivialen und Hirntoten befällt." Und der *Observer* wunderte sich, daß die Presse Dianas Äußerungen stets behandelte, als ob sie vor aristotelischem Genius trieften, statt sie „als Geplapper einer Frau zu erkennen, die man – wäre ihr Intelligenzquotient fünf Punkte niedriger – täglich gießen müßte."

Vorigen Montag waren die häßlichen Worte vergessen. Plötzlich waren alle Journalisten eigentlich und irgendwie schon immer Freunde von Diana gewesen. Ganz nebenbei ließ man in die Nachrufe einfließen, daß man auch mal zum Lunch bei Di im Kensington-Palast gewesen sei, James Whitaker vom *Mirror* setzte noch einen drauf: „Unsere Beziehung war rein beruflich", versicherte er, „aber sie ging doch viel tiefer. Unsere Leben waren unauflöslich miteinander verwoben." Dann nichts wie ab in den Tunnel nach Paris, James.

Nur Tony Blair machte alles richtig. Der Premierminister litt vor tausend Kameras, fand die richtigen Worte und wurde als „Vater der Nation" augenblicklich – aber wohl bloß vorübergehend – zum beliebtesten Politiker aller Zeiten. Er wertete Dianas Tod als „Ereignis, das die Nation vereinigt" habe. Und die Heuchler.

8. September 1997

Der Untergang des Hauses Windsor

Kolumnenübersicht

Dank an alle...

...die mehr oder weniger freiwillig zu den Kolumnen beigetragen haben. Besonderer Dank gilt Jürgen Schneider, Karl Wegmann, TOM, Gerhard Heimler und Klaus Bramann sowie den Besitzern der *taz*-Wahrheit, von der Sie mir Woche für Woche ein Stück abgegeben haben: Matthias Bröckers, Philip André, Kirsten Niemann, Hans-Hermann Kotte, Carola Rönneburg und Barbara Häusler.

Herausgegeben von Gerhard Heimler

Format DIN A4
150 Seiten
Erschienen 1996
15,– DM unverb. Preis
ISBN 3-931037-31-2

Ein Streifzug durch die irische Literatur. Mit zahlreichen Autorenporträts, einer Übersicht über die irische Medienlandschaft und einer ausführlichen Irland-Bibliographie. Von Kennern der Szene – wie E. Maletzke, H.-Ch. Oeser oder R. Sotscheck – lebendig geschrieben.

Herausgegeben und mit einem Vorwort versehen von Jürgen Schneider sowie mit Fotos des irischen Pressefotografen Derek Speirs

Erschienen 1996
220 Seiten
29,80 DM
ISBN 3-931037-30-4

Seit 1991 erschienen die Kolumnen dieses Buches auf der *Wahrheit*-Seite der *taz*. Mit liebevoller Ironie zeichnet Ralf Sotscheck ein lebendiges Bild des heutigen Irlands. Ob hohe Politik, gesellschaftlicher Wandel oder Alltagsprobleme – es gibt kaum ein Thema, dessen er sich nicht annimmt.